福建省少数民族文物图谱

福建省民族与宗教事务厅　编著

海峡出版发行集团 THE STRAITS PUBLISHING & DISTRIBUTING GROUP | 福建科学技术出版社 FUJIAN SCIENCE & TECHNOLOGY PUBLISHING HOUSE

图书在版编目（CIP）数据

福建省少数民族文物图谱 / 福建省民族与宗教事务厅编著. -- 福州 : 福建科学技术出版社, 2024. 12. -- ISBN 978-7-5335-7394-2

Ⅰ. K874.02

中国国家版本馆CIP数据核字第2024S155Z4号

出 版 人　郭　武
责任编辑　曾子鸣
责任美编　黄　丹
责任校对　林锦春
装帧设计　名谷文化

福建省少数民族文物图谱

编　　著　福建省民族与宗教事务厅
出版发行　福建科学技术出版社
社　　址　福州市东水路76号（邮编350001）
网　　址　www.fjstp.com
经　　销　福建新华发行（集团）有限责任公司
印　　刷　福州雄胜彩印有限公司
开　　本　787毫米×1092毫米　1/16
印　　张　37
字　　数　575千字
插　　页　4
版　　次　2024年12月第1版
印　　次　2024年12月第1次印刷
书　　号　ISBN 978-7-5335-7394-2
定　　价　368.00元

《福建省少数民族文物图谱》编委会

序

习近平总书记在主持二十届中共中央政治局第九次集体学习时强调，铸牢中华民族共同体意识，需要构建科学完备的中华民族共同体理论体系，深化中华民族共同体重大基础性问题研究，加快形成中国自主的中华民族共同体史料体系、话语体系、理论体系，推出立足中国历史、解读中国实践、回答中国问题的原创性理论成果。

书写中华民族发展史，就是要科学揭示中华民族形成和发展的道理、学理、哲理。中华各民族交往交流交融的历史事实、考古实物、文化遗产，承载中华民族共同体历史记忆，建构出中华民族形成发展的史料谱系，有力呈现中华民族共同体从自在走向自觉的历程和历史必然性，深刻诠释中华民族共同体的丰富历史内涵。文化认同是铸牢中华民族共同体意识的核心和关键。在第五次中央民族工作会议上，习近平总书记深刻指出："铸牢中华民族共同体意识，就是要引导各族人民牢固树立休戚与共、荣辱与共、生死与共、命运与共的共同体理念。铸牢中华民族共同体意识是维护各民族根本利益的必然要求，只有铸牢中华民族共同体意识，构建起维护国家统一和民族团结的坚固思想长城，各民族共同维护好国家安全和社会稳定，才能有效抵御各种极端、分裂思想的渗透颠覆，才能不断实现各族人民对美好生活的向往，才能实现好、维护好、发展好各民族根本利益。"关于树立正确的民族观，习近平总书记指出，中华民族是一个多元一体的大家庭，中华民族是中国跻身于世界民族之林的唯一代表，这是我们树立正确的民族观首先要解决的认识问题。习近平总书记从中华民族发展史观出发，提出"五个共同"重要论断，将各民族发展历史与国家发展历史、中华民族发展历史有机统一起来，全面系统地阐述了中华民族共同体形成发展的动力、机制、结构和内在特征，为增进各民族对中华民族的心理归属和心灵契合提供了历史依据。

文物是历史的见证，文物是文化的载体，承载着福建各族人民的民族精神与灵魂，不仅生动诉说着过去，也深刻影响当下和未来。《福建省少数民族文物图谱》（以下简称《图谱》）编纂是科学书写和系统构建中华民族共同体形成发展史的基础性材料，是以实物实证方式对中华民族群体身份塑造采取的科学步骤。福建是华东地区少数民族人口最多的省份，是畲族的主要聚居区域，也是回族最早的起源地之一，还有满族、蒙古族、高山族，共5个世居少数民族。福建各民族交往交流交融文化遗产历史悠久、底蕴深厚、文物兴盛。《图谱》在全面收集不同历史阶段各民族交往交流交融基础文物史料的基础上，遴选出具有代表性和典型性的少数民族文物，折射出福建在中华民族历史长河中的地位和作用。参照《〈中国少数民族文物图谱〉编纂出版工作手册》的编纂规则，《图谱》收录：核定为全国重点文物保护单位、省级文物保护单位中，突出反映福建少数民族历史文化的不可移动文物；国有博物馆馆藏一级、二级文物中，突出反映福建少数民族历史文化的可移动文物；其他县级文物保护单位或三级文物中具有少数民族代表性的物质文化遗产；福建历史发展进程中各民族交往交流交融代表性、典型性文物。《图谱》收录文物兼顾不同民族、不同文化类型、不同地域，共收录文物454件（套），其中不可移动文物123件（套），可移动文物331件（套）。在不可移动文物分类方面，按照福建不同时期各民族交往交流交融的历史特征，分为“闽越编”“海丝编”“闽台编”“融合编”“图强编”，共5个部分。《图谱》收录文物数量众多，各文物以朝代顺序排列为主，兼顾文物所属类型、地区、功能，以便读者查阅。

《图谱》编纂努力做到科学严谨、体例完备、图片精美、考据翔实、阐释深刻，使之成为思想性、专业性、全面性兼具的福建各民族交往交流交融文物史料典籍，促进中华各民族交往交流交融，构筑中华民族共有精神家园，推动新时代党的民族工作高质量发展。

Contents
目录

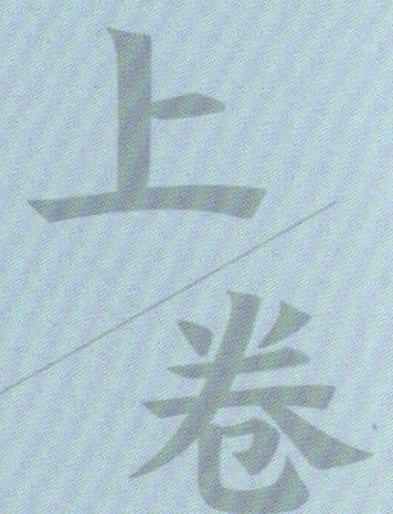

不可移动文物

一、闽越编

二、海丝编

三、闽台编

四、融合编

五、图强编

下卷

可移动文物

一、宝石、玉石器

二、陶、瓷器

三、金银、青铜及其他金属器

四、竹木、漆器

五、牙骨角器

六、石质物

七、纸质物

八、服装、织绣物

九、玺印符牌

十、书法、绘画作品

十一、乐器、法器

十二、 武器

后 记

不可移动文物

一、闽越编

古闽文化、闽越文化孕育了中华海洋文明。尽管只是寥寥数语，但《山海经》所述“闽在海中”，彰显了福建与海洋之间的密切关系。闽侯县甘蔗街道昙石村西南的昙石山遗址和霞浦县南部海岸的黄瓜山遗址，都是典型的海洋性贝丘遗址，它们与平潭综合实验区苏平镇南垄村东北的壳丘头遗址群，以及潮汕地区陈桥村、梅林湖遗址群，马祖亮岛文化遗址、台湾新北市八里区大坌坑遗址一同，形成了一条完整的证据链，印证了学界先辈林惠祥先生提出的百越先民创造“亚洲东南海洋地带”新石器时代文化理论。福建沿海及附近岛屿丰富考古资源的持续深化研究，将重构南岛语族与中国大陆东南沿海古代人群的文化谱系，有效提升中国大陆学术界在南岛语族研究领域的国际话语权。

在先秦中原人士的认知中，闽地十分神秘，是一个近乎遗世独立的文化区域。“闽”表示福建土著居民原始的蛇崇拜，漳州市华安县草仔山蛇形石刻，刻绘了蛇的繁衍过程，是古闽族蛇图腾崇拜的实证；南平市樟湖镇东边码头的樟湖蛇王庙，是闽江流域崇蛇文化圈中的重要代表。到了商代，人类足迹遍及福建各地。战国末期，于越首领无诸一统七闽诸部，闽和越的部落融合，形成闽越族，成为百越中最强大的一支。闽越人在今福州冶山一带建都，史称“东冶”，是福州建城之始。目前福建已发现的3000多处古文化遗址，与闽越国文化有着密切的传承关系。无诸因开辟闽疆，建闽越国，成为福建历史上的卓越人物。

公元前110年，东越王余善起兵反汉。汉武帝平闽越后，为了消除后患，诏令大军将闽越人举族迁往江淮一带，并焚毁闽越国的城池宫殿，以“虚其地”，闽越族势力就此衰弱。公元前85年，汉朝在今福州设立冶县，属会稽郡，闽越文化与中原文化的融合程度得到进一步提升。

万寿岩遗址

年代：旧石器时代

位置：三明市三元区岩前镇岩前村西北

万寿岩遗址

摄影：朱铭亮

万寿岩遗址发现于1999年，是距今约20万年至3万年前的古人类遗迹。遗址总面积1200多平方米，发掘面积400平方米，已出土的石片、石核、砍砸器与刮削器等石制品数量多达近百件，同时还发现骨铲、骨锥与角饰，以及十余种哺乳动物化石。万寿岩遗址中还发现了揭露面积达120平方米的极为罕见的早期人工石铺面遗址。

万寿岩遗址被誉为“南方周口店”，是迄今为止华东地区发现最早的旧石器时代洞穴类型的居住遗址，填补了福建旧石器时代考古学的空白。2001年，万寿岩遗址被国务院公布为第五批全国重点文物保护单位；同年，被评为2000年度“全国十大考古新发现”之首。

奇和洞遗址

年代：旧石器时代至新石器时代

位置：龙岩市漳平市象湖镇灶头村东北

奇和洞遗址　　摄影：奇和洞遗址考古队

经碳 -14 测定，奇和洞遗址年代距今 17000 年至 7000 年前，共分为旧石器末期、新旧石器过渡时期和新石器早期三期。奇和洞遗址的灰坑、鹅卵石活动地面、火塘、房址柱洞等表明，距今 10000 年前已有人类在此定居生活，并从事采集和狩猎活动，留下大量烧土、木灰烬等。此外，该遗址出土的大量石器、陶器、骨器、艺术饰品等，反映出旧新石器时代过渡阶段的文化发展趋势；发掘出的动物遗骨品种丰富多样，包括鱼类、鸟禽类、龟鳖类和哺乳类等，其中短尾猴骨骼为福建地区史前文化遗址中首次发现。

奇和洞遗址内发现了来自三个不同时期的人类遗骸。根据出土顺序，专家把这些遗骸编号为奇和洞Ⅰ号、Ⅱ号、Ⅲ号。奇和洞Ⅰ号为幼年人体头骨残片，因受损严重未保存。奇和洞Ⅱ号为成年女性的颅骨碎片和部分头后骨。奇和洞Ⅲ号系成年男性的头骨和下颌骨，较为完整，被确认为福建地区迄今为止最早的古人类遗骸。在 2020 年至 2021 年期间，中国科学院古脊椎动物与古人类研究所付巧妹研究员团队成功地对奇和洞Ⅱ号、Ⅲ号的基因组进行了捕捉和研究。根据其研究结果，奇和洞Ⅱ号距今约 8400 年，Ⅲ号距今约 12000 年，为新时代石器时代早期。研究指出，奇和洞个体、昙石山个体，以及马祖亮岛和澎湖锁港个体，都属于同一种人群，被称为“东亚古代南方人口”。这一人群是东亚早期现代人的一个重要支系，对亚太地区的现代人群，尤其是操南岛语的人群，产生了深远影响。奇和洞古人类遗骸对研究海峡两岸人口的迁移和文化交流，以及南岛语人群的起源和分布，具有重要意义。

奇和洞遗址是近年来东南地区史前考古的重大突破，不仅填补了福建地区旧石器时代向新石器时代过渡时期的空白，而且为进一步完善福建地区新石器时代考古学文化序列提供了重要资料。2012 年，奇和洞遗址入选 2011 年度“全国十大考古新发现”；2013 年，被国务院公布为第七批全国重点文物保护单位。

壳丘头遗址群

年代：新石器时代至青铜时代

位置：平潭综合实验区苏平镇南垄村

壳丘头遗址群文保碑　　　　摄影：朱铭亮

壳丘头遗址群是福建省迄今发现最早的新石器时代遗址，距今 7450 年至 5590 年前，代表着闽台地区新石器时代的早期文化。

该遗址地处山麓坡地，散布范围约 3000 平方米，东离大海约 3 千米，北距大海不到 1 千米，地理位置优越，适宜人类居住。1985 年福建省考古队对该遗址进行考古发掘，共发现 21 个贝壳堆积坑和 1 座墓葬，出土的遗物石器、骨器、玉器、贝器、陶器等共 200 多件，还有数以千计的陶片标本。陶器以夹砂陶为主，少量泥质陶。成型工艺以手制为主，兼有局部的轮制技术。陶器表面的装饰具有加固陶器和增添美观的效果，多出现在夹砂陶器上，泥质陶则多为素面。装饰方法分为拍印、压印、刻划、戳点几种。烧成的陶器依用途划分，有生活用具和生产工具两类：生活用具数量较多，品种有釜、支脚、罐、瓮、壶、豆、盆、盘、碗；生产工具数量较少，品种为纺轮。

福建沿海一带的新石器时代文化遗存，以壳丘头遗址为代表，包括南厝场遗址、西营遗址、溪头遗址、祠堂后遗址、腊洲山遗址，以及金门的富国墩遗址和金龟山遗址等，都发现了相似的陶片，这证明了南岛语族蕴含的闽台血缘脉络愈发清晰，文化间存在紧密关联。根据地层学研究结果，壳丘头遗址是早于昙石山文化的另一文化遗存，学术界将这种文化遗存命名为“壳丘头文化”。

壳丘头遗址群的发现与发掘，对建立福建新石器时代文化的发展序列，以及研究闽台文化关系都具有重要学术意义。2019 年，壳丘头遗址群被国务院公布为第八批全国重点文物保护单位；2024 年，被评为 2023 年度“全国十大考古新发现”。

壳丘头遗址群现貌

黄瓜山遗址

年代：新石器时代

位置：宁德市霞浦县南部海岸，隶属沙江镇小马村

黄瓜山遗址全景　　摄影：朱铭亮

黄瓜山遗址于 1987 年发现，年代距今 4000 年至 3500 年前，是新石器时代末期福建沿海地区土著文化的代表之一。黄瓜山形状酷似马鞍，走势呈西南—东北方向，南端高耸，北部次之，中部则平缓细致。小溪从黄瓜山的东、西两侧流过，在山以南的小马村和水潮村交汇后，流入闽东地区最大的内湾——东吾洋。

黄瓜山的东、西、东北三个斜坡上都有小山凹，这些凹面上分布着原始人群留下的文化遗存。因长期的雨水侵蚀和人为的开垦破坏，许多文物现在抛露在地表上。其中，东坡的文物遗存最为丰富，其次是东北坡。梯形断崖上还有部分文化堆积层暴露，土层呈红褐色，距离地表 1 至 1.5 米，其中有大量的蛤、蛎、螺等贝壳，堆积量在 10 至 120 厘米之间；而在贝壳堆积层下的土层中，含有大量的磨石工具、陶片、动物骨骼等文化遗物。保存较好的是东北部的顶层。根据考古专家的考证，考古人员在该遗址收集到的陶片、石器、动物骨骼和贝壳为中原夏、商、周时期的文化遗存。有关人员还在沙江、柏洋、崇儒、牙城、水门等乡镇发

现了 31 个与黄瓜山遗址相似的贝丘遗址，总面积约为 84620 平方米，经过考证确认为新石器时代晚期至青铜时代（约公元前 3500—前 3000 年）的古遗址。此外，考古人员还在黄瓜山遗址发现了两组排列有序的柱洞、两条排水沟，以及灶坑等重要的古建筑遗迹。这些均是原始人群聚居的遗迹现象，可以证明早在 4000 多年前，人类已在此繁衍生息。黄瓜山遗址首次发掘便出土文化遗物 6000 多件，大体分为石器、陶器、骨器三类。由于几千年来自然和人为的破坏，除石器、骨器外，完整的遗物甚少，尤以陶器碎片难以拼对、复原。

黄瓜山遗址的发现、发掘，对填补闽东地区先秦古文化遗存的空白，研究闽东乃至福建史前文化都具有重要的意义，为进一步探讨和研究福建沿海地区贝丘遗址的分布、类型及其规律，提供了重要资料。2005 年，黄瓜山遗址被福建省人民政府公布为第六批省级文物保护单位。

黄瓜山遗址细节

昙石山遗址

年代：新石器时代至青铜时代

位置：福州市闽侯县甘蔗街道昙石村

昙石山遗址正面　　供图：昙石山文化遗址博物馆

昙石山遗址位于闽江之畔，地处闽江北岸丘陵地带的边缘，是一座相对孤立的低缓山丘，外形似鱼，海拔 26 米。山体呈东北—西南走向，南北长约 430 米，东西最宽处不过 150 米。

该遗址的发现，逐渐揭开先秦闽族文化的神秘面纱，佐证了闽江流域是先秦闽族的发源地，是孕育和诞生福建古代海洋文明的摇篮。其文化特征与我国台湾地区的凤鼻头文化内涵相似、年代相近，某些文化因素甚至和南岛语族所在的南太平洋地区的史前文化都有着诸多渊源和联系。南岛语系，也称为“马来—波利尼西亚语系”，为语言学分类延伸出的概念，指分布在东南亚、太平洋群岛等海洋地带的亲缘相近、文化相似的族群。这一语族是目前世界上分布区域最广且唯一主要分布在岛屿上的语系，使用人口超过 4 亿，散布于海域广阔的众多岛屿之上，东到复活节岛，西到马达加斯加，南到新西兰，北到中国台湾和夏威夷群岛。自 20 世纪末以来，国内外学者对南岛语系的起源进行了研究，昙石山遗址在这其中发挥了重要作用。

昙石山遗址出土了大量石器、骨器、角器、牙具、陶瓷，进一步证实了5000年前福建先民在这片土地上创造了独具福建地域特色的文化。新石器时代，人类与自然的关系发生了巨大变化，从过去仅仅是自然的依附者，逐渐转变为自然的改造者，人们开始减少对自然资源的依赖，昙石山的先民在这个时期也留下了独特的海洋文化特征。在昙石山文化中，陶釜是最具代表性和研究价值的器物，它体现了海洋文化的特色，也承载着福建5000年来的饮食文化。在同一座墓葬中，出土了18件陶釜，显然超出了当时烹煮所用的实际范围，这既显示了贫富分化的现象，同时也意味着食物烹饪技巧的提升，也可能是昙石山人在烹饪时将河鲜和海鲜分开处理的证明。

“昙石山文化”是我国东南沿海地区最早被认定、最具代表性的新石器时代晚期文化，也是中华人民共和国成立后福建省第一个被确立的考古学文化。2001年，昙石山遗址被国务院公布为第五批全国重点文物保护单位。

昙石山遗址文保碑

昙石山遗址出土文物

仙字潭摩崖石刻

年代：新石器时代至青铜时代

位置：漳州市华安县沙建镇九龙江支流汰溪中游

仙字潭摩崖石刻正面　　摄影：朱铭亮

在汰溪北岸临水悬崖的峭壁上，遗存着许多古石刻。这些石刻中，除“营头至九龙山南安县界”一处为汉字外，其余都是似字似画、形状古怪的纹样。这些纹样大的长 0.74 米、宽 0.35 米，小的长 0.15 米、宽 0.09 米，形状各异，共 50 多个；总面积 220 平方米，占位长 30 余米。由于其难以辨认，人们讹传为神仙所刻，故名“仙字”，此地也因此被称为仙字潭。

早在 1000 多年前就有关于仙字潭摩崖石刻的文献记载。唐张读《宣室志》云：“泉州之南，有山焉，峻起壁立，下有潭，水深不可测，周十余亩…… 石壁之上有凿成文字一十九言，字势甚古，郡中士庶，无能知者。”曾有人持“仙字”的拓本，请教在洛阳的韩愈，韩潜心精研，破译道“似上帝责蛟螭之辞”。明何乔远《闽书》、清乾隆《福建通志》和清光绪《漳州府志》等古文献对仙字潭摩崖石刻也有记载。为了破解“仙字”的秘密，相关领域的众多专家学者相继开展考古调查与研究。到 20 世纪 50 年代以后，形成了仙字潭摩崖石刻为一处青铜时代本地少数民族文化遗存的主流观点。在族属问题方面，有吴、畲、越三说。关于其性质和表达内容则是众说纷纭，既有观点认为是记录事件、战功、天象等内容的文字，也有观点推测其为图腾、舞蹈、娱神、祭祀、地界、生殖崇拜等的岩画。

仙字潭摩崖石刻是我国东南沿海现存的文化符号最多、内涵最丰富、保存最完好的古石刻，也是中国岩画遗存地首批认证单位之一，呈现高度抽象化、符号化的特点，素有“江南一绝”“千古之谜”之美誉，具有重要的历史研究价值。1961 年，仙字潭摩崖石刻被福建省人民委员会公布为第一批省级文物保护单位；2013 年，被国务院公布为第七批全国重点文物保护单位。

仙字潭摩崖石刻远景

仙字潭摩崖石刻细节

马栏山遗址

年代：青铜时代

位置：宁德市福鼎市店下镇洋中村

马栏山遗址全景　　摄影：麻健敏

马栏山遗址位于福鼎市店下镇洋中村村北 150 米，东面从下底湾村东山坡开始至西面的第三个山梁的整个前山，南至洋中溪。相对高度 10—40 米，南北 500 米、东西 250 米，面积 12.5 万平方米。1987 年第二次全国文物普查时，调查人员在东山坡坳处（相对高度 15 米处）发现早期文化层堆积 2 处，距地表约 1.6 米，文化层堆积厚达 0.7—1.2 米，有整层的石器、石片、陶片，估计为一处石器制造场所。2008 年 11 月复查时发现大量石器、石片、石锤。

马栏山遗址发现的文化遗物众多，类别丰富，证明青铜时代的人类在此长期从事石器生产加工活动。该遗址的发现对研究青铜时代古人类石器加工业有较高的研究价值。1991 年，马栏山遗址被福建省人民政府公布为第三批省级文物保护单位。

武夷山崖墓群

年代：青铜时代

位置：南平市武夷山国家风景名胜区九曲溪两岸山峰和山北景区内

武夷山崖墓群实景　　摄影：朱铭亮

武夷山崖墓群体现了武夷山悬崖绝壁的岩洞裂隙中至今还保留着的百越民族的一种特殊丧葬形式——悬葬。悬葬方式有两种，一是利用自然洞穴放置，二是利用岩石的自然裂隙或互相邻近的两个断崖之间架设板块，远望若隐若现，仿佛“仙人葬处”，故一般称为“崖墓”。又因其可望不可及，悬置半空，也称为“悬棺葬”。武夷山地区崖墓是中国有年代可考的崖墓群中最早的崖墓之一。

武夷山崖墓群分布在武夷山九曲溪两岸山峰和山北景区内，主要分布地点为大王峰、换骨岩、玉女峰、仙馆岩、小藏峰、大藏峰、仙钓台、鼓子峰、鸣鹤峰，以及武夷山风景区北部的观音岩、白岩、长窠、霞滨岩等处。目前，已探明武夷山还有悬棺遗存 18 处，20 余具，虹桥板百余块。武夷山崖墓多为形似江南乌篷船的木棺，也称架壑船、仙橹、仙舟、敞艇、仙人屋、金棺材、仙船、沉香船、船棺等，是武夷山古闽人的一种葬具。木棺的形状与独木舟相似，分底、盖两部分，全长 3—5 米，以整根楠木或其他坚硬优质木材刳成，上下套合，前高而宽，后低而窄，两头起翘如船形。古代志书记载与现代科学考察资料表明，崖墓棺木的形制以舟船形居多，长方形或圆形的较少。棺木存放的数量，依岩洞或裂隙的大小，或一棺、或数棺、或不暴露、或延伸于洞隙，临溪水或地面的高程约为 20—50 米。棺内随葬品有“人”字形竹席、细棕、龟形木盘和已碳化的丝、棉、大麻、苎麻等织品，以及陶器、青铜器等生活器皿。经测定均为青铜时代遗物，距今 3750 年至 3295 年前。其中棉布残片是我国迄今发现最早的棉纺织品实物。

悬棺葬俗盛行于我国古代南方和东南亚一代。专家论定，武夷山悬棺是最早、最独特的，对其他地区的悬棺葬俗有一定的影响，对于研究中国南方的先秦历史和古闽族文化极其珍贵。2006 年，武夷山崖墓群被国务院公布为第六批全国重点文物保护单位，同时也是武夷山世界自然与文化遗产的重要组成部分。

武夷山崖墓群实景

草仔山石刻

年代：青铜时代

位置：漳州市华安县马坑乡贡鸭山

草仔山石刻文保碑　　　　摄影：朱铭亮

草仔山石刻也被称为“贡鸭山蛇形石刻”，其表面由花岗岩构成，高度为 0.54 米、宽度为 0.5 米，石面成 135 度仰角。在石刻中，可以看到交错排列的蟠蛇、母蛇、短幼蛇和蛇蛋等图案，其中最大的可以达到长 140 厘米、宽 9 厘米。其造型生动逼真，线条自然匀称。这块石刻上有两条并不直接连接的曲线，它们之间呈现出一个不规则的半椭圆形状，深度各异，其边缘的雕刻线条流畅而平直，整体图案酷似蛇的形态，其中较长的代表母蛇，而较短的和半椭圆则象征着幼蛇。这幅岩画描绘了蛇的繁殖历程，被视为古闽人的图腾信仰，具有较高的艺术价值和历史意义。

草仔山石刻是漳州地区远古居民的图腾刻石，对于研究当地古闽族文化具有较高的文物价值，1985 年被公布为华安县县级文物保护单位。

草仔山石刻全貌

草仔山石刻细节

城村汉城遗址

年代：汉

位置：南平市武夷山市兴田镇城村西南 1 千米

城村汉城遗址文保碑　　　　摄影：朱铭亮

城村汉城遗址于 1958 年第一次全国文物普查时被发现，经过 60 多年的考古勘探与重点发掘，发现宫殿、城墙、城门、作坊、墓葬等遗迹，出土砖瓦、铁器、铜器、陶器等大量文物，其中西汉万岁瓦当、西汉空心砖、西汉玉带钩等为馆藏精品文物。考古勘查已初步探明其城郭的总面积达到 14.6 平方千米，其中核心区域面积为 48 万平方米。王城平面近似长方形，南北城墙长约 860 米，东西宽约 550 米，周长 2896 米，依山傍水，营建于丘陵坡地之上。学术界基本判定该城为西汉闽越国时期的都城之一，也是福建境内发现的唯一有城墙环绕的上古时期大型城市遗址，被誉为“东方的庞贝古城”。

闽越国时期，闽越族从中原地区引进了先进的生产技术和工具，生产力达到了前所未有的高度，极大地推动了农业、陶瓷制造业、纺织业、造船业和建筑业等方面的发展。城村汉城遗址出土的文物丰富多彩，数量众多，包括农具、手工业工具、兵器及其他日用杂器等共 300 余件，为福建出土最早、最多铁器的遗址。铁制农具的应用不仅提升了农业技术水平，还促进了耕地面积的扩张和粮食产量

城村汉城遗址俯瞰

城村汉城遗址考古发掘保护坑

的增加。在出土的陶器中，除了大量的瓮、瓿、釜、敛口钵、罐、匏壶、提桶等闽越式陶器外，还有盂、盆、三足鼎、三足盘等汉式陶器。建筑用陶中的板瓦、筒瓦、陶水管、花纹铺地砖，以及瓦片和陶器上拍印和戳印的汉字，都带有浓厚的中原文化特色。城村汉城出土的刀、剑、匕首、矢镞、矛、戟、铁甲及具有强大杀伤力的铜弩机等，极大地增强了军队的作战能力。

“筑城以卫君，造郭以守民”。闽越王城遵循战国以来流行的都城建造规制，内城外郭，井然有序。王城四面开东、西、南、北四门及三处水门，除在东城门外的北岗、南岗分立“左祖右社”外，又在城内择高地另立祭坛；王城之内，分处围筑高大宽平的夯土台基，规模不等的宫殿苑囿错落矗立，大小园林池沼有序相接。公元前 110 年，东越王余善起兵反汉，屡次举兵兼并邻国、侵扰汉地，引来汉武帝发四路大军进攻东越。闽越内讧，余善被杀，闽越国亡。

1996 年，城村汉城遗址被国务院公布为第四批全国重点文物保护单位；1999 年，其作为武夷山境内文化遗址被联合国教科文组织列入《世界遗产名录》；2022 年，城村汉城考古遗址公园被国家文物局公布为第四批国家考古遗址公园。

新店古城遗址

年代：汉

位置：福州市晋安区新店镇古城村

新店古城遗址正面　　摄影：朱铭亮

新店古城遗址于1984年被发现，其遗址面积约15万平方米，坐落于冲洪积台地，其北面、东北面和西北面围绕着用于排洪的大型壕沟。自1997年起，有关机构开展了初步勘查和5次规模较小的考古挖掘，发现了包括壕沟、水井、道路和灰坑在内的多种遗迹。此外，还发现了一些石器和大量陶器碎片。石器包括石锤、石核、石片和刮削器等；而陶器则包括盆、杯、罐、釜、盅、支座和板瓦等，上面装饰着绳纹、弦纹、方格纹和条纹等图案。从考古挖掘结果来看，新店古城遗址属于汉代至闽越时期的一个大型聚落遗址。遗址中出土的一些粗绳纹板瓦碎片说明，该遗址中的某个区域可能存在更高规格的官署建筑。

司马迁在《史记·东越列传》中记载："汉五年，复立无诸为闽越王，王闽中故地，都东冶。"文中的"东冶"就在今天福州市区的冶山地段，王都主城区位于冶山，宫殿廊道连成一片。附属的离宫别馆在距主城区较远的浮仓山和牛头山上。东冶都城的布局不仅与武夷山闽越王城的设计有着相同的建设理念，而且与西汉长安城的布局也有着相似之处。例如，皇室贵族的墓葬区分布在北郊，都城大型建筑都建在冶山周围的高地。冶山宫殿区域被河流环绕，都城内外都与闽江相连，反映了先秦管子在城市建设中“因天材，就地利”的理念。

新店古城遗址出土遗物器型丰富、纹饰多样，具有丰富的文化内涵和研究价值，反映了早期闽越国的生活情景，2001 年被福建省人民政府公布为第五批省级文物保护单位。

新店古城遗址城墙横断面

屏山闽越王城遗址

年代：汉

位置：福州市鼓楼区屏山一带

冶山春秋园无诸塑像

宫殿夯土台基　　摄影：朱铭亮

闽越王城遗址位于福州城北的屏山（又称越王山）南侧。闽越国时期的建筑群位于越王山和云步山之间的台地和坡地上，20 世纪 90 年代以来，为配合城市基础建设，相关部门进行了数十次规模不等的抢救性考古发掘，目前已经发现建筑遗存的地点有十余处，分布范围达 40 多万平方米。其中以冶山路省财政厅旧址、屏山农贸市场、省建行地点的发现尤为重要。

揭露遗迹有大型宫殿夯土台基、整组木桩基座、水井、成片宫殿倒塌的筒板瓦堆积层、夯土台基周边大型排水沟等，出土遗物有陶器、大量建筑构件、少量铁器等。其中部分筒、板瓦内侧戳印有文字，但均无法识读，推测为闽越国自创文字，有“万岁”“卷云箭镞纹”“万岁未央”“常乐未央”“兽头凤鸟纹万岁”等文字瓦当。此外，建筑构件还有绳纹和菱形纹铺地砖等。这些建筑构件及“万岁”字样瓦当，规格和武夷山城村汉城遗址发现的同类瓦当规格相当，表明其性质一致，不同的是城村汉城遗址出土筒、板瓦上戳印文字均可识读，而屏山闽越王城遗址出土筒、板瓦上自创文字及压印的符号均无法识读。

东越王台

年代：汉

位置：莆田市涵江区白沙镇马洋古院山

东越王台正面　　摄影：朱铭亮

东越王台海拔 332 米，山势雄伟，东临马洋溪犹如斧劈刀削。城堡三面均用条石砌墙，只有西面山势平缓处开一城门，直通九经山，有一夫当关、万夫莫过之险。据史载，南宋史学家郑樵之父国器墓即在东越王台寨里，可惜已无处寻觅。九经山玉皇殿依然矗立，上厅供奉玉皇，下厅供奉如来和观音。1993 年，马洋村群众在殿前马槽垅开荒，发现一特大石槽，系用整块花岗岩巨石凿成，长 1.6 米，高 64 厘米，宽 64 厘米，厚 12 厘米，底部及左边均有放水孔，四周多处有篆刻“越国”字样。

《游洋志・山志》记载：“越王山在兴化县南广业里，又名越王台。”明代周华的《游洋志》亦载：“越王，东越王也，姓刘名郢，不奉汉廷正朔。郢死，其弟余善继立，虎据东越之地。时朱买臣为会稽太守，武帝命讨之，乃窜身于此山之上。”《史记・东越列传》载：“闽越王无诸及越东海王摇者，其先皆越王勾践之后也，姓驺氏。”秦末楚汉战争，无诸及摇率越人助刘邦打天下。因灭楚有功，汉高祖五年（前 202）“复立无诸为闽越王，王闽中故地，都东冶（即今福州）”。西汉建元六年（前 135），闽越王郢攻打南越，汉武帝派兵讨伐，郢之弟余善杀郢降汉。汉武帝封其为东越王，统领闽中郡。据传余善以马洋古院山为统帅部，周围有“三燧峰”，是福建有文字记载最早的烽火墩台。西汉元鼎五年（前 112），南越丞相吕嘉反汉，汉武帝命余善带兵八千人，从海路跟从楼船将军杨仆攻打南越。因海上遇大风误期，武帝欲兴师问罪，余善便于次年反汉，自立为武帝，刻玉玺，与汉武帝分庭抗礼，并加封驺力等人为“吞汉将军”，攻入白沙、武林、梅岭，杀汉三校尉。汉武帝兵分四路围攻东越，后又派朱买臣率军重重围住越王台。余善率部奋勇抵抗，终因寡不敌众败逃，并把宝剑投入东麓池塘，此处因此得名“剑池”。朱买臣抓获余善连夜斩首，头颅悬挂在东越王山南麓树上示众。余善大将驺力不肯屈降，投溪潭殉难，传说即在今萩芦溪上游东泉村边，称为“将军潭”。后人遂于越王台西侧建筑宏伟的九经山玉皇殿，以缅怀东越王余善；并在东泉将军潭边建将军庙，在竹仔潭边建凌云洞，奉祀“吞汉将军”。如今，古院山上越王台部分石基础尚存，而寨堡石墙则保存较好。

东越王台遗迹与传说，为闽越国史提供了莆田地区的民间史料，2001 年，东越王台被公布为莆田县县级文物保护单位。

东越王台文保碑

东越王台古院

鳝溪白马孚佑尊王庙

年代：汉

位置：福州市晋安区鼓山西麓莲花山下

鳝溪白马孚佑尊王庙大门　　摄影：朱铭亮

鳝溪，又称善溪。相传汉闽越王郢第三子驺寅（“白马三郎”）年少英勇，善射猎，春日游猎于此，闻听村民诉说溪中有害鳝作恶，为保境安民射杀鳝精而牺牲，故名。村民为感念“白马三郎”恩德，在鳝溪峡口立庙奉祀，名为“冲济广应灵孚佑王庙”，俗称白马王庙，每年正月十一日举办迎神，二月初二为白马王生辰。庙会活动古今沿袭，已形成白马王文化民间信仰体系。

鳝溪白马王庙汉时为广应寺。明王应山撰《闽都记》载，在府治，自唐大历（766—779）以前，闽城得通祀者，钓龙台、城隍、善溪、西湖庙，并此而四。宋绍兴十一年（1141），改建白马王庙，御赐匾额“永宁”，宫殿式结构，占地842平方米。该庙自唐宋以来，演变为福州地区的祈雨场所。唐贞元十年（794），福建观察使王翊在此祈雨，天降甘霖，庙再次扩建；唐咸通六年（865），福建观察使奏封白马王为“龙骧侯”；五代后梁贞明中（915），闽王王审知奏封“弘润王”；宋庆历六年（1046），郡守蔡襄自书祷雨文；宋熙宁八年（1075），敕封“冲济广应王”；宋元丰六年（1083），太守刘谨入庙祈雨，留下石刻；宋绍兴十一年（1141），增封“灵显”；宋绍定五年（1232），加封“孚佑王”；宋淳祐八年（1248），郡守陈垲祈雨而至，谓“神亲杀鳝，其灵在神，不在鳝也”，故易名善溪。

鳝溪白马王庙为历代官府所推崇，百姓所敬仰，历代名人骚客在该庙留下了不少诗词墨迹。北宋抗金名相李纲留有“千年鳝骨专车在，百丈灵湫瀑布垂”楹联。宋代著名词人张元幹游鳝溪时吟下“夕阳初落鳝溪路，云气半遮狮子峰”佳句。宋福州太守程师孟《上巳游东禅》诗中吟有“出城林径起苍烟，白马遗踪俗尚传”之句。清林枫有七言诗云：“云里崩腾水碓声，山前庙貌古峥嵘。松阴父老谈遗事，喜说三郎白马名。”近代福州才女刘蘅写下《鳝溪怀古》，讴歌白马王功德。

鳝溪白马孚佑尊王庙不但是福州地区与闽越国有关的白马尊王信仰的源头，也是闽台白马尊王信仰的祖殿。1961 年，鳝溪白马孚佑尊王庙及周边文物被公布为福州市第一批市级文物保护单位。

鳝溪白马孚佑尊王庙正面

鳝溪白马孚佑尊王庙壁画

永丰闽越王庙

年代：宋

位置：福州市闽侯县荆溪镇永丰村梅花山

永丰闽越王庙正面　　摄影：朱铭亮

永丰闽越王庙始建于南宋理宗年间（1225—1264），距今已有700多年历史，现存为明清时代建筑，占地约2500平方米。主体建筑有戏台、看楼、钟鼓楼、拜亭、正殿及配殿等。正殿面阔5间，进深7柱。钟鼓楼飞檐翘角，工艺精湛，青石神龛上，云龙喷水浮雕极其考究，戏台和拜亭上装饰有精美的木构藻井，双藻井结构在福州地区为罕见。正面为牌楼式庙墙，正中大门上方镶嵌石匾二方，上匾刻“敕封汉闽越王”，下匾刻“临水境”。

1999年，永丰闽越王庙被公布为闽侯县县级文物保护单位。2011年因修建福州三环路淮安大桥及永丰互通，经福建省人民政府批准，按照修旧如旧、不改变古庙原先风貌的原则，原样迁建于东侧山麓新址之上。

永丰闽越王庙文保碑

永丰闽越王庙正门

樟湖蛇王庙

年代：明

位置：南平市延平区樟湖镇中坂街

樟湖蛇王庙正面　　摄影：麻健敏

樟湖蛇王庙始建于明，重建于清，为重檐悬山式砖木结构的建筑。该庙与其他庙宇不同之处在于，其檐角处的仰头雕成蛇头，形态逼真。蛇王庙又称“连公庙”“福庆堂 ”。

樟湖崇蛇文化起源于古代闽越文化传统习俗。秦汉时期，闽中各地的先民信奉蛇神为祖先之神。直至清代，福州一些沿江农妇仍以蛇形物为装饰品。清代施鸿保《闽杂记》载，福州农妇多戴银簪，长五寸许，作蛇昂首之状，插于发髻中，俗名“蛇簪”。樟湖人以蛇作为图腾，他们不打蛇，忌食蛇肉，遇到蛇时还主动让路。春祭元宵，每年正月初六至二十一，制首、尾板灯，连接形成“竹蛇”，迎游“竹蛇灯”，恭迎蛇神降临。入夜时分，“竹蛇”绕镇蜿蜒而行。游行队伍浩荡，沿途善男信女拈香顶礼膜拜，燃放烟花、爆竹、土铳。竹蛇绕境后，在庙殿上“扭殿”，或在河滩上缠绕。之后，“竹蛇”解脱，颂祝蛇神升天。每年农历六月下旬，村民便到野外四处捕蛇，农历七月初七组成浩浩荡荡的迎蛇队伍，每人手里都拿着蛇，或挂在脖子上，或抓在手里，或挂在肩上，将蛇送到蛇王庙前的闽江放生。

樟湖蛇王庙和崇蛇信俗是闽越人信仰的重要历史遗存，2005 年，樟湖蛇王庙被福建省人民政府公布为第六批省级文物保护单位。

樟湖蛇王庙侧面

樟湖蛇王庙顶部

洋里蛇王宫

年代：明

位置：福州市闽侯县洋里乡后坑村景区

洋里蛇王宫正面　　摄影：朱铭亮

洋里蛇王宫也称龙岩寺，始建于明崇祯四年（1631），清乾隆元年（1736）、道光十六年（1836）重修。庙坐北朝南，大殿前加左右配殿，建筑面积约 300 平方米。大殿面阔 3 间，进深 2 间，单檐歇山顶，穿斗式木构架，殿梁上有墨书“时崇祯四年旧缘首林子祯罗子忠同募捐鼎建立”“乾隆元年岁次丙辰冬吉……重修”“道光拾陆年六月吉……重建”等文字。

蛇是百越民族的图腾之一，蛇崇拜是古闽的独特信仰。东汉许慎在《说文解字》中记载：“闽，东南越，蛇种。从虫、门声。”明邝露在《赤雅》写道：“疍人神宫，画蛇以祭，自云龙种。”清顾炎武在《天下郡国利病书》写道：“古以南蛮为蛇种，观其疍家，神宫蛇像可见。”被认为是闽越族后裔的疍民仍把蛇看作自己的文化图腾加以奉祀。一直到清末，居住在闽侯境内的疍民，还“自称蛇种”。

洋里蛇王宫前柱子上有数对题联，如“居心不良认君烧香无益，行善积德见我不拜何妨”等劝世良言。内殿上则是“威统闽越佑黎民，灵显蛇王保四方”，体现了蛇王在闽越族人的心中是神通广大的，且能庇佑四方黎民。宫中祀奉蟒仙蛇王，即“平炉尊王”。宫中的蛇神塑像皆已拟人化，与其他宫庙的神祇相似，但细看神像的手中、肩上或足下，往往会缠绕一蛇，作为蛇神的标志。宫壁上原有“蛇王图腾”的壁画，现在已经消逝了。据《碑志》记载，此处供奉之“平炉尊王”由南平樟湖坂分炉而来。以前每逢七月初七，当地人会举行一年一度盛大的“蛇王节”，祈求蛇神庇佑，保境安民，这一庆典已经延续了数百年。

2013年，洋里蛇王宫被认定为闽侯县不可移动文物点。

洋里蛇王宫内景

洋里蛇王宫匾额

仙洋闽越王庙

年代：清

位置：福州市闽侯县洋里乡仙洋村南

仙洋闽越王庙全貌　　摄影：朱铭亮

仙洋闽越王庙为清代建筑，坐北朝南，中轴线自南至北排列有戏台、酒楼、正殿和阁楼等建筑。戏台单檐歇山顶，抬梁木构架，外为土筑风火墙；酒楼外向建有出挑悬式木走廊；正殿面阔 3 间，进深 2 间，抬梁穿斗式木构架，单檐歇山顶；阁楼两层木结构，重檐歇山顶。酒楼、正殿、阁楼外向下半部为土筑墙壁，上部为木板壁，正殿上方悬有“闽越王庙”匾额。戏台两厢灰壁上墨书有自清同治十三年（1874）至民国 31 年（1942）约 70 年间在庙内演戏的时间、班名、剧目等文字记录 19 条。

仙洋闽越王庙保存较完好，1999 年被公布为闽侯县县级文物保护单位。

仙洋闽越王庙内景

仙洋闽越王庙文保碑

闽清梅坂境

年代： 清

位置： 福州市闽清县坂东镇坂头村

闽清梅坂境正面

闽清梅坂境屋檐细节　　摄影：朱铭亮

梅坂境建于清代，坐南朝北，土木结构，东西宽 13.2 米，南北深 21.6 米，平面近正方形，占地面积约 285 平方米，由正殿、戏台、廊楼组成。正门青石门框，门额上书“梅坂境”，左右设券顶仪门，门额灰塑书卷，内分别书“物阜”“民康”。正殿面阔 3 间，进深 2 间，抬梁式木构架双坡顶；前部戏台单檐歇山顶高出回廊两庑屋面，正脊尖端作雀尾状，四角脊高翘；建筑风火墙墀头堵板及正面门墙均作彩绘装饰。殿中后部设有佛龛，主祀汉闽越王神像，殿中还保存一口铸有“汉闽越王”等字的铸铁大钟。村中聚居的陈氏迁至这里已有 600 多年，陈氏宗祠紧挨梅坂境而建。陈氏族人世代把汉闽越王视作保护神，对其供奉膜拜。

通济越王宫

年代：清

位置：莆田市荔城区西天尾镇三山村

通济越王宫正面　　摄影：朱铭亮

通济越王宫，又名通济庙，供奉闽越王无诸。《八闽通志》载："通济庙，在旧枫林驿之左。"宋代赐额"通济"，现存庙宇为清道光年间（1821—1850）建筑。坐北向南，通面阔16.8米，通进深20.3米，建筑面积341.6平方米。为单体建筑，由照墙、砖埕、山门、正殿组成。正殿面阔3间，进深3间。悬山顶穿斗式木构架，山门外有道光纪年的龙柱，为1825年陇西境老艺人李延爵费时三年雕刻而成。每年正月初九，当地民众会在通济越王宫前献演《八仙过海》。

该建筑是研究莆田地区闽越王信俗的实物资料，2000年被公布为莆田县县级文物保护单位。

通济越王宫内景

通济越王宫文保碑

文定汉闽越王庙

年代：清

位置：福州市闽清县坂东镇文定村

文定汉闽越王庙正面　　摄影：朱铭亮

文定汉闽越王庙建于清道光十七年（1837），建筑坐北朝南，土木结构，东西宽 14.72 米，南北深 21.5 米，平面呈长方形，占地面积 317 平方米，曾多次维修。该庙有前后两殿，前殿门墙中洞开大门，磨制青石门框，门额横式花岗岩阴刻“汉闽越王”四字，并落“清道光丁酉年孟秋吉旦日立”款。

门内三周回廊，回廊屋面作雀尾翘脊，前廊单坡倒水，两侧双坡倒水。回廊内侧作四柱亭式建筑，上覆单檐歇山屋顶，飞檐翘角，翘角下皆施素面角鱼，高低错落。后座为庙的正殿，地势略高于前座，但建筑低矮。正殿面阔 5 间，进深 4 柱间，歇山屋顶。殿通廊宽大，廊顶作卷棚，左右侧各开券顶边门。中厅木作构架为穿斗式减柱造，柱梁用材硕大，正殿廊柱出跳斗拱与透雕牡丹雀替相承，独具匠心。在殿的后侧，砌筑佛龛一列，主祀汉闽越王无诸，旁祀地方诸神。2021 年，文定汉闽越王庙被闽清县人民政府公布为文物保护点。

文定汉闽越王庙文保标识

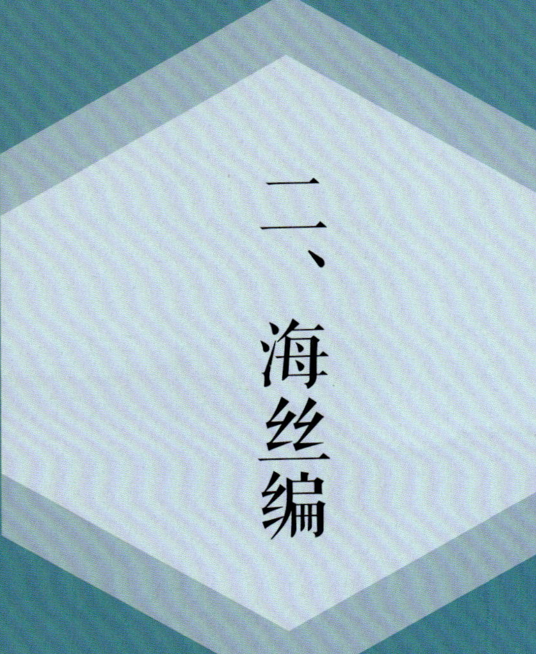

二、海丝编

宋、元两代，福建“海上丝绸之路”勃兴，泉州成为宋元中国的世界海洋商贸中心。

南宋末期，中央政府任用阿拉伯人后裔蒲寿庚提举泉州市舶使，通过蒲氏家族在海外商人中的影响，招徕外商前来贸易。元代统治者十分重视泉州的海外贸易，继续任用蒲寿庚为行省中书左丞，主持泉州的海外贸易。元代，与泉州有贸易关系的国家和地区有97个，比宋代增加了30多个。元代的泉州港以“东方第一大港”著称于世，大量海外商人集聚泉州，其中以阿拉伯人、波斯人为众，当地人称之为“番客”，“番客”文化也成为中古时期独特的文化景观。陈埭丁氏宗祠、百崎郭氏墓群证明，其中一部分海外番商留在本地，融入当地人生活之中，成为中国回族的先民。

元代，福州也成为阿拉伯人与波斯人来华经商的地点之一，诗人萨都剌曾经在福州写下著名的《南台月》，描绘了当时台江地区商业贸易的繁荣景象。福州清真寺和象山伊斯兰教圣墓，证明福州当时有大量信奉伊斯兰教的西亚商人在此从事海洋贸易。

伊斯兰教圣墓

年代：唐

位置：泉州市丰泽区东湖街道凤山社区东南 200 米灵山南坡

伊斯兰教圣墓文保碑

伊斯兰教圣墓墓葬　　摄影：朱铭亮

伊斯兰教圣墓位于泉州清源山脉东翼，东南临海。据《闽书》记载，唐武德年间（618—626），穆罕默德门徒四人到华：一贤传教广州；二贤传教扬州；三贤、四贤传教泉州，卒葬于东门外灵山南麓，故又称三贤四贤墓。因四人深受穆斯林敬重，两位传教泉州的先贤入土安眠之墓被称作“圣墓”，圣墓所在的山叫作“灵山”，墓被称为“灵山圣墓”。

伊斯兰教圣墓重点遗存包含两座墓、墓廊。按照伊斯兰教墓葬风俗，墓葬形式应为头北足南，身体侧卧面朝西方，即伊斯兰教圣地麦加的方向。伊斯兰教圣墓严格按照穆斯林规制，墓地坐北面南，依山而筑，主体布局由一圈半月形的回廊环抱两座石墓。两座墓盖石就是三贤四贤的墓葬，东西向并排，各呈长方形，尺寸明显大于泉州地区发现的其他墓盖石。墓盖石分三层，底层四面浮雕莲瓣纹；中层素面；最上层是横截面呈“回”字形的顶盖石。墓廊一共有 9 开间，属于中国传统建筑规制最高的规格，显示出墓主人身份的尊贵。墓廊直径 11 米，形状呈半月形，体现出典型的伊斯兰文化特征。墓廊前排柱子的特点为中间粗两头细，为典型的唐代风格，在柱上以方形大斗承托卷云纹的雀替状支撑构件，与清净寺门楼的雀替状构件雕饰相近。

圣墓建成以来，得到了穆斯林及社会各界的重视，七方碑刻记录了不同时期穆斯林及泉州地方官员的保护和修缮行为。《阿拉伯文重修碑刻》记载了安葬在这里的两位穆斯林来中国的时间和事由，并明确记录 1322 年泉州穆斯林集体重修了这座墓葬，现墓地的主体也就是此次修缮后的遗存。《郑和行香碑》记录了明永乐十五年（1417），中国著名航海家郑和第五次下西洋路经泉州，来此墓祭先贤行香祈求庇佑，由当时的泉州地方官蒲日和为他立下汉文石碑；清康熙五十三年（1714），陈有功、陈美共同修缮圣墓并留下碑记；清乾隆十六年（1751），董事夏必第修缮圣墓留下碑记；清乾隆四十八年（1783），举人郭拔萃修缮圣墓留下碑记；清嘉庆二十三年（1818），署福建全省督军门、漳州总镇马建纪修缮圣墓，再建墓亭留下碑记；清同治十年（1871），福建提督江长贵修缮圣墓留下碑记。这些碑记已成为研究中国伊斯兰教和该墓历史的重要文物。

伊斯兰教作为世界三大宗教之一，自 7 世纪起就经由穆斯林传播到世界各地。特别是伴随宋元时期远洋技术的成熟和海洋贸易的发展，大量阿拉伯人、波斯人乘船云集泉州，这些人或经商，或传教，或游历，其中一部分在中国东南沿海定居，修建清真寺、购置墓葬区，留下了珍贵且灿烂的伊斯兰文化遗产。“灵山”上还有大量阿拉伯后裔的墓葬，早期墓葬保留着典型的伊斯兰墓葬墓盖石建筑风格，后期则逐渐融入当地墓葬的传统风格，体现了中阿文化的交融。

伊斯兰教圣墓是伊斯兰教传入中国重要的历史物证之一，是古代中阿人民经济文化友好交流的历史见证。1961 年，伊斯兰教圣墓被福建省人民委员会公布为第一批省级文物保护单位；1988 年，被国务院公布为第三批全国重点文物保护单位。伊斯兰教圣墓也是世界遗产“泉州：宋元中国的世界海洋商贸中心”的重要组成部分。

伊斯兰教圣墓俯瞰

伊斯兰教圣墓大门俯视

清净寺

年代：宋

位置：泉州市鲤城区涂门街中段

清净寺正门　　摄影：朱铭亮

清净寺前身是南宋泉州的圣友寺，仿照叙利亚大马士革伊斯兰教礼拜堂的形制建造，是中国现存最古老的由阿拉伯穆斯林建造的伊斯兰教清真寺。据元代吴鉴编撰的《清净寺记》记载，宋绍兴元年（1131），撒那威（伊朗西拉夫）富商纳只卜·穆兹喜鲁丁在泉州城南选址立寺，而后因战乱损毁。元至正九年（1349），由泉州伊斯兰教长布尔罕丁主持，金阿里捐资重修。

清净寺现存建筑有大门楼、奉天坛和名善堂。穿过门楼进入清净寺，右侧可见立有元至正十年（1350）的《重立清净寺碑记》和明万历三十七年（1609）的《重修清净寺碑记》两方花岗岩石碑，是目前中国伊斯兰寺院中可考的最早汉字碑记。寺内还有一方明永乐五年（1407）颁发的保护清真寺和伊斯兰教的《敕谕》石刻。15 世纪中叶，泉州穆斯林在恢复该寺时，赵荣立“清净寺”匾于寺额。明正德二年（1507），教长夏彦高募捐重刻吴鉴《清净寺记》碑。

宋元两代，福建海外贸易达到历史高峰，泉州港成为世界上最大的贸易港口，泉州清净寺与扬州仙鹤寺、广州怀圣寺、杭州凤凰寺合称为中国伊斯兰教四大古寺，泉州清净寺对研究早期中国与阿拉伯宗教文化交流史，伊斯兰教在中国东南沿海港口城市的传播与清真寺的建置、组织机构等，具有重要的历史价值，同时也是宋元时期远跨重洋来泉州经商的阿拉伯、波斯穆斯林商人及其族群的珍贵物证。1961 年，清净寺被国务院公布为第一批全国重点文物保护单位，也是世界遗产——“泉州：宋元中国的世界海洋商贸中心”的重要组成部分。

清净寺俯视

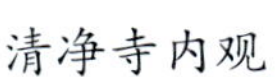

清净寺内观

九日山摩崖石刻

年代：宋

位置：泉州市南安市丰州镇晋江北岸

九日山摩崖石刻局部　　摄影：朱铭亮

九日山摩崖石刻是两宋时期泉州地方官员和市舶司为“番舶”举行“祈风”祭祀活动时的石刻文字记录，也是现存唯一的古代中国官方有关航海事宜举行的国家祭典的真实记录。九日山保留有宋、元、明、清摩崖石刻 78 方，明、清碑刻 4 通，其中共有 10 方“祈风”石刻记录了宋代泉州地方政府为往来商舶举行的“祈风”典礼，即每次“祈风”的时间、地点、参加者姓名和仪式结束后的活动等内容。“祈风”石刻涉及少数民族的有 4 方，均与偰玉立有关。偰玉立，维吾尔族人，世居高昌，元至正年间（1341—1368）任职泉州，编纂《清源续志》。九日山下的昭惠庙中供奉着中国东南沿海第一代海神通远王。古代泉州人民依海为生，每年的四月和十月，百姓会聚集在昭惠庙祭祀通远王，以祈求风信顺利。随着宋代泉州海外贸易的日趋繁荣，“祈风”这一民间传统逐渐升格成为官方祭典。

九日山摩崖石刻是历史上中国与其他国家友好往来的真实物证，是见证古代海上丝绸之路东方起点的重要史迹之一，印证了宋代泉州港同东南亚、印度洋、波斯湾、红海和东非等地区交往的史实，是中华海洋文明史上珍贵的文化遗产。1988 年，九日山摩崖石刻被国务院公布为第三批全国重点文物保护单位，也是世界遗产“泉州：宋元中国的世界海洋商贸中心”的重要组成部分。

九日山摩崖石刻局部

泉州市舶司遗址

年代：宋

位置：泉州市鲤城区海滨街道水门社区

泉州市舶司遗址大门　　摄影：麻健敏

泉州海外交通和港口贸易历史源远流长，唐代已呈现初兴景象，宋元迎来鼎盛时代，是古代海上丝绸之路历史上持续400年繁荣的国际大港。在此过程中，北宋元祐二年（1087）设立的海外贸易管理机构——市舶司，发挥了举足轻重的作用，表明了泉州商人群体在海外贸易中的重要性得到官方的重视，为福建尤其是泉州经济注入发展活力和生机。

宋、元、明三代对海外贸易实行严格管理，国内外商人从泉州港出海或登陆，必须先赴市舶司登记，凡从海外运货抵港，先经市舶司抽分博买，否则没收船货并治罪。私自与海商贸易者，也要治罪。市舶抽买所得，细色物货结纲从水路和陆路运往京城，部分粗色物货就地打套出卖。市舶收入绝大部分直接归于朝廷，故宋元时期朝廷对市舶贸易非常重视。宋代规定，凡经营海内外贸易的国内商船，必须在指定的港口领取“公凭”或“公据”，才可发舶，如违制犯法，船货要没收入官。贡船来华则需持有该国的表文（相当于国书）。当时，通过泉州港同中国进行经济、文化交流的国家已达到40多个，包括大食（今阿拉伯地区）、占城（今越南）及南洋诸国。市舶司为宋元时期中外海商进出港提供便利，为海外交通与中外文化交流保驾护航。与此同时，为了增进海外贸易，政府给予外商各种优待，规定市舶司和地方官员负有保护外商生命及财产安全的责任，这些措施促进了外商与政府、当地商民和睦相处。

市舶司在明成化八年（1472）完成了历史使命，其遗址于2020年被福建省人民政府公布增补为第九批省级文物保护单位。

泉州市舶司遗址文保碑

泉州市舶司遗址内院

福州伊斯兰教墓园

年代：元

位置：福州市西北郊象山北麓井边亭村

福州伊斯兰教墓园正门　　　　　　　　摄影：朱铭亮

福州伊斯兰教墓园，为元代阿拉伯伊斯兰传教士伊本·穆尔菲德·艾米尔·阿莱丁的墓冢，另有明、清、民国时期穆斯林墓葬数百座，其中48座清代墓葬保存较为完好。

阿莱丁墓冢始建于元大德十年（1306），墓亭于清乾隆二年（1737）由福建台湾镇挂印总兵官马骥捐资重修，清道光二十六年（1846）再次重修。墓冢为亭式建筑，坐北向南。墓在亭内，封顶3层，呈塔式，由花岗石叠砌。墓高1.15米，长2.5米，宽1.31米；墓亭为砖石结构，正方形，边长7.75米。单檐悬山顶，高6.2米。亭的基部用花岗石叠砌，墙身用长方形青砖砌造。四面亭墙辟有石拱门，门额均有阿拉伯文石刻。东、西门额的碑文已风化剥蚀。南门上端嵌一石额，上刻3行楷书："乾隆二年岁次丁巳季春吉旦，特简福建台澎水陆等处地方挂印总兵官、署都督佥事仍带记录一次、陕西宁夏马骥捐资重修。"石额下方门楣上有阿拉伯碑文："死亡对人类的判决是不公正的，这个现世并非永居之宅第。"北门内有碑文："至高无上的真主说，凡是生灵都要尝死的滋味……艾米尔·阿莱丁亡于回历705年11月20日，星期五。愿真主照耀他的墓穴。我以此创造了你们，使你们重归于我，并给你们以末日的审判。"亭东侧有座占地面积约30平方米的祭厅。祭厅北墙外壁嵌一高0.46米、宽1.60米的石额，上刻汉字"西域武公舍黑之墓　道光丙午年"。

福州伊斯兰教墓园是元、明、清时期福州海洋贸易繁荣及海外穆斯林在福州生活的重要实证，1983年被公布为福州市市级文物保护单位。

福州伊斯兰教墓园墓葬细节

金山寨

年代：元

地址：泉州市东海街道后亭村金山

金山寨正面

金山寨文保碑

摄影：朱铭亮

金山寨又名后诸寨，寨呈四方形，寨墙周长 85 米，高 4.7 米，厚 2 米。金山寨全部由花岗岩块石砌筑而成，设有一门、二座炮口，寨墙除小部分倒塌外保存基本完整，寨址附近还有古码头遗址。

南宋末年，朝廷任用阿拉伯人后裔蒲寿庚提举泉州市舶司，通过蒲寿庚家族在海外商人中的影响，招揽海外商人前来贸易。元至元十四年（1277），元军占领泉州之后，元世祖即令在泉州设立市舶司，又任用蒲寿庚为行省中书左丞，主持泉州的海外贸易。金山寨是蒲寿庚的“望远楼”遗址，蒲寿庚经常在此远眺船舶进出泉州港的盛景。明代因海防需要，金山寨改建为抗倭山寨，成为泉州抗倭的海防要塞之一。

金山寨见证了宋元泉州海外贸易和明代海防的变迁，1983 年被公布为泉州市市级文物保护单位。

邵武清真寺

年代：元

位置：南平市邵武市昭阳街道和平巷 13 号

邵武清真寺正门　　供图：邵武市文物局

邵武清真寺，又名清净寺，俗称回回堂，是伊斯兰教遗址。邵武清真寺最初由元军统帅伯颜遣使建造。民国时期，回族学者马以愚到福建考察伊斯兰文化，在邵武东关诗话楼发现两方残碑，证实邵武清真寺始建于元至元十三年（1276）。明嘉靖《邵武府志》记载：“清净寺，在迎春坊委巷，色目人建，以奉其教。”

邵武清真寺原寺毁于火灾。明洪武五年（1372），一位杨姓穆斯林献出自己位于回民聚居地迎春坊乌龙井巷的住宅，再建清真寺。清同治八年（1869）翻修。清真寺占地约 3000 平方米，建筑面积 1983 平方米，由望月楼、礼拜堂、茶厅、水房、寺门等组成。望月楼在寺门外，为双层攒尖顶的传统楼阁。礼拜堂为木构平房，呈正方形，堂内北面设“讲经坛”，坛壁正面为门，进门为壁龛。龛内书写有古阿拉伯经文。寺内有花园，广植葡萄和其他花木，其园林布局既具有阿拉伯风格，堂宇又兼具明代建筑特征，别具一格。

邵武清真寺是研究福建回族历史、闽北地区伊斯兰教的珍贵实物资料，1981 年被公布为邵武县县级文物保护单位。

邵武清真寺俯瞰

福州清真寺

年代：明

位置：福州市鼓楼区八一七北路

福州清真寺正门　　摄影：朱铭亮

福州清真寺，位于福州市鼓楼区八一七北路。据寺内明嘉靖二十八年（1549）《重建清真寺记》碑记载，该寺初创于唐贞观二年（628），后晋天福元年（936）改为万寿院，元至正年间（1341—1368）归伊斯兰教所有，改为清真寺。

元代，伊斯兰教盛行于福州，明《闽都记》载："真教寺在安泰桥下，俗呼礼拜寺，色目人礼拜诵经于此。国朝初建，嘉靖间毁，重建。"福州清真寺内现有明朝到近代一共7方碑刻。1921年，厦门海关监督唐柯三等人集资修缮福州清真寺。抗日战争时期，福州穆斯林多迁往外地甚至海外，福州清真寺日趋衰败。中华人民共和国建立以后，于1955年对该清真寺进行改建。福州清真寺现存有一条阿拉伯文清真言石刻门楣，一尊阿拉伯文《古兰经》经文铜铸三足鼎等。福州清真寺建筑风格不仅展现了伊斯兰文化，也融入了福州地区传统建筑风格。1989年，福州清真寺改建为带圆形穹顶、三层砖石结构的邦克楼。2013年6月，再次启动修建工程，2015年12月竣工。

福州清真寺是福州市内现存唯一的清真寺，也是福建省内四大清真寺之一，1983 年被公布为福州市市级文物保护单位。

福州清真寺内院

福州清真寺石刻

百崎郭氏家庙

年代：明

位置：泉州市台商投资区百崎回族乡白奇村

百崎郭氏家庙

百崎郭氏家庙内观

摄影：朱铭亮

百崎郭氏家庙，又称“九乡郭”祖祠，俗称“宣慰府”，缘于其入泉始祖郭德广主政宣慰使司而得名，故族人也称郭德广为“宣慰公”。

明宣德七年（1432），百崎郭氏二世祖郭仕初率族人购地于本村李氏，以建郭氏家庙，初建时为3间张式大厝。清乾隆年间（1736—1795）重修时，又向两侧拓展，成为5间张；清同治十二年（1873）再度修葺；清光绪二十四年（1898），家庙毁于火灾，清代末年至民国初年重建。现存厅前柱础石，中间两礅雕刻有简洁明快的方框图案，明代风格，两侧阳雕动物图案则为清代风格。郭氏家庙保留明代建筑风格，距围墙60余步之西南隅，迄今尚存“午门”遗迹，遗迹中间是大门，两边是侧门，花岗岩石礅所雕的云月图案表现了伊斯兰教的风格。宗祠砖埕围墙西侧水沟涵口处置有一盘形“分水石”，寓意宗支派衍，脉旺流长。

百崎郭氏家庙是古代泉州“番客”在地融合的重要物证，2018年被福建省人民政府公布为第九批省级文物保护单位。

百崎郭氏墓群

年代：明

位置：泉州市台商投资区百崎回族乡下埭村、里春村

百崎郭氏墓群全景

百崎郭氏墓群俯瞰　　摄影：朱铭亮

百崎郭氏墓群坐北朝南，由 13 座明代伊斯兰石墓组成，分为前后两排。15 世纪初叶以来，先后有 10 多位百崎郭氏先祖安葬于此。墓群为伊斯兰教祭坛式花岗岩石墓盖，墓穴的选择和墓区的建筑大致效仿中原汉式，是较为罕见的伊斯兰教石墓群。

据《百奇郭氏族谱序》记载，百崎郭氏的先祖是众多来华经商的穆斯林中的一支，他们最初定居于浙江杭州富阳的郭家村。元代，时任宣慰使的郭德广奉命督运军需粮草来到泉州，不幸在泉州遭遇兵乱无法回朝，便在泉州安家落户，郭德广因此遭遇成为郭氏回民入泉始祖。郭氏最初居住在泉州东街行春门外，而后改迁至东海法石村。

百崎郭氏墓群是古代中国与阿拉伯地区经济文化交流、泉州地区回汉文化交融的重要实物证据，2019 年被国务院公布为第八批全国重点文物保护单位。

回族郭仲远墓

年代：明

位置：泉州市台商投资区百崎回族乡下埭村龙头山南麓

回族郭仲远墓正面　　摄影：朱铭亮

回族郭仲远墓建于明永乐至宣德年间（15世纪初叶），总长14.5米，宽3.9米，占地面积约116平方米；墓坐东北朝西南，依山势由低向高建有台阶、挡土墙、石埕、墓盖石、墓围；自南到北依次有三层埕台，错落有致。第一层有半月形墓井，第三层台为墓区，中置两座伊斯兰风格的须弥座式辉绿岩四层墓盖石。其东为郭仲远墓，西为其妻陈氏墓。盖座各层四周均雕有云纹和莲枝纹，细致且精美。南座墓盖上层周围阳刻阿拉伯文的《古兰经》经文，译文为“一切均要死亡，唯有真主不死”等。墓穴选择及墓区建筑取法中原汉式，墓围后面嵌有标志伊斯兰教之阳雕云月图案。

郭仲远（1348—1422），名泰，字仲远，号毅轩，百崎等九乡郭姓的开基始祖。郭仲远先祖是元代来泉州经商的阿拉伯人。明洪武九年（1376），为了躲避战乱，郭仲远携妻儿由东海法石迁徙至百崎，“择于惠邑海滨百奇山下筑室居焉”。到百崎后，郭仲远大量购置田地，以务农和捕鱼为业。在郭仲远“居家勤俭，铢积寸累”的带领下，家世日渐显赫，郭氏也得以在百崎开枝散叶。百崎郭氏传世至今已有 24 世，人口多达 1 万余人，遍及白奇、下埭、田吟、莲埭、贺厝、大山、里春、山兜和后海，有“九乡郭”的美誉。郭仲远十分重视与当地汉族同胞的关系。在郭氏家训中，郭仲远要求后世子孙“乡邻熙熙，毋相欺灭”，始终秉承邻里和睦、不相欺凌的理念。在郭仲远的影响下，他的 5 个儿子先后迁徙到附近汉族村庄居住，均与同村的汉族同胞和睦共处。

回族郭仲远墓是泉州地区现存伊斯兰教塔式墓葬中的珍贵遗迹，2001 年被福建省人民政府公布为第五批省级文物保护单位。

回族郭仲远墓文保碑

下埭郭仕敏父子墓

年代：明

位置：泉州市台商投资区百崎回族乡下埭村东山仔

下埭郭仕敏父子墓俯瞰

下埭郭仕敏父子墓大门　　摄影：朱铭亮

下埭郭仕敏父子墓坐东北向西南，为伊斯兰教墓葬规制，均为六层，长2.12米，宽0.85米，高0.76米，回文石刻三方，意译“安拉的确能让他复活苏醒”“对于安拉应忠心敬仰”“安拉永恒长在”。

明永乐年间（1403—1424），东南沿海倭患深重，特别是泉州惠安、晋江一带的百姓深受其害。百崎乡回民民风强悍，遂自发组织乡民抗倭。为了抗击倭寇，郭仲远四子郭仕敏、郭仕敏子郭谏评苦练泉州少林寺武学，并回乡悉数传授给乡民，组织抗倭武装。郭谏评因御寇有功，被明宪宗敕封“捕盗官”之职。郭谏评墓前还有明成化二十三年（1487）所立石碑，上刻“大明钦赐捕盗官郭公墓”。

下埭郭仕敏父子墓是泉州回汉人民历史上共同抗倭保家的重要物证，2006年被公布为惠安县县级文物保护单位。

郭厝郭氏宗祠

年代：明

位置：泉州市泉港区峰尾镇

郭厝郭氏宗祠正面　　供图：泉州市文物局

郭厝郭氏宗祠坐西北朝东南，始建于明代，清乾隆年间（1736—1795）重修。现宗祠基本保持重修后的建筑风格。郭氏宗祠共3进，由石埕、三厅、两廊两天井组成，总面积为1018平方米。大厅为硬山式屋顶，中前两厅为悬山式屋顶，中厅正中屋脊上饰双龙望塔，前厅正中屋脊上饰绿琉璃双龙戏火珠，两旁各饰有琉璃龙雕，翘脊飞檐，左右相衔，前后相望。

郭厝村隶属峰尾镇，是泉州市泉港区回族聚居地。据当地郭氏族人自述，其始祖世居河南光州固始县。为躲避唐末战乱，郭氏祖先郭斌、郭质兄弟二人入闽，初居长乐，五代后梁时又迁居仙游。宋景定五年（1264），郭质后裔郭霖移居泉州惠安荻州（今郭厝），即为现今郭厝郭姓回族的始祖。“系起汾阳世代源流由固始，支分荻水故家文献壮莲山”，这一对联镌刻在郭厝宗祠中厅清代留存下来的石柱上，记录了郭厝郭氏迁徙历程。至元末，该处府宅一度因战乱被毁，郭氏族人也移居他处。清康熙后，郭氏后人返回郭厝，于清乾隆六年（1741）重修郭氏宗祠。1912年，郭氏宗祠改建为莲山学堂，即郭厝中心小学的前身。1923年，郭氏宗祠遭兵灾焚毁。1942年，旅居新加坡的郭氏后人郭步卿倡建宗祠。1990年，台胞郭金贵、郭兴贵等发起重修，1993年修复一新。

郭厝郭氏宗祠是泉港区回族文化交流场所之一，1998年被公布为惠安县县级文物保护单位。

泉州明代丁氏回族墓群

年代：明

位置：泉州市东湖街道圣墓景区内

泉州明代丁氏回族墓群正面

泉州明代丁氏回族墓群大门　　　　摄影：朱铭亮

泉州明代丁氏回族墓群位于泉州伊斯兰教圣墓东南部的山麓地带，系14世纪以来泉州地区穆斯林历代沿用的一片公墓，墓葬既有汉族墓葬的形制，同时也保持着阿拉伯塔式石墓盖。墓盖石整体造型体现伊斯兰文化特征，但最下层环刻的莲瓣纹则是中国传统的常用装饰。其墓葬坐北面南、依山而筑的选址符合中国传统墓葬建筑选址观念。

据《丁氏族谱》记载："吾族丁氏，肇基于始祖节斋公，由姑苏行贾入泉，居于桐城之文山里，递传三世，至硕德公，徙居陈江，子孙蕃衍，文物蔚起。"可知丁氏家族的祖先丁谨（号节斋），是于宋末从苏州来泉州经商的。元至正末年（14世纪中叶），丁氏三世丁夔携子丁善移居陈埭。

泉州明代丁氏回族墓群的墓葬形式，显示了海洋贸易带来的外来文化与本土文化的交流与融合，2005年被福建省人民政府公布为第六批省级文物保护单位。

陈埭丁氏宗祠

年代：明

位置：泉州市晋江市陈埭镇岸兜村

陈埭丁氏宗祠正门　　摄影：朱铭亮

闽南丁氏回族集中分布于晋江市陈埭镇的江头、岸兜、溪边、四境、花厅口、西阪、坪头 7 个行政村（社区），其中岸兜村是丁氏迁居陈埭的肇基之地，开基祖为丁硕德。丁硕德去世前，遗命诸子孙要在所居地建立祠堂。宗祠始建于明永乐年间（1403—1424）；明万历年间（1573—1620）重建，时任南京礼部尚书黄凤翔为丁氏宗祠撰写《重建陈埭丁氏宗祠碑记》。丁氏回族祠堂是回、汉建筑文化融合的产物，坐北朝南，建筑群体以廊院式组织，采用闽南汉族传统民居建筑形制和建筑技术，以砖、木、石构造，有泮池、门埕、前厅、前庭院、中堂（主殿）、后庭院、廊庑、后殿，总占地面积 1052.75 平方米。祠堂正厅与四周的廊庑形成“回”字形结构。尤其值得一提的是祠堂的东北角，与书法上的“回”字右上方的转角顿笔十分相似。堂内悬挂“百代瞻依”匾额，门楣上方中央用阿拉伯文字组绘而成的鸟形木雕图案，具有伊斯兰教“祈求赐予吉祥与安宁”之意。丁氏宗祠历代名人辈出，仅明、清两代便有进士 12 人、举人 21 人、贡生 26 人、秀才 105 人，宗祠里的 18 方匾额，记述了丁氏历代科举功名的业绩。

陈埭丁氏宗祠是闽台丁氏共同供奉的祖祠。清道光年间（1821—1850），陈埭丁氏第 18 世丁朴实（1763—1843）携三子丁克邦、四子丁克家徙居鹿港，家族经营协源、盛源两商号。丁克家因在台湾“数十年日夕精心陪侍瘫痪父亲，冲火海冒死救父”的孝行，被朝廷立“孝子坊”表彰。丁克家家族秉承“忠孝廉节”的家风家训，一心向善，子孙乐学，人才辈出。丁克家六子丁寿泉，清光绪六年（1880）中进士，执掌台湾白沙书院。旅台陈埭丁氏主要聚居在台北、彰化、嘉义和云林等地。云林县台西乡的光华村和山寮村丁氏族人至今仍在村庄宫庙奉祀明代著名清官、八世祖丁仪“丁府八千岁王爷神像”。丁氏渡台后，敬祖睦族，往往在各宗族的祠堂内，奉祀“开台始祖”的神主牌，彰显闽台同胞血脉相连、同为一家。

陈埭丁氏宗祠历经修葺、重建、扩筑，已成为福建省内历史最悠久、规模最宏大、保存最完整的回族祠堂，同时也是闽台丁氏回族的祖祠，对研究中国海洋文化、闽台历史文化具有重要价值，2006 年被国务院公布为第六批全国重点文物保护单位。

陈埭丁氏宗祠大院

陈埭丁氏宗祠石刻

祖间苏民居

年代：明

位置：泉州市鲤城区海滨街道涂门社区

祖间苏民居正门　　　　摄影：朱铭亮

祖间苏民居始建于明正德十五年（1520），后世经过多次重修，现存大厝 4 座。建筑群占地约 3000 平方米，面阔约 60 米，进深 52 米，从巷东到巷南，四宅相连。4 座大厝至今保留明代建筑风格，均为 3 开间，分别是红兰馆、五瑞堂、绥成堂、通源堂。其中绥成堂是燕支苏氏宗祠，是目前泉州唯一祭祀苏颂的祠宇，也是清代最早恢复祭祀苏夫人祖姑的家庙。

祖间苏民居由北宋时期著名政治家、科学家苏颂后裔所建，至元朝初年形成苏氏聚居地。因先人中有人信奉伊斯兰教，故苏氏有与阿拉伯人联姻的传统。据记载，至元末，苏氏始祖所遗房屋尚有 50 多间。

祖间苏民居反映了泉州地区汉回融合的文化现象，2009 年被福建省人民政府公布为第七批省级文物保护单位。

祖闾苏民居后门

祖闾苏民居文保碑

李贽故居

年代：明

位置：泉州市鲤城区南门万寿路

李贽故居大院　　　　摄影：朱铭亮

该故居为明代杰出思想家李贽青少年时代居住的地方。故居为普通民房，占地面积 495 平方米，坐西向东，穿斗式木构架，硬山顶，原为两进三开间，现存正面一间和正厅堂。李贽青少年时期在这里居住，他去世后被改为“林氏宗祠”，清康熙年间（1662—1722）改为“林李宗祠”。清同治年间（1862—1874）故居进行重修，修葺时出土了两枚珍贵印章，一枚刻着阴文“李贽”，另一枚刻着阳文“卓吾”，现分别收藏于中国国家博物馆和泉州海外交通史博物馆。2004 年泉州市鲤城区政府对其进行修葺，将故居辟为李贽纪念馆，展示李贽的生平事迹、思想著作、各地县志对李贽的记载、泉州出土的文物等内容。

故居正厅堂两扇大门用红底黑字写“国恩”“家庆”，厅内一副楹联书写“联济南陇西为鼎族，蔚政事文学之名贤”，另一副楹联书写“两支双名宦，三世四乡贤”，厅堂两侧悬挂李贽在姚安知府任上所撰的“听政有余闲，不妨甓运陶斋，花栽潘县；做官无别物，只此一庭明月，两袖清风”对联。正厅案桌上供奉李贽脱胎塑像，座像上方悬挂“乡贤名宦”的横匾，正中间的厅壁列有“李贽家族世系图”。出厅堂左侧边门是故居后院，院中有一棋盘桌四石椅，可供休憩。

李贽（1527—1602），原名载贽，字宏甫，号卓吾，又号温陵居士、百泉居士、龙湖叟等，回族，明嘉靖举人，明代杰出的思想家、文学家、史学家。55 岁时，他辞官讲学，辨史著书，平生有《藏书》《续藏书》《焚书》《续焚书》《史纲评要》等大量著作。1985 年，李贽故居被福建省人民政府公布为第二批省级文物保护单位。

李贽故居石碑

李卓吾妻黄宜人墓

年代：明

位置：泉州市晋江市紫帽镇

李卓吾妻黄宜人墓正面　　摄影：麻健敏

明代思想家李贽之妻黄氏，诰封为宜人。墓前立花岗岩墓碑，上刻“明诰封宜人李卓吾妻黄氏墓”，上款“卓吾老子书”。1975 年，该墓园附近出土一方明万历十六年（1588）《诰封宜人黄氏墓表》，为都察院右副御史庄国祯所书。

黄氏，泉州南安丰州人，15 岁时与李贽成婚后随夫南北奔波。至晚年时，黄氏思念故乡，由女儿李恭懿、女婿庄纯夫护送返回泉州老家安度晚年。明万历十六年（1588）闰六月初三日，黄氏在泉州逝世。其时李贽和女婿庄纯夫在湖北麻城，闻讣告后，在七月间撰写《哭黄宜人》五言绝句六首，《忆黄宜人》二首，并题写黄宜人墓碑碑文让庄纯夫带回镌石立碑。

李卓吾妻黄宜人墓是泉州地区汉回通婚融合的实物证据，1982 年被公布为晋江县县级文物保护单位。

厦门清真寺碑记

年代：清

位置：厦门市玉屏路西侧厦门清真寺内

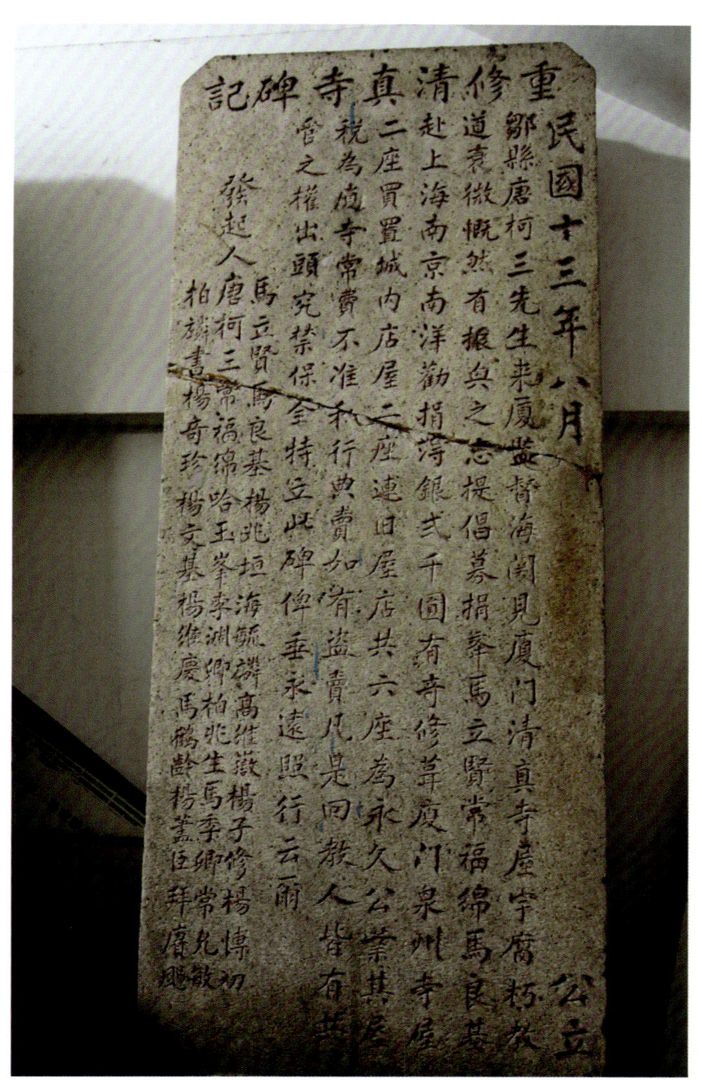

1924 年重修清真寺碑记　　　　　　　　　　摄影：朱铭亮

厦门清真寺，坐西朝东，平面呈狭长方形，分为三进，入门是天井庭院，二门内为大厅和厢房，三门内是礼拜殿，殿顶为悬山式建筑。1982 年、2003 年厦门清真寺两次重修，该寺现为厦门市穆斯林宗教活动中心。寺内保存一对清代以阿拉伯文书写的木刻楹联和一块木牌，木牌记录了 1904 年常子美调查厦门穆斯林墓地的情况，其中记载的墓地有 54 处，计 279 穴，涉及 17 个姓氏。1988 年，有关人员对厦门清真寺前楼重修时发掘出 3 方墓碑，分别属于武显将军保琨山（1854）、广东海阳县正堂杨石松（1867）和武德将军安徽寿州人杨致盛（1899），碑上雕刻有阿拉伯文、波斯文及汉文。寺内保存有清光绪二十八年（1902）的《厦门清真寺碑记》，记载厦门清真寺建于道光末年（1850），由浙江提督杨帅倡捐修建。《重修清真寺碑记》记录同治年间（1862—1874），厦门防军马姓司马（边防司令）倡捐拓建寺的前栋；1924 年唐柯三任厦门海关监督，再次发起重修寺院并立碑记。

两方厦门清真寺碑记对研究清代至民国初期厦门地区伊斯兰教历史具有一定价值，被厦门市公布为一般不可移动文物。

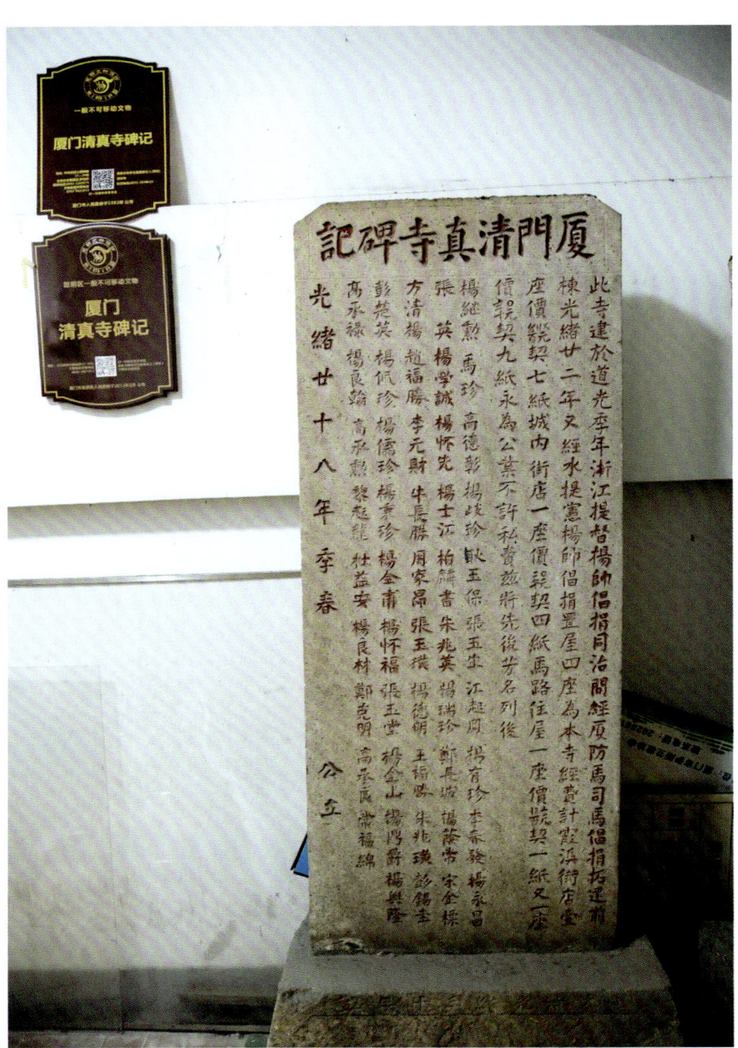

清光绪二十八年（1902）《厦门清真寺碑记》

三、闽台编

在郑成功驱荷复台、施琅平定台湾、台湾建省等一系列历史事件背景下，漳泉一带的大批民众迁居台湾，包括泉州粘氏满族、丁氏回族，漳州蓝氏畲族，福州萨姓蒙古族等福建世居少数民族。闽台粘氏大宗祠、闽台粘氏族谱，晋江丁氏大宗祠、陈埭丁氏族谱等，真实记录下这一段历史，也留下诸多血浓于水的感人故事。

清代早期，在不平静的台海风云之中，涌现出三位平台、治台、筹台的重要历史人物——蓝理、蓝廷珍、蓝鼎元，他们都来自漳浦的蓝氏畲族，被后世并称为“蓝氏三杰”。蓝廷珍府第、蓝氏宗祠、顶西蓝氏家宅、蓝理墓、蓝鼎元墓等一批国家级、省级文物保护单位，构成颇为壮观的漳浦蓝氏“种玉堂”文物群。位于厦门市思明区万石植物园内的“澎湖阵亡将士之灵碑”，纪念攻打澎湖阵亡的清军将士 329 名，是研究清康熙统一台湾的珍贵史料。

永宁粘氏祖墓

年代：元

位置：泉州市石狮市永宁镇永宁居委会

永宁粘氏祖墓正面　　摄影：方圆含

永宁粘氏祖墓——粘博温察儿墓，占地500多平方米，呈“凤”字形，三合土圆形封土堆，三层墓埕逐级外扩。墓碑呈“凸”字形，长2.06米，高0.75米，上楷书阴刻“八世祖粘公”五字。1989年由台湾粘氏宗亲会捐资修葺。

粘姓本复姓完颜，一世祖完颜宗翰，女真名粘没喝，亦称粘罕，为完颜阿骨打长侄。完颜宗翰的后人均为金国朝官，享有特权。元末，为躲避乱世，完颜一族弃用“完颜”姓，改以始祖粘罕之名首字“粘”为姓，沿用至今。元代的粘氏亦为官宦世家。粘合重山之子南合官至中书平章政事。福建粘姓的八世祖博温察儿是南合的儿子，于元末至正初年“因世乱流寓江南，遂浮海抵泉”，择居福建晋江永宁杨丹，为福建、台湾粘氏的共同始祖。粘博温察儿生有三子，其子子寿、子禄由永宁迁到晋江龙湖衙口村开基，传衍子孙。粘博温察儿迁徙至泉州时年事已高，不久就去世，死后葬于住地永宁杨丹。清乾隆年间（1736—1795），粘粤、粘恩、粘秉、粘尚四人，先后从晋江迁台，成为粘氏“渡台开基四先祖”，其后人在彰化一带建立村落，并沿用家乡名。

永宁粘氏祖墓是研究闽台地区女真后裔繁衍发展的重要遗存，2020年被石狮市文物管理委员会办公室列为文物保护点。

永宁粘氏祖墓文保碑

闽台粘氏大宗祠

年代：明

位置：泉州市晋江市龙湖镇衙口村

闽台粘氏大宗祠正面　　　摄影：朱铭亮

闽台粘氏大宗祠始建于明正德三年（1508），坐北朝南，三开间二落单檐硬山顶建筑，由泉城18世粘仕琰、19世粘瓒文倡导并选择衙口村建祖厝，是福建仅有的一座满族宗祠。粘氏大宗祠行春冬二祭，清代以前须为忠孝节义之士方可入祀，以励子孙效法。后改为“凡粘氏先人均可入祀”，而“有善可称，有行可范者”，入“功德堂”另祀，以激励后代缅怀、发扬祖先的功德，为社会做出贡献。

清康熙年间（1662—1722），部分原居于泉郡的粘氏族人浮海渡台。当时，晋江衙口人施琅率清军水师攻克台湾，祖居衙口的部分粘姓子弟随军前往。此外，台湾收复后，个别有功名的粘氏族人被派到台湾任职。乾隆年间（1736—1795），“海禁”得以开放，泉州粘氏人群开始成规模地渡台。渡台的粘氏族人经200多年繁衍，人丁兴旺。台湾省彰化县福兴乡的顶粘、厦粘二村是台湾粘氏的聚居区域，加上其他渡台的粘氏族人，在台粘氏满族逾万人。20 世纪 80 年代，粘氏大宗祠因破损，由晋江、南安等地族民捐资修葺。1993 年由台湾粘氏宗亲会会长粘火营发动两岸宗亲集资重建（其中大部分资金捐自台湾），1995 年落成并命名“闽台粘氏大宗祠”。泉州粘氏的宗族观念极强，尽管粘氏来闽已传 20 余世，也有多个分支，但永宁粘氏祖墓、闽台粘氏大宗祠、粘氏家谱三大宗族维系标志将闽台地区与海外粘氏的宗族情感紧密地聚拢在一起。

闽台粘氏大宗祠对研究女真后裔及闽台族亲交往具有重要的文物价值，1999 年被公布为晋江市市级文物保护单位。

闽台粘氏大宗祠大门

闽台粘氏大宗祠祖殿

蓝氏宗祠

年代：明

位置：漳州市漳浦县赤岭畲族乡石椅村

蓝氏宗祠正面　　摄影：朱铭亮

蓝氏宗祠（又称“石椅蓝氏种玉堂”）是中国畲族社区中规模最大和规格最高、最重要的祠堂之一。明嘉靖二年（1523）始建，清康熙三十四年（1695）由名将蓝理重修，占地约400平方米，坐北向南，夯土墙、抬梁式木构架，由门厅、正堂、两廊和厢房组成。祠门厅和正堂均面阔5间，门厅进深2间、正堂进深3间。堂前有大埕，埕下排列七星潭，祠后为小石山及状同日月的两口水潭。

漳浦蓝氏历史上最显赫的当属清代蓝理、蓝廷珍、蓝鼎元，分别被康熙、雍正、乾隆誉为“平台首功”“治台名将”“筹台宗匠”，为保卫台湾、开发台湾、治理台湾、建设台湾做出卓越贡献，被后人称为“蓝氏三杰”。种玉堂西南朝向，花岗石圆柱，鼓形柱础。正堂悬一草书“福”字。在种玉堂的显要位置，悬挂着清康熙皇帝赠给蓝理的“所向无前”匾、康熙皇帝赠给蓝廷珍的“平台大将军”匾、雍正皇帝赠给蓝鼎元的“公正廉明”匾。种玉堂门联为“由镇海而分支，木本水源思先德；卜苌溪以衍派，文经武纬振后昆”。“镇海”是明代镇海卫，为漳州海防重地，对联表明蓝氏文臣武将从这里兴起。

蓝氏宗祠是闽台蓝氏畲族共同的祖祠。漳浦是台湾蓝氏畲族的重要发源地，在台湾的蓝姓宗亲现有 5.6 万多人，散居在台北、高雄等地，大部分属漳浦蓝氏种玉堂的后裔。“蓝氏三杰”的故事在海内外传颂，并吸引许多蓝氏宗亲千里迢迢回种玉堂寻根谒祖。

蓝氏宗祠对于研究闽台畲族的迁徙路线具有重要的意义，2009 年被福建省人民政府公布为第七批省级文物保护单位。

蓝氏宗祠内部

隆教蓝氏家庙种玉堂

年代：明

地址：漳州市龙海市隆教畲族乡红星村

隆教蓝氏家庙种玉堂正面　　摄影：朱铭亮

隆教蓝氏家庙种玉堂是漳州地区蓝氏畲族的肇基大宗祠，始建于明洪武年间（1368—1398），清康熙三十八年（1699）由平台名将蓝理、金门总兵蓝瑗回祖地主持重建，乾隆三十三年（1768）和道光二十一年（1841）由漳台各地蓝氏后裔捐资重修。家庙坐东北朝西南，主落由前厅、主堂和天井两边廊房组成，两侧各有一列护厝，前有祠埕，占地面积 831.6 平方米，建筑面积 694.2 平方米。主堂悬山顶燕尾脊式屋面，抬梁穿斗混合式构架，面阔 3 间，进深 3 间。

据蓝氏族谱记载，开基隆教蓝氏始祖蓝廷瑞，生于元顺帝至正二十年(1360)，原籍河南光州固始县，后迁至漳浦县庄厝，再落籍隆教，次子庆禄则在隆教守祖，聚居繁衍，传世 30 余代，历时 600 余年。蓝氏宗族不断壮大，衍传子孙 40 余万人，遍布中国大陆、香港、台湾和东南亚等地区。隆教畲族乡的蓝氏主要分布在新厝村和红星村，宗祠作为廷瑞公后裔子孙的郡望，每年都有大量包括台湾在内的外地宗亲回乡祭拜，缅怀蓝氏先祖，祈愿同根同源、团结同心。

隆教蓝氏家庙种玉堂是福建涉台涉侨颇具代表性的民族文物，2020 年被福建省人民政府公布为福建省第十批省级文物保护单位。

隆教蓝氏家庙种玉堂内部

隆教蓝氏家庙种玉堂文保碑

顶西蓝氏家宅

年代：清

位置：漳州市漳浦县赤岭乡顶西村

顶西蓝氏家宅正面

顶西蓝氏家宅内

摄影：朱铭亮

顶西蓝氏家宅为蓝理叔父于清康熙年间（1662—1722）所建，坐东北朝西南，由池塘、大埕、门厅、前庑廊、中堂、后庑廊、后堂和左右厢房等组成，占地面积近 5000 平方米；门厅面阔 3 间，进深 1 间，抬梁式梁架；中堂面阔 3 间，进深 4 柱带前后廊，抬梁式梁架；后堂面阔 3 间，进深 2 柱，墙体承檩，均硬山顶。

顶西蓝氏家宅建筑规模宏大，布局科学，为研究清代前期我国南方建筑技术发展提供了珍贵的实物资料，2013 年被福建省人民政府公布为第八批省级文物保护单位。

澎湖阵亡将士之灵碑

年代：清

位置：厦门市思明区万石植物园内

澎湖阵亡将士之灵碑正面

澎湖阵亡将士之灵碑文保碑　　摄影：朱铭亮

清康熙二十二年（1683），施琅率两万大军攻打澎湖，大败郑军刘国轩部，此役清军共计阵亡 329 人。康熙五十三年（1714），蓝理在此建立祠堂纪念澎湖战役阵亡将士。乾隆《鹭江志》记载：“（中岩寺）入门有亭，俗称为将士亭，以其祀澎湖阵亡将士，故以为（名）。”现祠堂无存，仅留下原祠堂中的澎湖阵亡将士之灵碑一通。碑坐东朝西，高 2.12 米，宽 0.84 米，厚 0.2 米，花岗岩质，上直行题刻“澎湖阵亡将士之灵”八字。石碑下承碑座，前有石供桌。雍正十一年（1733）清溪司铎李铨的《癸丑仲夏谒将士祠有感》题词和康熙五十三年僧人衲果的有关蓝理为澎湖阵亡将士祠捐金置产的记事题刻，为附属文物。

澎湖阵亡将士之灵碑是研究清康熙统一台湾的珍贵史料，2009 年被福建省人民政府公布为第七批省级文物保护单位。

蓝理牌坊

年代：清

位置：漳州市芗城区新华东路岳口街头

蓝理（1647—1719），畲族，漳州漳浦赤岭人，清康熙年间（1662—1722）重要军事将领，在平定藩乱、收复台湾、镇守海疆、平复藏疆、发展民生等方面有杰出贡献，累官至福建陆路提督，加封昂邦章京内大臣兼摄左都督，世袭骑都尉，一等伯，生平事迹入选《清史稿》。

蓝理牌坊正面　　摄影：朱铭亮

蓝理牌坊建于清康熙四十六年（1707），为石仿木结构，高 12.5 米，面阔 10.63 米，由 12 根坊柱分隔成 3 间，每组 3 柱，纵向排列，中间大方柱边长 0.58 米，前后小方柱边长 0.27 米，气势恢宏。坊梁正中是镂雕的圣旨牌，上镌“御书”二字。主间匾额由 6 块青石组成，北面镌刻的是行楷大字“勇壮简易”，南面则为“所向无前”四字。坊上遍布雕刻装饰，有阴刻、线刻、浮雕、镂雕、双面雕等不同手法，龙凤、花卉、飞禽、瑞兽、人物等形象生动，神态逼真，栩栩如生。这座石牌坊是康熙帝对蓝理恩宠褒励的集中展示，对于蓝氏家族来说，也是一种无上荣耀。

蓝理牌坊石雕艺术精致典雅、豪放流畅，是明清时期漳州牌坊石雕艺术的代表作，也是我国明清石牌坊中弥足珍贵的精品，1996 年被国务院公布为第四批全国重点文物保护单位。

蓝理牌坊背面

蓝理墓

年代：清

位置：漳州市漳浦县湖西畲族乡后溪村

蓝理墓正面　　　　摄影：朱铭亮

蓝理墓建于清雍正五年（1727），墓向北偏东，面积 1300 平方米，平面作“凤”字形，三层墓埕，三合土夯筑，青石墓碑，碑周刻“卍”连续图案，碑前设青石供桌，墓前面两侧作六层的三合土墓手，依次外展，筑三合土水沟为界。

清康熙二十二年（1683），施琅率两万水军、300 艘战船，从东山岛出发征战台湾。蓝理担任施琅大军的先锋，率先攻破澎湖，腹部受伤仍然英勇奋战，被称为“破腹将军”。澎湖一役大败郑军主力，最后迫使台湾郑氏政权投降。蓝理一生征战，功勋卓著，施琅称他是“一员虎将”，康熙皇帝御书“勇壮简易”“所向无前”赠他。

蓝理墓是闽南地区畲族的重要墓葬，既是难得一见的官修墓葬，也是涉台历史研究的重要实证，2009 年被福建省人民政府公布为第七批省级文物保护单位。

蓝理墓文保碑

蓝廷珍府第

年代：清

位置：漳州市漳浦县湖西乡顶坛村新城自然村

蓝廷珍府第正面　　摄影：朱铭亮

蓝廷珍府第是清福建水师提督蓝廷珍于康熙末年至雍正五年（1727）建成的府第式城堡，面宽47米，纵深108米，内设厅堂108间，规模庞大，布局严谨。大门两侧立一对青石鼓，高1.5米，鼓面有麒麟、荷花、水草等精美浮雕。大门门柱镌刻一副楹联，赞颂蓝廷珍平定、治理台湾的历史功绩："复鹿耳于崇朝，韬略奚似管乐。定东都以七日，戎机可比孙吴。"

蓝廷珍，漳浦湖西人，畲族。康熙六十年（1721），他统兵入台平定朱一贵起义，只用7天就生擒了朱一贵，被康熙皇帝授予"平台大将军"。随后蓝廷珍奉命留台，署理提督职务三年之久。他兴办学校，鼓励垦殖，发展经济，加强兵备，严惩腐败渎职的官吏，力谏朝廷不要放弃台湾，对台湾早期的开发发挥了重要作用，为台湾人民安居乐业打下了坚实基础，被誉为"治台名将"。

蓝廷珍府第是闽南地区官家府第的杰作，也是研究闽台两地关系和蓝氏家族史的历史见证。府第规模宏大，布局对称，构思巧妙，工艺手段多样。府第内建造土楼，形成院城格局，体现出闽南地区当时建筑艺术的最高水平。2001 年，蓝廷珍府第被福建省人民政府公布为第五批省级文物保护单位；2013 年，被国务院公布为第七批全国重点文物保护单位。

蓝廷珍府第内部

蓝廷珍府第文保碑

蓝廷珍墓

年代：清

位置：漳州市漳浦县绥安镇英山村崎溪社前石笏山北坡

蓝廷珍墓墓碑　　　　供图：兰惠英

蓝廷珍墓又称提督墓，清雍正九年（1731）始建。1958 年被盗掘，墓中央被破坏。整座墓外形基本保存，2023 年在原址发现墓碑。建筑面积 1260 平方米，占地面积 5000 平方米。坐西南朝东北，呈“凤”字形，三层墓埕，三合土夯筑，墓前面两侧作六层的三合土墓手，依次外展。青石墓碑，碑额双龙衔牌，上书“敕命”二字。阴刻楷书碑文：“皇清诰授荣禄大夫、赠太子少保，谥襄毅显祖考岩山蓝公佳城，雍正辛亥年阳月谷旦，男日章、宠、应，承重孙元桂仝立石。”墓前原有六棱体石望柱两支，文武翁仲各一对，石羊、石虎、石马各一对，竖着“圣旨碑”的石亭一座。

蓝鼎元墓

年代：清

位置：漳州市漳浦县湖西畲族乡城内村

蓝鼎元墓正面　　摄影：朱铭亮

蓝鼎元墓坐西向东，外观呈“凤”字形，三合土构筑，青石墓碑，上刻楷书“皇清恩进士授中宪大夫知广州府事鹿洲蓝先生佳城，乾隆癸卯仲秋吉旦”。墓前竖石望柱一对。

蓝鼎元（1680—1733），畲族，字玉霖，号鹿洲，漳州漳浦赤岭人。少时勤学百家书籍和经济之学，其文才为漳浦县令陈汝咸赏识，福建巡抚张伯行在福州设立鳌峰书院，蓝鼎元受召参加。张伯行非常器重他，称他是“经世之良才，吾道之羽翼”。康熙六十年（1721），台湾爆发了以朱一贵为首的农民起义，蓝鼎元应族兄、南澳总兵蓝廷珍之聘为幕府，随军入台平乱。他深入调查民情，运筹策划，条陈治台十九策，写下《平台纪略》《东征集》等书，对治理台湾、开发台湾提出了切实可行的建议，后人称蓝鼎元为“筹台宗匠”。雍正六年（1728），朝廷任蓝鼎元为广东普宁知县。雍正十一年（1733），蓝鼎元升任广州知府，才一个月即逝世，时年 54 岁。后人在蓝鼎元陵园撰写的柱联概括了他一生所做的贡献：“谋猷长且远无愧筹台宗匠，理政严而宽堪称经世良才。”清政府在台湾增设彰化县、淡水厅，升澎湖通判为海防同知，添兵分戍，均出自蓝鼎元的建议。蓝鼎元还著有《鹿洲公案》《女学》等，并分修《大清一统志》。

蓝鼎元墓对研究祖国大陆和台湾的历史关系具有重要的文物价值，2005 年被福建省人民政府公布为第六批省级文物保护单位。

蓝鼎元墓文保碑

汀洋迴澜亭

年代： 清

位置： 漳州市诏安县白洋乡汀洋畲族村

汀洋迴澜亭俯瞰　　摄影：朱铭亮

汀洋迴澜亭始建于清乾隆十四年（1749），亭内主祀关羽，配祀钟馗、观音娘娘等，均是诏安钟氏畲民共同信仰奉祀的神明。亭坐东北朝西南，大门朝南，门楣制安石匾额，勒刻建造纪年。主体建筑平面为八边形，三层檐八角屋面，攒尖葫芦顶，土木结构，建筑面积 77 平方米，在亭内设内排金柱，由四根梭柱及四根八角柱承重，顶置七彩藻井。迴澜亭小巧玲珑，梁架结构复杂，七彩藻井和三层檐八角形攒尖顶屋面的建筑形式体现了古代畲民很高的建筑营造水平，具有较高的科学和艺术价值。

汀洋迴澜亭是联系闽台两地钟氏宗亲的精神纽带，2015 年被公布为诏安县县级文物保护单位。

汀洋迴澜亭藻井

汀洋迴澜亭文保碑

汀洋土楼

年代：清

地址：漳州市诏安县白洋乡汀洋畲族村

汀洋土楼文保碑

汀洋土楼主建筑钟氏宗祠思远楼　　摄影：麻健敏

清康熙二十五年（1686），汀洋钟氏族人建造一座马蹄形的土楼，作为聚族而居之所。土楼为生土圆楼，共有三重围楼，均为两层。外围有 72 间房间，中围 36 间，里围 18 间，建筑面积 6400 平方米。钟氏宗祠思远堂位于汀洋土楼内天院的核心位置，祠堂在清嘉庆二十五年（1820）重修，民国 29 年（1940）再次小修，梁架基本保留清初始建风格，是闽南地区较为少见的早期木构建筑典型实例。宗祠坐西北朝东南，两进悬山顶式建筑，由前厅、主堂和天井庑廊组成，前厅面阔 5 间，进深 2 间，主堂面阔 3 间，进深 3 间，建筑面积 369 平方米，前有祠埕，连同前埕总占地面积约达 560 平方米。梭形杉木柱下方制安双层柱础，梁架精雕细刻并保留清代彩画，建筑有很高的历史和艺术价值。主堂明间后檐悬挂“思远堂”横匾。主堂明间前檐中梁悬挂一块“解元”牌匾，系清同治元年（1862）壬戌恩科兼补己未恩科乡试第一名举人钟觉黎所立。

汀洋畲族钟氏后裔在清代中期就有人迁居台湾，现主要聚居在彰化等地。根据相关文献记载，钟氏后裔钟五全是台湾布袋木偶戏的开山祖，其于清嘉庆年间（1796—1820）从诏安去台，后人尊称“万能师”，对两岸文化交流有一定的贡献。2015 年，汀洋土楼被公布为诏安县县级文物保护单位。

四、融合编

西晋永嘉之乱，中原士族入闽，掀起历史上第一次汉族人民大规模迁徙、开发福建的浪潮。最迟到唐代，畲族先民就已经生活在闽、粤、赣交界地区。唐代，陈政、陈元光父子在漳州地区实行军屯，招徕畲民垦荒，火田军陂遗迹是当时大规模垦殖的历史见证。汉族人民带来中原地区先进的文化和农业生产技术，促进了福建地区的经济发展和社会进步，也加快了中原汉族移民与当地土著居民的融合速度。

位于永安市青水畲族乡龙吴村徐氏夫人墓，建于唐僖宗光启二年（886），此墓所葬夫人是开闽王王审知的母亲，每年八月初十，散居海内外各地的王审知后裔寻根认祖来此祭拜。上杭县临城镇上登村上登廻龙阁，始建于明洪武年间（1368—1398），是畲族、客家信仰文化交融的典型实例。福安市坂中畲族乡大林村的钟氏神牌供奉祠堂，始建于清康熙五十五年（1716），祠内保存其历代祖先“龙牌”共487块，对研究畲族汉族交融史具有珍贵的文物价值。

清代中后期，福州地区海洋贸易进入发展高峰，带动闽东北地区商品经济发展，闽东畲族地区出现了土特产专业市场、茶叶市场。清咸丰、同治年间（1851—1874），宁德八都猴盾畲族村是闽东茶叶出口的门户之一，该村著名茶庄有雷氏“振昌号”、雷氏“泰盛号”等。清道光年间（1821—1850），霞浦溪南半月里雷世儒父子带领乡民经商，将当地茶叶等特产通过海路销往福州，在福州购得丝织品、布料等销往台湾，再将台湾的大米、糖等运回霞浦销售，积累了雄厚的资金，拥有了大规模的田产。半月里龙溪宫的妈祖信仰，是闽东畲族参加海洋贸易的重要见证。清末民初设立在霞浦县的福宁山民会馆，是属于商业性质的畲族会馆，说明这一时期闽东畲族经商群体已达一定规模、拥有一定实力。

火田军陂遗迹

年代：唐

位置：漳州市云霄县火田镇火田村

火田军陂遗迹全貌

火田军陂遗迹俯瞰　　摄影：朱铭亮

唐总章年间（668—669），来自河南光州的陈政、陈元光率开漳将士建造拦江自流灌溉水利工程，称为“军陂”。军陂现存有陂首溢流堰坝、乞丐岭段引水明渠、陂仔山凿岩暗渠等遗址，附属文物有清咸丰八年（1858）立“圣王陂”碑和清咸丰十一年（1861）立“云霄抚民厅判文碑”。陂首溢流堰坝长约120米，平面呈“Z”字形，江心段用乱石构筑，江边条石垒砌，陂基数处巧借江中天然巨石做砥柱，以加固堰坝；引水渠沿江开设，乞丐岭段为明渠，在陂仔山系劈岩凿石设暗渠而过。现保存较好的明渠段长约530米，凿岩暗渠长约100米。

初唐时期，漳州尚未开化，历多年战乱后更是百业凋零，民不聊生。唐总章二年（669），唐高宗封陈政为朝议大夫、岭南行军总管，率府兵入闽驻防屯垦。陈政携其子陈元光赴漳州平定“蛮獠啸乱”后，带领将士与流民一起在这里开垦土地，实行“寓兵于农”的政策，推动了这块“处女地”的开发。陈元光将中原先进的农耕技术传播至闽南地区，开漳将士中能工巧匠颇多，让当地百姓摆脱刀耕火种的落后状态，促进了当地经济的发展。

火田军陂为福建较早的水利工程，至今仍灌溉良田千亩，见证了唐代漳州地区开发和畲汉融合的历史，2013年被福建省人民政府公布为第八批省级文物保护单位。

雷海青墓

年代：唐

位置：泉州市南安市罗东镇坑口村

雷海青墓正面　　　　摄影：麻健敏

雷海青墓又称“相公墓”，雷海青，莆田人，传说为唐玄宗时（712—756）著名的宫廷乐师，被誉为中国传统戏曲的祖师爷，民间称“田都元帅”“相公爷”。唐天宝十四载（755）秋发生安史之乱，安禄山攻陷长安，雷海青与数百名梨园弟子及文武朝臣、宫嫔皆为俘虏。据传，安禄山在长安凝碧池设宴庆功，威迫雷海青和乐工艺人奏乐取悦于他，雷海青怒掷琵琶于地，哀恸不从，在戏马殿前惨遭杀害。数年之后，郭子仪领兵平叛，战场上空出现一面帅旗，旗上“雷”字上部被云雾所遮仅见“田”字。叛乱既平，唐玄宗颁旨追封雷海青为“忠烈乐工”“天下梨园都总管”。唐肃宗即位，又加封“太常寺卿”“田都元帅”。宋元以来，雷海青再被誉为“优伶之楷模”“戏剧之神”。人们建造宫庙，雕塑金身，供奉“田都元帅”，视为保境安民的神祇。福建部分畲族地区亦有供奉，认为雷海青是雷氏畲族的先祖之一。

明清之际，闽南地区不少先民迁居台湾，并把乡梓奉敬的神明分灵到台湾，广为建宫立庙，“田都元帅”为其中之一。雷海青墓附近的坑口宫始建于北宋，为最早奉祀雷海青的祖庙。自宋以来，闽、粤、台共有奉祀“田都元帅”的庙宇800多座。1998年，雷海青墓被公布为南安市市级文物保护单位。

田都元帅庙

雷海青墓文保碑

徐氏夫人墓

年代：唐

位置：三明市永安市青水畲族乡龙吴村

徐氏夫人墓正面

徐氏夫人墓文保碑　　摄影：朱铭亮

徐氏夫人墓建于唐僖宗光启二年（886），坐北朝南，取名“梅花落地”墓，主要部分包括梅花芯、梅花瓣、半月牙池塘。墓碑中间刻着“开闽显太始祖妣徐氏王母河间夫人之墓”，左书“公元一九九一年岁次辛未仲冬月日吉旦（后世修葺）”，落款“太原王潮、审邽、审知三公嗣孙同拜立”。

唐僖宗光启年间（885—888），王审知及其兄王潮、王审邽携母徐氏夫人率军入闽，改变了福建混乱的局面，被后人尊为“八闽人祖”“开闽三王”。其母徐氏夫人途经沙县时因病去世，安葬在永安青水龙吴光坑。据传，徐氏夫人病重期间，当地畲民用畲药为其救治。每年八月初十，散居海内外的王审知后裔都会寻根认祖来永安青水龙吴光坑祭拜，并隆重举行一年一度的“三公入闽”周年庆典活动。

青水畲族乡的徐氏夫人墓，是畲汉民族交往交流交融的重要物证，2000 年被公布为永安市市级文物保护单位。

闽侯雪峰寺

年代：唐

位置：福州市闽侯县西北雪峰凤凰山南麓

闽侯雪峰寺正面　　摄影：朱铭亮

雪峰寺全名为雪峰崇圣禅寺，又名崇圣寺，福州五大禅林之一，是禅宗云门、法眼二派的发源地，为江南五山十刹之一，素有“江南第一丛林”之称。雪峰寺始建于唐懿宗咸通十一年（870），现存建筑多为清光绪年间（1875—1908）重修。

唐代，畲民蓝文卿居住于闽侯、古田、闽清、罗源交界地象骨山一带，拥有良田万亩，房屋500多间，雪峰山山脉便横亘在这一带。唐咸通十一年，49岁的高僧义存到雪峰开山创寺，后因跟随义存的僧人越来越多，旧寺容纳不下，便另建雪峰寺。为帮助义存扩建雪峰寺，蓝文卿倾其所有。明朝王应山在《闽都记》中说蓝文卿先后共“舍田七千余亩，房屋五百间”，外加米仓12间，庄田20所，水牛360头。雪峰寺的蓝田庄、大穆庄、太平庄、天地庄等田产，都是蓝文卿施舍的私人田产。该寺的大雄殿、法堂和偏殿中仍然供奉着他的多尊宝像。蓝文卿把家产捐给雪峰寺后，自己因年老留寺参禅礼佛。除了第五子应惠在雪峰寺出家为僧，其他几个儿子分别去了上杭、闽清、江西、浙江等地。大儿子蓝应潮在义存法师的指点下找到了一块福地——古田，在这里架木构房，开荒种谷，安家立业，取名蓝田村，又名“蓝洞”。后根据“耕者富，读者达”的意思，改村名为富达。迁徙到古田的蓝应潮夫妇，子孙昌盛。千年流变，富达村成为闽东最大、也是历史最为悠久的畲村。

闽侯雪峰寺见证了福州西北部山区畲汉人民千百年来的友好交往和文化交流，1983 年被公布为汉族地区佛教重点寺院之一，1989 年被公布为闽侯县县级文物保护单位。

雪峰寺客堂

雪峰寺偏殿

雪峰寺后殿

瑞云寺

年代：五代

位置：宁德市福鼎市硖门畲族乡瑞云畲族村

瑞云寺正面

瑞云寺内殿　　摄影：麻健敏

瑞云寺为太姥山六大游览景点之一，又为太姥山麓十八古刹之一，始建于后唐清泰三年（936），曾历经多次重修扩建。1919年高僧智水法师重建，寺院呈园林式布局，寺内建筑面积3500平方米，有大雄宝殿、法堂、钟鼓楼、梅亭、赏花楼、葫芦阁、半月湖、观鱼台等，照墙和围墙上有画家李霞的人物浮雕。大雄宝殿为穿斗式砖木结构，重檐歇山顶。1986年重建，寺内尚存宋宣和年间（1119—1125）石斛1只，清代寺碑1方，寺后有千年铁树和银杏各1株。寺周围有“平岗松涛”“梅亭放鹤”“寿塔眠云”“层峦烟雨”等景点。

瑞云寺历代由当地畲汉人民共同奉祀。1989年，瑞云寺被公布为福鼎县县级文物保护单位。

武婆寨寨址

年代：宋

位置：龙岩市上杭县庐丰畲族乡

武婆寨俯视

武婆寨仰视　　摄影：朱铭亮

武婆寨，又称摩陀寨、摩诃山，由摩陀寨、五子石、撑篷岩、雷打石等组成。北宋天圣五年（1027），当地畲民在此聚居避难，采石修筑寨堡。明代初年，有比丘尼来此建庵供佛、念经习武，因此又得名“摩诃寨”。清顺治年间（1644—1661），武婆寨重修，并更名为“摩陀寨”。至清代末年，武婆寨总建筑面积达到2000平方米，含括真武殿、观音庵大殿、中堂、厢房、比丘尼讲经堂、放生池、练武坪、比武台等。南宋庆元进士王象之在其所著的《舆地纪胜》一书中将武婆寨列为汀州府九处古迹之一，可见其在当地的影响之大。

武婆寨寨址保存了畲族先民文化、佛教文化，是闽西地区畲族与客家文化融合的重要物证，1997年被公布为上杭县县级文物保护单位。

西林五通庙

年代：元

地址：漳州市云霄县火田镇西林村

西林五通庙正面

西林五通庙文保碑

摄影：朱铭亮

西林五通庙坐西南向东北，面朝漳江，总面积1200平方米，抬梁式木石结构，单檐庑殿顶，分前殿后堂，主堂面阔5间，进深3间。庙内梭形石柱，为始建原物。庙前有埕地，庙后建佛堂，祀汉将周亚夫（民间称“广平尊王”）。据《平和县志》《云霄县志》记载，“查此庙石栓镌有盘、蓝、雷字样”，可谓“云霄宫庙唯此最古”。唐陈政、陈元光率府兵入闽平息战乱，进驻西林，供奉周亚夫塑像于此庙内。元至元年间（1264—1294），重修西林城，增祀南方神道“五显大帝”，后称“五通庙”。

西林五通庙是漳州地区古代闽人、畲族先民、唐代中原移民信仰文化融合的实物证据，2013年被福建省人民政府公布为第八批省级文物保护单位。

答剌真墓

年代：元

地址：泉州市南安市丰州镇狮仔山

答剌真墓全景　　摄影：朱铭亮

答剌真墓，俗称“燕山黄氏始祖墓”，墓园占地面积约 120 平方米，墓前立有墓碑、墓桌，墓碑正面楷书阴刻“黄氏始祖墓”五字。墓前有石狮一对、望柱二对。东南 40 米处道旁有墓道碑一通，高 2.2 米，宽 1 米，厚 0.14 米，阴刻楷书“燕山黄祖司令忠勇公暨元配宜人许氏墓道碑”。

答剌真，本姓黄，名忠勇，原籍燕京顺天府（今北京市）大兴县。远祖黄定远为唐末闽籍进士，恰逢战乱，无法回故土，乃入籍朔北。据传，因答剌真建有军功，元朝皇帝为其主婚，并赐姓答剌。元大德年间（1297—1307），答剌真在南安担任主簿，而后升为达鲁花赤。在闽为官期间，答剌真以仁政施惠于民，深受地方百姓爱戴。答剌真逝世后，后人恢复原姓归宗黄氏，后世称“燕山黄”。

答剌真墓保存完好，是研究福建蒙古族历史及闽南地区元代墓葬难得的实物资料，2001 年，被公布为南安市市级文物保护单位。

答剌真墓文保碑

燕山黄氏家庙

年代：明

位置：泉州市南安市丰州镇燕山村

燕山黄氏家庙大门

燕山黄氏家庙大堂　　摄影：朱铭亮

燕山黄氏家庙是闽南地区蒙古族家庙，明正统二年（1437）始建，现存为清代建筑。家庙坐西向东，由门厅、中厅、正厅等组成，建筑面积710平方米。门厅面阔5间，进深3柱，抬梁式梁架；中厅面阔5间，进深5柱，穿斗式梁架；正厅面阔5间，进深7柱，穿斗式梁架，皆硬山顶。

燕山黄氏家庙主祀黄氏燕山派始祖元达鲁花赤答剌真。答剌真去世后，返葬于南安县治西狮子山，后人恢复原姓归宗黄氏，以“燕山”为灯号，后世称“燕山黄”。《黄氏始祖祠堂碑记》记载了黄氏始祖入籍南安、建祠和祭礼等情况。

燕山黄氏家庙为研究闽南地区蒙古族如何在地化并开展宗族活动提供了实证，2013年被福建省人民政府公布为第八批省级文物保护单位。

观音亭寨

年代：明

位置：宁德市霞浦县水门畲族乡半岭畲族村村东

观音亭寨文保碑　　摄影：朱铭亮

观音亭寨位于古代福州通往温州的必经之路，古道依山盘绕，半山腰置路亭，因亭内奉观音故称观音亭。明初辟山建观音院，后称观音亭寺、半岭寺。观音亭寨、观音亭寺及古驿道，庙因路兴，寨因庙名。观音亭寨更因其独特的地理位置，成为数百年来闽浙八邑（霞浦、福鼎、福安、连江、宁德、罗源、平阳、丽水）畲族民众以歌聚会交流的重要场所。

观音亭寺，位于寨堡西南部，始建于明洪武二年（1369），由门楼、前殿、后殿及前殿两侧附属建筑组成，占地面积 426.8 平方米。前殿毁于“文革”时期，20 世纪 80 年代重建；后殿先后于清康熙五年（1666）、乾隆五十六年（1791）、光绪五年（1879）多次重修，为抬梁式木构架，保留清后期建筑风格。观音亭寺之门楼为两柱一间一楼歇山顶式，宽 3.41 米，高 5.27 米。门额“观音亭”三个字为霞浦籍书法名家游寿所书，左右楹联“半岭亭迎闽浙客，普陀佛佑福宁人”为原长溪诗社郑名彦所题。

古驿道至迟在北宋年间形成，宽约 3 米，用鹅卵石及块石整齐铺砌成台阶，蜿蜒上下于崇山坡地之间。驿道下行三里许，坑壑下有溪，原有大小 4 座石拱桥，并有多通修桥修路石碑，后桥毁，碑移立于观音亭寺前。碑文所记多为募捐人，即遍及浙、闽、粤各地的商人，其中最多的是闽西烟叶商人。

观音亭寨作为历史上福宁府往东的咽喉要冲，既是关隘驻所、要道所经，亦是佛、道的信仰供奉之地。畲族民众在观音亭寨后山村落繁衍数十代，逐渐孕育出以明嘉靖进士游朴和钟一元（畲族）为主线的《游朴和白鸡娘娘》《半岭观音亭变歌场》等故事。数百年来，每逢元宵节，闽浙畲族群众纷纷相聚于此盘诗对歌，观音亭寨由此成为闽浙畲族群众最为重要的跨省聚会场所。

观音亭寨是闽东地区畲族与汉族文化交融的重要物证，2001 年，被福建省人民政府公布为第五批省级文物保护单位；2013 年，被国务院公布为第七批全国重点文物保护单位。

观音亭寺正门

观音亭寨大门

上登廻龙阁

年代：明

位置：龙岩市上杭县临城镇上登村

上登廻龙阁正面　　摄影：朱铭亮

上登廻龙阁又称回龙阁、罗登塔，始建于明洪武年间（1368—1398），现存为清代建筑。廻龙阁坐东朝西，五层土木结构塔，外大门坐北朝南，通高16米，通面阔15米，通进深16米；一至四层为四角形，面阔3间，楼梯沿墙旋转而上；三至五层为八角形，三、四层为一间，四、五层不隔层；悬山顶。附属文物仙人桥，位于廻龙阁右侧10米，建于明代，为单孔石拱桥，鹅卵石砌筑，东西走向，桥身长28米、宽4.8米，桥跨12米、矢高9米。

上登廻龙阁是畲族、客家信仰文化互为交融的典型实例，2013年，被福建省人民政府公布为第八批省级文物保护单位。

上登廻龙阁俯拍

上登廻龙阁文保碑

善坛妈祖庙

年代：明

位置：泉州市安溪县官桥镇善坛畲族村

善坛妈祖庙正面

善坛妈祖庙殿内　　摄影：麻健敏

善坛妈祖庙是安溪县较早建立的妈祖庙。明永乐十九年（1421），善坛钟氏先祖钟颜德将妈祖金身从厦门钟宅背到善坛立庙。在此之前，善坛妈祖在厦门钟宅供奉200多年，至今已有800多年历史，是福建地区畲族重要的妈祖信仰场所。

善坛妈祖庙于2003年被公布为安溪县县级文物保护单位。2010年，“善坛妈祖信俗”被泉州市人民政府评为非物质文化遗产保护项目。2012年，善坛妈祖庙被文化部评定为中国妈祖文化重点保护单位。

巴地厝桥

年代：明

位置：宁德市屏南县甘棠乡巴地村村尾 100 米处

巴地厝桥内部　　巴地厝桥全貌　　摄影：朱铭亮

据明万历《古田县志》记载，巴地厝桥始建于明正德十一年（1516），由畲民、汉民共同捐资筑建而成，属于平梁廊屋桥，后有重修。桥身为南北走向，占地面积 192 平方米，桥长 30 米，桥宽 4 米，净跨 15.7 米，桥高 3.7 米，距水面 5.8 米。桥屋 9 间 40 柱，抬梁构架；桥中间东侧设神龛，祀林公；双坡顶。

巴地村是屏南县唯一的少数民族村。2014 年，巴地村被宁德市人民政府公布为第一批闽东畲族文化生态保护实验区示范点。巴地厝桥是福建省古桥的代表，也是福建省目前保存较为完好的木结构桥梁，2016 年被公布为屏南县县级文物保护单位。

南岭畲村厉坛

年代：明

位置：龙岩市上杭县南阳镇南岭村

南岭畲村厉坛正面　　摄影：朱铭亮

南岭畲村原有3座厉坛，以安置所谓无主孤魂，畲族村民每年两次祭扫，一如祭扫祖墓，后因修建高速公路，一座厉坛被迁他处。

在中国传统社会中，厉坛指的是各个时期无名尸首的集中安葬地，这些尸首多为因战争或瘟疫离世者。明太祖朱元璋曾下令县乡修厉坛以祀孤魂。南岭畲民是后来迁入者，畲族在思想意识中比较重视鬼魂崇拜，将已迁徙外出的汉族旧坟集中安置，南岭村“一村三厉”极具代表性。

南岭畲村伯公坛

年代：明

位置：龙岩市上杭县南阳镇南岭村村口

南岭畲村伯公坛正面　　摄影：朱铭亮

南岭畲村现保存有古伯公祭坛9座，祭祀对象既有土地信仰性质的水口伯公、福主伯公、阳大伯公，也有开基族性质的衢州衢县公王、蛤瑚伯公，还有动物崇拜性质的猴子伯公、蛇形公王等，而带有风水压制性质的狐狸伯公，反映了闽西地区畲族传统社会浓厚的重风水习俗与巫术信仰。

洪厝坑出氏家庙

年代：明

位置：泉州市泉港区涂岭镇小坝村洪厝坑

洪厝坑出氏家庙正门

洪厝坑出氏家庙内院　　摄影：朱铭亮

洪厝坑出氏家庙始建于明中期，是福建出氏蒙古族家族祭祀的场所。明嘉靖二十二年（1543）由出光育倡建，木石砖瓦结构；清康熙举人出一见倡议扩建；清乾隆四十二年（1777）翻建；1984年出仲法组织维修；2009年出学渊等人主持重修。

据出氏族谱记载，出氏的先祖木华黎，系成吉思汗的一员武将。洪厝坑出氏始祖纳哈出，为元顺帝时的内阁太尉，元亡后，纳哈出归明。纳哈出长子察罕寺坐罪遭诛，次子佛家奴当时在福州中卫街十三甲屯田御倭，闻兄被诛，恐祸及九族，遂以其父纳哈出名讳之第三字“出”为姓，隐于世外。最早他隐居在惠安后龙象狮村，传下两代后，迁居深岭新厝村，再传一代，又迁洪厝坑，遂定居下来，乃尊纳哈出为始祖，以“燕山出记”作为郡号。

洪厝坑出氏家庙是泉州地区蒙古族祠堂文化的典型代表，2001年被公布为泉港区文物保护点。

出氏翰林第

年代：清

位置：泉州市泉港区涂岭镇小坝村洪厝坑

出氏翰林第大门

出氏翰林第大堂　　摄影：朱铭亮

出氏翰林第是出氏 12 世祖出科联于清乾隆八年（1743）建成。该府邸坐西朝东，占地约 600 平方米，建筑面积约 300 平方米，面阔 5 间，穿斗式土木结构，硬山顶。大门上挂有“翰林第”牌匾，内挂有“进士”“解元”“文魁”等牌匾。

涂岭镇小坝村蒙古族人口约占全村总人口的 90%。出氏蒙古族世代与汉人通婚，但不过元宵节。出氏翰林第是蒙古族在东南沿海生息繁衍的缩影，2013 年被公布为泉州市市级文物保护单位。

粘本盛清源山题刻

年代：清

位置：泉州市清源山风景区清源洞

粘本盛清源山题刻全景　　　　摄影：陈巧玲

泉州清源山清源洞“第一洞天”题刻，乃清代泉州著名理学家粘本盛书于康熙元年（1662）。粘本盛，满族，字道恒，号质公，晋江衙口人。粘本盛才识渊博，对理学有深刻的研究，著有《滇试日记》《滇试诗集》《周公像赞》《导养忠孝全书》《天中理牍》等。泉州开元寺戒坛前的《重修开元寺碑记》也是他留下的手迹。

粘本盛清源山题刻近景

雷氏诒燕楼

年代：清

位置：泉州市南安市码头镇铺前畲族村

雷氏诒燕楼正面

雷氏诒燕楼内院　　摄影：麻健敏

南安码头雷氏诒燕楼（又称“铺前土楼”），为方形土楼，二层。楼高10.1米，墙厚1.95米，每层20间。大门石匾阴刻楷书“石门诒燕”，两侧石门分别镌书“马环”“诗绕”。“诒谋燕翼”语出《诗经·大雅·文王有声》：“诒厥孙谋，以燕翼子。”意为为子孙做好谋划，使他们能够安乐。古人常取“诒谋燕翼”（或“贻谋燕翼”）为建筑厅堂、楼宇、山庄、房舍等命名，取其深谋远虑、荣昌子孙之意。

该楼系清乾隆年间（1736—1795）南安码头畲族人雷大经所建，是一座具有防御性质的畲族土楼。雷大经（1726—1802），字微祚，号慎圃，清雍正进士。雷氏诒燕楼是泉州地区较为罕见的畲族土楼式民居，其建筑形制与文化内涵，表明雷姓畲族已融入当地社会文化生活中。

雷世儒大厝

年代：清

位置：宁德市霞浦县溪南镇半月里畲族村

雷世儒大厝大门　　摄影：朱铭亮

雷世儒大厝，又称八角厝，修建于清道光年间（1821—1850），大小房间38间，柱子126根，占地1300平方米，硬山顶砖木结构。房舍左右呈马鞍状，翘脚飞檐，格局传统。古宅雕梁画栋，气势非凡，且存文物颇丰，是闽东地区重要的畲族建筑瑰宝。

雷世儒，武艺高强又善于经商，曾带领许多村民经商，生意通达福建省内及广东、台湾等地。他们将当地的茶叶等产品通过海运销往福州，在福州购得丝织品、布料等销往台湾，再将台湾的大米、糖等运回霞浦销售，从而积累了雄厚的资金。雷世儒曾在福州一带择徒授武，其间观摩了曾任福宁教谕的畲族富豪康天墀的宅第，并借鉴设计了自己的宅第。1820年，雷世儒返乡建宅，使用工匠60余人，耗银8000余两，历时3年方才完成。清光绪年间（1875—1908），因雷世儒建祠办学，被恩赐为武举人，大厝也从此被称作“举人府”。

雷世儒大厝与雷位进故居、雷志茂故居、秀才院、雷氏宗祠一同，被公布为福建省第六批省级文物保护单位——龙溪宫的附属保护单位。

雷世儒大厝大堂

雷世儒大厝内观

庐丰蓝氏家庙

年代：清

位置：龙岩市上杭县庐丰畲族乡丰济村青头坪自然村

庐丰蓝氏家庙正面　　摄影：朱铭亮

庐丰蓝氏家庙又称东山祠，建于清乾隆年间（1736—1795），坐东南朝西北，占地 2968 平方米，建筑面积 959 平方米。

蓝氏家庙系土木结构，分上下两堂，中隔天井，堂侧厢房左右各 2 间，堂两边配建横屋各 2 厅 3 间，祠四周护以围墙，东北角置建外门。石雕正大门，垂檐翘角，气势宏伟，顶端石刻“恩荣”二字，下刻“蓝氏家庙”，大门左右两侧配置石狮、石鼓各一对。中堂厅高 8 米，挂匾“种玉堂”，柱联“汝水源流远，蓝田世泽长”；两壁有手书 3 米见方的“孝悌忠信”四字；中立“念七郎公和其裔孙世祖神位”。祠外草坪宽阔，中竖石桅杆一对，高 10 米；祠背空地，苍松翠柏，四季常绿。

庐丰蓝氏家庙是闽西地区畲族建筑中的珍贵文化遗产，也是畲族嗣裔繁衍生息并融入当地文化的真实写照，2018 年被福建省人民政府公布为第九批省级文物保护单位。

庐丰蓝氏家庙正门

庐丰蓝氏家庙文保碑

庐丰蓝氏福省祠

年代：清

位置：福州市鼓楼区南街街道郎官巷

庐丰蓝氏福省祠大门

庐丰蓝氏福省祠内院　　摄影：朱铭亮

庐丰蓝氏福省祠又称福州蓝氏宗祠，清康熙年间（1662—1722）始建，最初为畲族蓝氏祖厝，后被邓氏购买居住。清道光十八年（1838）上杭庐丰蓝氏族人倡议建祠堂，并于清道光十九年（1839）买回原来的蓝氏祖厝，改为蓝氏祠堂，族人提议名为“福省祠”。清同治十二年（1873）重修，并被作为闽西蓝氏族人赴省城求学、科举、商旅之住所，兼具会馆和祭祀先祖之用。该建筑坐北朝南，建筑面积约 300 多平方米，由前厅、中厅、后厅、后楼、左右厢房、天井、水井等组成。庐丰蓝氏福省祠是闽西地区畲族在省会福州居住生活及族亲联谊的重要物证。

福湖蓝家大院

年代：清

位置：福州市罗源县霍口畲族乡福湖村

福湖蓝家大院正面

福湖蓝家大院大堂　　摄影：朱铭亮

福湖蓝家大院由蓝氏家族第四世蓝玉登于清乾隆三十五年（1770）始建，总用地面积 3986 平方米，建筑面积 7000 平方米。大院坐东向西，共有房间 238 间，杉木结构组成，以正座为轴心向四周辐射，建有左右横厝、前后书院，形成群星拱月的格局。天井、大厅、后厅可同时摆设 20 多桌酒宴。福湖蓝家大院被列为罗源县文物保护点。

连江后湾蓝氏五落厝

年代： 清

位置： 福州市连江县丹阳镇后冠村

连江后湾蓝氏五落厝全貌　　　　摄影：朱铭亮

连江后湾蓝氏五落厝于清代修建，包括元厝、中厝、横厝、旗杆厝、后门新厝，坐东朝西，占地面积 20600 多平方米，建筑面积 12900 多平方米。

明崇祯年间（1628—1643），始迁来的蓝姓畲族先居住“旧后湾”，后迁移到元厝。清道光年间(1821—1850)，第四代蓝叔泉的三个儿子蓝季禄、蓝季宽、蓝季彩分别建了中厝、旗杆厝、横厝。此后旗杆厝族人在后门处建立了新厝，故称后门新厝。整座建筑前后左右相连，以元厝和中厝正厅为中轴线，木石结构、灰墙青瓦，为连江现存较大的古民居群。

连江后湾蓝氏五落厝正面

连江后湾蓝氏五落厝内院

樟坑蓝氏大厝

年代：清

位置：宁德市霞浦县崇儒乡樟坑畲族村

樟坑蓝氏大厝大门

樟坑蓝氏大厝内观　　摄影：麻健敏

樟坑蓝氏大厝又称樟坑大厝，大厝门前地势陡峭，三面皆为崖坡、竹林，宅院坐地平坦北面靠山。大厝坐北朝南，有两扇大门，院内里门面朝南边，但入口大门却朝向东边，朝迎东山旭日，意寓旺兆临门。目前，全村十几户都住在大厝里。大厝分为母厝和子厝，母厝建于清道光三十年（1850），清同治年间（1862—1874）又在母厝前后扩建两座子厝，形成 3 座整体合一的大厝，整个建筑占地面积 4.9 亩，平面呈棋盘形，纵 60 米，横 52 米。每座厝各有 12 楹，3 座共有大木柱 99 根，厅 9 个，房 94 间，系抬梁穿斗式、悬山顶双层木结构，上下出檐，屋面呈凤凰展翅式。这种规模的畲族建筑，在闽东地区极为罕见。

安仁桥

年代：清

位置：三明市永安市青水畲族乡三房村

安仁桥俯瞰

安仁桥外观

安仁桥内观　　摄影：朱铭亮

安仁桥，清嘉庆八年（1803）建，木构伸臂梁廊屋桥，西北—东南走向，跨溢洋溪，桥身长 28.1 米，宽 6.2 米，廊屋 9 间，每间用 4 柱，7 架梁，桥中设藻井，四面檐檩下设挡雨板，歇山顶。廊桥桥面由 66 根木柱撑架屋面，桥中廊屋双檐歇山顶，飞檐翘角，两侧设靠栏供人休憩，桥中央立有观音神龛供人参拜。

青槐公路建成后，水泥桥代替了安仁桥的通行作用。如今，安仁桥与桥西的崇清宫和枫林祠成为当地畲民祭祀神明的中心地带。2013 年，安仁桥被福建省人民政府公布为第八批省级文物保护单位。

福临堡

年代：清

位置：三明市永安市青水畲族乡上洋村

福临堡全貌

福临堡俯瞰　　摄影：朱铭亮

福临堡于清嘉庆年间（1796—1820）建成，坐西朝东，由堡墙、大门、侧门、主屋、环堡廊屋及防御设施等组成，为二层方形土堡，占地面积1700平方米，建筑面积2850平方米。花岗岩石拱形大门；主屋面阔5间，进深8柱带前廊，抬梁、穿斗式梁架，悬山顶；脊梁、驼墩、雀替、枋等雕刻精美。

福临堡不仅有着悠久的历史，更以其独特且精巧的建筑风格闻名，是福建民间乡土建筑的瑰宝，其展现出的土楼建造智慧源自殷商时代生土夯筑技艺，也是闽西北地区畲汉民族交往融合的历史见证。2013年，福临堡被福建省人民政府公布为第八批省级文物保护单位。

沧海化龙桥

年代：清

位置：三明市永安市青水畲族乡沧海村

沧海化龙桥全貌

沧海化龙桥内观　　摄影：朱铭亮

沧海化龙桥，始建于清乾隆元年（1736），建筑构成以桥为主体，框架式木梁结构，桥身、龙兴宫、戏台三者有机结合，是集祭祀、娱乐、交通等多功能于一体的独特建筑。桥身总长 32 米，宽 7.6 米，高 9.8 米，占地面积 328 平方米，建筑面积 260 平方米。廊桥，又称风雨桥，是因它遮风挡雨；还称风水桥，寄托了人民祈求平安的希翼。

沧海化龙桥屋顶飞檐翘角，山节斗拱，屋面卷棚青灰瓦，屋檩横木均为雕梁画栋，彩绘镶嵌，工艺精美。桥以石砌为基，桥梁为木平梁架构，地面用三合土和杉木板铺设而成，桥身屋脊中立葫芦、双龙戏珠、麒麟雄狮等装饰，桥中设有佛龛，两边廊道栅栏密集，栏边连接长板美人靠凳，双层风翼，桥前两端为“麒麟门”。

沧海化龙桥具有深厚的历史文化底蕴，是福建畲族地区标志性建筑之一。化龙桥与龙长坊、龙昌坊、龙德堂构成沧海畲族建筑群，2013 年，沧海畲族建筑群被福建省人民政府公布为第八批省级文物保护单位。

沧海龙长坊

年代：清

位置：三明市永安市青水畲族乡沧海村

沧海龙长坊全貌

沧海龙长坊内院

摄影：朱铭亮

沧海龙长坊，清道光四年（1824）建，坐东朝西，由泮池、门楼、围墙、空埕、下堂、厢房、正堂、护厝组成，建筑面积690平方米。门楼面阔3间、进深3柱，下堂面阔5间、进深4柱，上堂面阔5间、进深7柱带前廊，均穿斗式梁架，悬山顶。

沧海龙长坊是一座典型的闽西地区的畲族家族建筑聚落。龙长坊与化龙桥、龙昌坊、龙德堂构成沧海畲族建筑群，2013年，沧海畲族建筑群被福建省人民政府公布为第八批省级文物保护单位。

沧海龙昌坊

年代：清

位置：三明市永安市青水畲族乡沧海村

沧海龙昌坊全貌　　摄影：朱铭亮

沧海龙昌坊，始建于清道光二十八年（1848），由钟氏第十一代世祖钟承辉建造，由正房、厢房、下堂、檐廊、庭院、天井、游廊、过水廊、排屋、习文厅、绣花间、花坛、绿化带、围楼及其他附属设施等组成，建筑面积 668 平方米。门楼面阔 1 间、进深 3 柱，下堂面阔 5 间、进深 4 柱，上堂面阔 5 间、进深 7 柱带前廊。偏向门楼，抱绕围墙，单元集合，构成三进三埕的“合院式护拢围屋”形制格局。穿斗抬梁和斗拱挑梁结构相结合，飞檐翘角，屋顶悬山和歇山式顶，屋面卷棚青灰瓦，瓦上檐下雕梁画栋，彩绘镶嵌，工艺精美。地基前方后圆，木竹骨编篾白灰粉壁，防水斗裙，苹果色三合土，低架干栏式楼板。

沧海龙昌坊是闽西地区畲族家族建筑的典型代表。龙昌坊与化龙桥、龙长坊、龙德堂构成沧海畲族建筑群，2013 年，沧海畲族建筑群被福建省人民政府公布为第八批省级文物保护单位。

沧海龙昌坊内院

沧海龙德堂

年代：清

位置：三明市永安市青水畲族乡沧海村

沧海龙德堂全貌　　　　摄影：朱铭亮

沧海龙德堂，始建于清乾隆十七年（1752），由钟定坤建造，由正房、厢房、下堂、檐廊、庭院、天井、游廊、过水廊、排屋、习文厅、绣花间、花坛、绿化带、围楼及其他附属设施等组成，建筑面积 587 平方米。门楼面阔 3 间、进深 3 柱，下堂面阔 5 间、进深 3 柱，上堂面阔 5 间、进深 7 柱，均穿斗式结构，悬山顶。天基“八”字门楼，左右麒麟、狮子对峙抱绕围墙，单元集合，构成三进三埕的“合院式护拢围屋”形制格局。

在房间的木墙上张贴着一张有龙纹边框的清代纸质捷报，捷报上有三处是朱红色的，分别是一枚大印，字迹已模糊难以辨认，其他两处是主人的姓名和“钦命”两字。捷报上书写的“贵府老爷钟元音……”“帮办台湾防务”“先锋”“准赏戴蓝翎”“五品顶戴”“恭报”“指日高升”等字样依然清晰可辨。钟元音，出生于清咸丰二年（1852），清光绪六年（1880）以进邑文庠生第十五名的资格赴大田县就任，初为武职官员，后期协助田赋、仓储、社谷、防兵、词讼、军流等事项，为候补知县。民国初期，钟元音因协防治安有功，授五品衔，官至职守御所千总，长期“驻防大田县守府”。任职后，在家乡沧海龙德堂重建天基中门，改建为“八”字开门庭。故居曾保存清光绪年间官员出行时护卫使用的仪仗旗帜标志等物一套，其中候补知县“钦加五品衔”等牌尚存。

1929—1934 年，红军两进青水，中国北上抗日先遣队和护送其北上抗日的红七军、红九军团工农红军途经此地，民居墙壁上遗留大量红军标语。龙德堂与化龙桥、龙长坊、龙昌坊构成沧海畲族建筑群，2013 年，沧海畲族建筑群被福建省人民政府公布为第八批省级文物保护单位。

沧海龙德堂内院

青水戏台

年代：清

位置：三明市永安市青水畲族乡青水村

青水戏台俯瞰

青水戏台内观　　摄影：朱铭亮

青水戏台是永宁桥的组成部分。永宁桥也称虹桥，寓意平安、丰收，始建于清雍正二年（1724），光绪二十四年（1898）重修，占地6000平方米，由廊桥、大殿、戏台三部分组合连建。戏台建于22米长的永宁桥上，背后与“砥东亭”庙宇相毗邻，是一座集庙宇、戏台和桥梁于一体的建筑。戏台平面为矩形，镜框式舞台结构，长约38.5米，宽5米，高5米，歇山顶，具有古朴典雅的民族特色和地方艺术风格。每年农历的正月、三月、七月初一到十五，当地的大腔戏戏班子会在这里演出，锣鼓从早敲到晚，乡土气息浓郁。

永宁桥与青水戏台是研究福建畲族地区古建筑及畲族民间艺术的重要物证，2005年，被福建省人民政府公布为第六批省级文物保护单位。

钟氏神牌供奉祠堂（大林宗祠）

年代：清

位置：宁德市福安市坂中畲族乡大林村

钟氏神牌供奉祠堂正门　　　　摄影：朱铭亮

福安市坂中大林村，是福安钟姓畲族人最早的定居地。据坂中和庵畲村《钟氏宗谱》记载，早在五代之时钟姓畲族就从汀州上杭迁入韩阳坂，其后裔于北宋大观四年（1110）再迁往大林村。村口的“大林宗祠”始建于清康熙五十五年（1716），光绪八年（1882）重建，面积 700 平方米，土木结构，由戏台、祠厅组成。祠厅面阔 5 间，进深 3 间，穿斗减柱构架，悬山顶，两山施腰檐，顶棚露明造，前檐以三跳插拱挑檐。宗祠里的陈设保存完好，至今还供奉着从肇基始祖到第 11 世祖先的龙牌，龙牌总数有 487 面。这些龙牌造型大致相同，均为木雕，以龙头附凤为主，雕刻精细，工艺精湛。

钟氏神牌供奉祠堂（大林宗祠）见证了畲族钟姓先民迁居到福安的历史，对研究闽东北地区畲族汉族文化交融史具有珍贵的文物价值，1991 年被公布为福安市市级文物保护单位。

钟氏神牌供奉祠堂大堂

钟氏神牌供奉祠堂外观

钟氏神牌供奉祠堂文保碑

上杭钟氏宗祠

年代：清

位置：龙岩市上杭县杭城街道解放路 137—145 号

上杭钟氏宗祠大门

上杭钟氏宗祠大院　　摄影：朱铭亮

上杭钟氏宗祠（杭祠），也称钟氏家庙——敬和堂，建于清乾隆四十二年（1777），建筑用地宽 23.64 米，深 47.6 米，总面积 1125.2 平方米，由上杭各地钟氏族裔捐资捐物建造而成。石制门楼楹联“颍水家声远，杭川世泽长”，宗祠内发现大量刻有“钟祠”印记的定制红砖。

钟大受祠堂

年代：清

位置：龙岩市上杭县官庄畲族乡福泉村

钟大受祠堂正面　　摄影：朱铭亮

钟大受，字达观，又字健庵，生卒年不详。清乾隆三十五年（1770）乡试第一名举人，任山东德平县知事。上任之后，德平县百姓安居乐业，无一冤假错案。为振兴德平县学风，钟大受修筑书院，邀名师大儒讲学，并刊发《吕子节录》供学生研习。钟大受任德平县知事 8 年，政绩斐然，后升任济南府同知。为纪念他，钟氏后世子孙在其家乡上杭平安里（今官庄畲族乡）修建祠堂。

钟良弼故居

年代：清

位置：宁德市福鼎市佳阳畲族乡单桥村东方红 5 号

钟良弼故居正面　　摄影：麻健敏

钟良弼，本名钟鸣云（1780—1840），福宁府福鼎县丹桥（今福鼎市佳阳畲族乡）人士，幼时承庭训，学养深厚。清嘉庆七年（1802），钟良弼在福宁府应试期间遭辱，不服上告，诉状历经县、府、省署，几度辗转波折，得福建按察使李殿图明察，饬令府县查复纠正，告示士林。翌年，福鼎县知县岳廷元主科试，钟良弼复考，取府学生员第二十名。钟良弼上告胜诉，继中秀才，佳讯传遍畲村。福鼎畲族艺人和歌手将“良弼考场告状”之事，编成歌谣传唱。

云峰亭

年代：清

位置：龙岩市上杭县南阳镇南岭村

云峰亭正面　　摄影：朱铭亮

云峰亭位于南岭村境内往长汀的古道船岭崇半山，建于清康熙四十七年（1708），由连城新泉张晖吉、长汀涂坊涂廷继捐建。云峰亭有一方《云峰亭记》，碑文由文林郎、连城县知县赵良生所撰："悬岭，岭之悬如者也，上下千有余仞，上至江右石城数百里，下至龙岩数百里，幽崖峭壁，峻岭难多，莫此为甚，而又舟车不通，旅店不接，来往赖肩，皆戴星冒暑之徒，十饥九渴，求一休息之所不可得。新泉张君讳威字晖吉号晦山，奉父治路至此，为之悯然。遂命工构造茶亭于岭侧，煮茶以饮行者，而涂坊涂廷继，雅有同志，共捐赀置田陆处以养煮茶之工，并修植木荫于岭上。嗟乎，古之贤人隐居山僻，以义浆络过客者多矣。"碑文记述了张、涂修建云峰亭的原因、经过及在南岭购置田产以供茶水的事迹。该碑目前保存在南岭畲族村村口妈祖庙旁的石桥边。

云山亭

年代：清

位置：龙岩市长汀县涂坊镇溪源村境内一侧的半山上

云山亭正面　　摄影：朱铭亮

云山亭又称“半岭亭”，清光绪二十四年（1898）由南岭村畲族村民所建。该亭供村民往涂坊、南山赶集经商挑脚时休息，内设有观音像以供祭拜，是闽西地区畲汉人民友好交往的见证。

琴江妈祖庙

年代：明

位置：福州市长乐区航城街道琴江满族村

琴江妈祖庙全貌　　摄影：朱铭亮

琴江妈祖庙位于琴江满族村东门，《长乐六里志》卷四载："天后宫，在洋屿，（明）崇祯间建，清雍正七年因设立水师镇营重修。"附近村民均称之为"旗人庙"。天后宫门两侧有 2 方清代石碑，记录了水师旗营旗人和洋屿汉族信士捐修宫庙的情形。

福州三江口水师旗营在琴江建造之时，有 5 座庙宇也同时兴建：天后宫位于琴江旗营北门外，坐东南，向西北；观音殿位于鲤冈山脚下；五圣庙在观音殿后；毓麟宫在旗营内共有 2 座。以上 5 座庙宇被琴江旗人称为祖庙。旗营官兵的服役场所是闽江入海口，主要职责是巡查盗船及私盐船。这里江面宽阔，水深浪急，风险很大，对于经常下水驾船巡逻的官兵来说，依赖于神明的保佑，可以求得心灵的安慰。行走于江海之间的福建民众，无不敬奉妈祖。清康熙朝，妈祖得敕封"天后"称号，在水师旗营的众神之中，妈祖的地位尤为突出。每位福州将军来三江口巡查时，首先要到天后宫行香，然后才能入行台。每年冬天，福州将军来水师旗营阅兵，这是当时旗营极为隆重的日子。水兵们的演练分水操和陆操两种，水操是将军检阅的重点。阅兵的福州将军要到紧挨八桨船坞和督捕厅的妈祖庙进完香后，才会坐在庙前的戏台上，面朝西北，观看从八桨船坞出发的水兵们演练水操。

琴江妈祖庙内观

琴江赖府

年代：清

位置：福州市长乐区航城街道琴江满族村

琴江赖府正门　　摄影：朱铭亮

琴江赖府是琴江村一座较大的官宦府第，原为雍正六年（1728）修建的兵房，同治年间（1862—1874）扩建。赖府前后3进、面阔5间，两排厢房相向，数根梁长20多米，门窗精雕细琢，雕梁画栋。后进5间被拆除，其余2进至今保存完好。赖府秉持“文章继世、诗礼传家”和“孝亲爱友”的家风，子孙显贵，代有名人，服官者有24人，受到朝廷褒奖、诰封、敕封者31人，出洋留学者众多。由于赖氏后人赖通照孝友淳笃，怜老爱幼，济困扶贫，一生不苟，清朝廷颁旨在琴江大街敕建“孝友坊”。

琴江毓麟宫

年代：清

位置：福州市长乐区航城街道琴江满族村

琴江毓麟宫正面　　摄影：朱铭亮

琴江毓麟宫，又称娘娘庙，供奉“顺天圣母”陈靖姑，在福州三江口水师旗营内共有 2 座，在承惠街的由旗营左翼的子孙供奉，在南门边的由右翼的子孙供奉。

本座毓麟宫始建于清雍正六年（1728），原是右翼子孙庙。庙分前后 2 进。前进中间为戏台，是仿宫廷戏台造型，雕工精细。双层屋顶。四角飞檐雕角，嵌以“韵徵”“遏云”“叶商”等楷书金字。寓意韵律谐美、悦耳动听、余音绕耳。两厢盖有栏杆的看楼。戏台正上方为框架横楣，精雕细刻有洞宾剑、钟离扇等八仙所用的法器。两边角还镶有“鎰古”“证今”的木雕。脊顶双龙戏珠，惟妙惟肖。正殿供奉顺天圣母塑像，匾额书写“庇佑众婴”，两旁神龛里供奉陈靖姑手下三十六宫婆。庙内有一方清同治八年（1869）的《重修毓麟宫碑记》。

琴江毓麟宫内观

琴江孝友坊

年代：清

位置：福州市长乐区航城街道琴江满族村北门大街中段

琴江孝友坊全景　　摄影：朱铭亮

清同治元年（1862），同治帝为褒奖三江口水师旗营赖通照孝亲爱友，下诏在旗营大街建造“孝友”牌坊，坊分三层，上层有双龙合抱“圣旨”的雕刻，中间一面刻有“孝友”两个大字，左边方形石板上书“福州驻防军正黄旗通奉大夫赖通照立”，右边则书“同治元年十二月十七日蒙礼部题请旌奖”字样。中、下层间均系古代二十四孝故事人物主题雕刻，刀法细腻。4 根石柱上都刻有楹联。

在清代，水师旗营既是军事组织，也是一个小社会。对这个特殊的社会群体，清朝在移风易俗方面做了大量的教化工作，主要通过劝学和奖廉等形式，以“正人心、厚民俗、行孝悌、倡廉耻，促进克己奉公”，促进旗人社会的廉政文化建设。清代，八旗营中非常重视文功武治，以“尚德缓刑，化民成俗”的社会教化方针为原则。琴江水师旗营提倡以“孝友”立身处世，“孝友坊”立于旗营大街，旗营孝友成风。

重建珠妈祖庙碑记碑刻

年代：清

位置：福州市长乐区航城街道琴江满族村村口

重建珠妈祖庙碑记碑刻正面　　摄影：朱铭亮

重建珠妈祖庙碑记碑刻，原立于福州于山顶的九仙观碑廊中，碑高 262 厘米、宽 84.5 厘米、厚 16 厘米。原碑缺损，后因保护需要移至长乐区琴江满族村西门广场外。

清乾隆二十四年（1759），福州旗人在今鼓楼区八一服务社后修建“珠妈庙”。嘉庆二十四年（1819），由镶红旗协领吉隆阿等15人集资1500余两黄金重建。“珠妈庙”占地一亩多，为排院落大庙宇，木结构，飞檐斗拱、雕梁画栋、壁画精美、巨柱林立；绕堂四周设有戏台、客房、厨房，供节日和往来的旗人食宿。1991年该庙因房地产开发被拆毁，原立于庙中的清嘉庆年间（1796—1820）的石碑，暂存于山九仙观内。

“珠妈”是中国古代民间信奉的掌管天花（出痘）之神，因天花传染，来势迅猛，古人惧之如神，故神化之。碑记中有这么一段记载：“国初，因乾隆已卯……闻府铁岭刘公祷于神，得安，任董事重修。”这位刘公是辽宁铁岭人，时为清乾隆年间（1736—1795）福州的一位地方官员，遇到灾病，祭拜了珠妈庙后“逢凶化吉”，于是亲自任董事重修了该庙。到了嘉庆二十四年）（1819），“痘疹”在旗营辖地内肆虐，旗营派镶红旗协领吉隆阿处理此事。当时的防疫能力尚不足以应对天花传染病，于是人们只好求助于神灵。福州旗人“珠妈庙”被福州当地人称之为“满族奶娘刘珠妈”。

福州珠妈祖庙曾被誉为江南地区唯一的萨满信仰建筑，重建珠妈祖庙碑记碑刻对研究福州地区巫文化信仰与萨满信仰的融合具有重要价值。

龙溪宫

年代：清

位置：宁德市霞浦县溪南镇半月里畲族村

龙溪宫正门

龙溪宫文保碑　　摄影：朱铭亮

龙溪宫建于清雍正八年（1730），背靠弥勒山，面向玉兔山，东依燕鼎山，占地面积 508 平方米，硬山顶抬梁、穿斗木结构，由斗、升、翘、昂、拱组合，自南而北依次为大门、戏台、众厅、神厅、神龛等，戏台藻井以五层方斗逐级装嵌，形成远观四方、近视八角的藻井，其工艺繁琐细致，达到了一斗三升的水平，独具畲族建筑特色。宫中供奉有畲民信仰的神祇薛元帅（唐代大将薛仁贵）、陈元帅（五代武将陈九郎，亦称九仙）、平水明王（宋朝大将杨从仪，治水功臣）和雷万春元帅（唐代大将）。清道光年间（1821—1850），半月里雷世儒父子带领乡民经出海经商，村民便把海上女神妈祖请到村里来供奉。

龙溪宫是福建畲族地区较为罕见的供奉妈祖的民间宫庙，2005 年被福建省人民政府公布为第六批省级文物保护单位。

回龙天后宫

年代：清

位置：龙岩市上杭县官庄畲族乡九大村

回龙天后宫正面

回龙天后宫内观　　摄影：朱铭亮

回龙天后宫建于清乾隆三年（1738），清咸丰年间（1851—1861）重修，坐西南向东北，濒临汀江，由门楼、前厅和主殿等组成，占地面积约1000平方米。石砌门楼，8柱7间牌坊式，门额嵌“普利济”石横匾，上嵌“天后宫”石竖匾。前厅面阔3间，进深2间，抬梁式梁架；主殿面阔3间，进深3间带卷棚前廊，穿斗、抬梁式梁架，明间饰藻井。前厅与主殿均为硬山顶。

回龙天后宫是研究闽西地区畲族宫庙建筑、民间信仰及商贸文化的重要物证，2013年被福建省人民政府公布为第八批省级文物保护单位。

庐丰天后宫

年代：清

位置：龙岩市上杭县庐丰畲族乡丰济村

庐丰天后宫正面

庐丰天后宫文保碑　　摄影：朱铭亮

庐丰天后宫始建于清乾隆四十九年（1784），嘉庆年间（1796—1820）、道光十五年（1835）两次重修。庐丰天后宫坐南朝北，面阔 32 米，进深 25 米，占地面积约 1230 平方米，中轴线上依次有山门、门厅、拜亭、大殿，两侧带护厝。大殿面阔 3 间，进深 3 柱，穿斗式木构架，重檐歇山顶。宫内上堂正中供奉妈祖神像。

庐丰天后宫是上杭县第一个农村党支部的诞生地，被称为“红色天后宫”，2018 年被福建省人民政府公布为第九批省级文物保护单位。

官庄天后宫

年代：清

位置：龙岩市上杭县官庄畲族乡

官庄天后宫正面

官庄天后宫内观　　摄影：朱铭亮

官庄天后宫于清乾隆三十五年（1770）由乡试举人、恩科解元钟大受倡修，始建于清乾隆四十二年（1777）。官庄天后宫飞檐翘角，具有古典建筑结构风格，占地总面积2500多平方米，建筑总面积1600多平方米，主建筑为敞口式一厅二房。大厅有藻井、斗拱，两壁楷书“护国庇民”字样，素绘水彩花鸟画。主建筑前矗立着一座近8米高的三层牌楼式大石门楼，镂空雕花，展现出工匠的雕刻技艺。2016年大修时，发掘一块“敕封护国庇民天后圣母位”牌。

官庄天后宫建成后成为长汀、上杭、武平一带畲族、客家人敬奉妈祖的圣地。2020年，官庄天后宫被公布为上杭县县级文物保护单位。

猴盾古商业街

年代：清

位置：宁德市蕉城区八都镇猴盾畲族村

猴盾古商业街　　摄影：朱铭亮

猴盾古商业街形成于清中后期，是闽东地区重要的茶叶交易中心。猴盾村位于宁德市蕉城区八都镇狮子头山南侧，海拔 150 米，是纯畲族聚居村，自明万历元年（1573）建村至今已有 400 余年历史。

清代，闽东北地区发展成为福建重要的茶叶产区，茶叶市场日渐繁荣。八都镇是霍童溪的出海口，水陆交通便利。清咸丰、同治年间，太平军四次入闽，武夷山到广州的陆路茶道受阻，福宁府到福州的水运茶路迅速代之而起。清同治十三年（1874），猴盾村畲民开始创办茶庄，收购周边二县数十个畲村的茶叶，开展对外贸易，年销干茶 4000 多担，猴盾村遂成为闽东北地区的茶叶集散地之一；同时还择地开铺，兼营煤油、布匹、海产、山货，使得畲族雷氏商号闻名遐迩，市场繁荣延续半个多世纪。

探花府

年代：清

位置：福州市连江县小沧畲族乡七里畲族村

探花府大门

探花府内院　　摄影：麻健敏

探花府为畲民雷士焕于清同治八年（1869）建造，穿斗式木架构，悬山顶，面宽 29 米，进深 32 米，四周有回廊环绕。主座左右有两列厢房，与主屋沟通，成内庭式布局，规模宽旷，富有畲族村特色。府内还保存着当年闽省总督赐予的“探花府”匾额。2001 年，探花府被公布为连江县县级文物保护单位。

福宁山民会馆

年代：清

位置：宁德市霞浦县松城街道旗下街 6 号（旧门牌为 3 号）

福宁山民会馆文保碑　　　　摄影：朱铭亮

福宁山民会馆（又称“福宁三明会馆”），建于清光绪二十五年（1899）。“三明”其意在于倡导“三明”精神：一是平等、团结、和谐的“通明”精神；二是自强、开拓、共同繁荣的“昌明”精神；三是尊严、高尚、明理的“文明”精神。

福宁山民会馆坐北朝南，为硬山顶、穿斗式砖木结构，占地面积 741 平方米，从南至北中轴线上依次由山门、天井、拜厅、过道、客厅等组成。其主体建筑拜厅面阔 5 间，进深 7 柱，望顶为八角藻井，共 23 间房，前后廊柱为 3 层斗拱，前后廊顶为轩顶式，中堂设有神龛，置鎏金木雕大型神牌一尊；金柱上悬挂“功建前朝帝喾高辛亲敕赐名垂后裔皇孙王子免差徭”。清光绪二十四年（1898），福建按察使司“向山民劝改妆束”的《告示》发到福宁府，各地“山民”代表（族长）陆续前来领取。因城里没有畲族专门客栈，故而畲族民众动议集资建馆，依照《告示》中“山民”之谓，仿照当时颇为盛行的“会馆”之称，名为“福宁山

福宁山民会馆内观

民会馆”（后更名为“福宁三明会馆”），专门接待畲族族人，并在厅堂设神牌，偶有祭祀活动。

历史上，福宁山民会馆是全国唯一跨省、跨地区的畲族公益团体，也是闽、浙、赣畲族民众联合组建的社会公益组织，兼具公所、祠堂、旅舍、活动中心等多种性质，具有联谊、接待、集会、祭祀、议事、讼诉、咨询、救济等多种职能，会馆还是畲歌荟萃与传承的重要场所。福宁山民会馆对研究闽东地区畲族经济社会文化活动具有重要意义，2009 年被福建省人民政府公布为第七批省级文物保护单位。

福州八旗会馆

年代：清

位置：福州市鼓楼区道山路白水井 78 号

福州八旗会馆外观

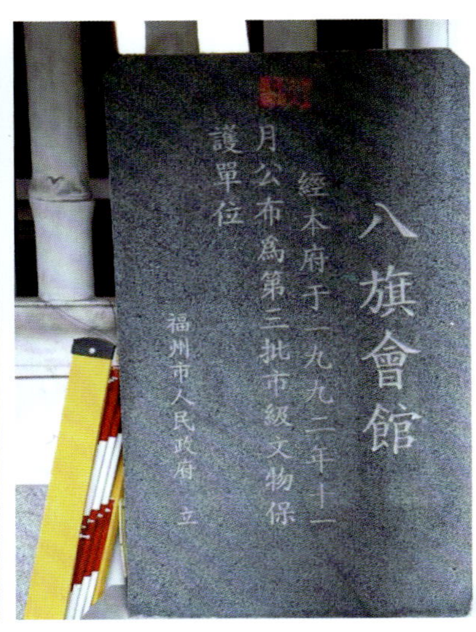

福州八旗会馆文保碑 摄影：朱铭亮

鸦片战争后，福州被开辟为“五口通商”口岸之一，会馆文化随之迅速兴起。会馆是集商贸、仓储、联谊、文化交流等多功能于一体的场所。福州八旗会馆建于清后期，曾是奉天、直隶两省官员出行、暂居的地方。该建筑前后 5 进，主要建筑有厅堂、戏台、厨房、亭台楼阁等，建筑面积约 5000 余平方米，清末逐渐破损。现存重建的厅堂一处，长方形，面积 360 平方米，四面围墙，双坡屋顶，穿斗式木构架，木桩特大，屋顶藻井保存较好。

福州八旗会馆是清后期福州满族重要的文化交流场所，1992 年被公布为福州市市级文物保护单位。

五、图强编

鸦片战争后，中国逐渐沦为半殖民地半封建社会，福州、厦门被迫辟为对外通商口岸。面对西方列强对福建沿海的侵略掠夺，福建各族人民同仇敌忾，用鲜血和生命捍卫家园，孕育出休戚与共、荣辱与共、生死与共、命运与共的共同体理念。

1884年7月，中法马江海战爆发，福州将军穆图善统领八旗官兵英勇抗击法寇，付出了重大牺牲；晋江陈埭回族丁拱辰自费出版的《演炮图说》，是中国近代第一部介绍西方军械技术的专著；抗日战争爆发后，留学海外的旗人毅然归国参加抗战；1938年10月24日，“中山舰”在武汉长江巡防，被日寇飞机击沉，舰长萨师俊（萨镇冰侄子，福州蒙古族）等25名官兵殉国；琴江满族曹维廉四兄妹，为了拯救民族危亡，携手参加新四军。

畲族是最早参加革命武装斗争的少数民族之一。1929年至1935年，红四军在上杭县畲族聚居的庐丰、官庄、才溪等地共建立了35个党支部，发展畲族党员350多人。位于上杭县古田镇苏家坡畲族村的树槐堂，是中共闽西特委机关旧址，1929年10月中旬至1930年3月，中共闽西特委机关驻扎苏家坡，领导土地革命斗争，为建立、巩固和发展闽西革命根据地做出了巨大贡献。同时，毛泽东也随中共闽西特委机关来到树槐堂，代表红四军前委指导中共闽西特委工作，进行了大量社会调查，为闽、粤、赣干部培训班讲课，并创办了一所“平民小学”。土地革命时期，永安是原中央苏区的东线门户和战略要地，位于永安市青水畲族乡沧海畲族村的东发堂，1934年中国北上抗日先遣队途经此处驻扎数日，留下大量红军标语。

朱紫坊萨家大院

年代：明

位置：福州市鼓楼区朱紫坊 22 号

萨镇冰故居大门

萨家大院外观　　摄影：朱铭亮

福州萨家大院始建于明代，大院居住着入闽萨氏长房，清同治十一年（1872）由萨兰芬重建，系风火墙式的大院落，坐南朝北，通宽 21.5 米，纵深 97 米，占地面积 2080 平方米，整个建筑前宽后窄，平面呈畚箕形，旧俗认为利于聚财。主座与花厅两座毗邻。主座 5 进，临街 6 扇大门，门下部用藤条铜钉钉成斜纹图案，两侧马头墙高耸，墀头牌堵，东边灰塑狮子，西边灰塑吉祥如意。门头房在围墙之外，中为厅，左右为房。厅堂面阔 5 间，进深 7 柱，双坡顶，穿斗式木构架，中隔朱漆描金的插屏门，分前后厅。厅上楠木斗拱、驼峰各种图案精美；左右厢房楠木门窗户扇、喜字图案，雕工细致。廊前宽敞，古时可并放六顶大轿。第二进、第三进结构与首进相似，但均为面阔 3 间，进深 7 柱，双坡屋顶，天井两侧有披榭。第四进变更结构，改变朝向，转为坐西向东，成三间排双层藏书楼。第五进仍朝正面，厅堂面阔 3 间，进深 5 柱，为书房、书斋，是子弟课读之所，有后门通府学弄。院内每进都有一口水井。主座西侧为花厅，有门与前厅相通。花厅是点睛之笔。花厅面阔 3 间，进深 2 柱，中为厅，旁为房。花厅前有天井，天井北有一座太湖石假山，掩映错落，亭阁点缀其间，东西两端高筑平台，可放风筝，可观焰火。花厅后壁为 10 扇精致的楠木屏门，屏门上半部为花窗，镂刻 108 种图案，玲珑剔透，形态各异，栩栩如生。

朱紫坊萨家大院是福州萨氏家族（蒙古族）的祖居宅院，清代海军大臣、民国海军总长、代理国务总理、福建省省长萨镇冰祖居，也是厦门大学校长萨本栋、“中山舰”舰长萨师俊的故居，是福州城区保存较好的古建筑。朱紫坊萨家大院是三坊七巷和朱紫坊建筑群的重要组成部分，2006 年，三坊七巷和朱紫坊建筑群被国务院公布为第六批全国重点文物保护单位。

亭江炮台

年代：清

地址：福州市马尾区亭江镇亭头南般村

亭江炮台文保碑　　摄影：朱铭亮

亭江炮台又称北岸炮台或南般炮台，与对岸的长乐区象屿村南岸炮台隔江相望，扼守闽江下游的咽喉地带，素有“省城门户”之称，是我国现存少有的近代典型海防岸炮台，是研究我国海防体系及其演变的重要军事文化遗址。亭江炮台始建于清顺治十四至十五年（1657—1658），光绪六年（1880）闽浙总督何璟再修。甲申（1884）中法马江海战期间，炮台被毁，光绪十二年（1886）修复。抗日战争期间又遭日军破坏，不久重修。

亭江炮台占地面积3000多平方米，有山巅的主炮台、山边的前沿炮台、江边的岸炮台和山后的弹药库。主炮台、前沿炮台、弹药库之间各有相互沟通的隧道，隧道中有士兵休息室。主炮台设在一座高约20米的小山巅上，三合土结构，露天，呈半圆形，半地穴式，深1.85米，径18.3米，墙厚3.3米，内设一个炮位，炮位直径3米。前沿炮台在主炮台前侧的山腰，呈“凹”字形，露天，占地面积180平方米，部分倒塌。弹药库在主炮台后侧的山坳，呈长方形，长7.2米，宽6.6

米，高 3.1 米。岸炮台在主炮台右侧江边，用三合土夯筑，呈长方形，长 47.8 米，宽 12.1 米，高 4 米，墙厚约 2 米，顶部厚 1.2 米，设 5 个炮位。亭江炮台的布局合理，保存较完好。

亭江炮台为研究清代以来我国东南海防发展提供了珍贵的实物资料，成为研究我国近代海防体系及其演变的活化石，是中华各民族共同抵抗外来侵略的见证，2013 年被国务院公布为第七批全国重点文物保护单位。

临江岸炮台群

亭江炮台弹药库

三江口水师旗营旧址

年代：清

位置：福州市长乐区航城街道琴江满族村

三江口水师旗营旧址全貌　　　　摄影：朱铭亮

清雍正六年（1728），福州将军阿尔赛奏请设立福州三江口水师旗营，经朝廷议政大臣会议“复奏照准”，令创建官署、兵房1321间，并以炮山高地火药库、钟楼为中心将洋屿半岛周围荒地围建城墙。雍正七年（1729），征南将军赖塔奉旨挑选531名行营旗兵进驻琴江，组成三江口水师旗营。这些兵丁是福州驻防中四旗汉军的余丁，俗称“老四旗”，设领催、鸟枪兵、弓箭兵、交甲、大刀、挑刀和藤牌兵等。这支水师归福州将军统辖。

琴江，位于长乐太平港口，云门山洋屿以东，距长乐市区5千米，距闽江入海处15千米；面对圆山水寨，与大屿（琴屿）、小屿（剑屿）、乌屿成犄角，与福州马尾隔江相望。因闽江流经此处形似一把古琴，故称琴江。作为清代福州海江防卫的要冲，三江口水师旗营担负“控马江带乌龙，拱卫省城，抵御外侮”的重任，参加过乾隆五十一年（1786）平定台湾“天地会”林爽文事件、嘉庆年间闽东地区蔡牵海上武装集团事件，在甲申（1884）中法马江海战中付出重大牺牲。

福州三江口水师旗营为清朝全国沿海四大水师旗营之一，旗营布局类似太极八卦，故又称之为“旗人八卦城”，是目前全国唯一保存完好的清代水师旗营。琴江“旗人街”1986年被公布为长乐县县级文物保护单位。

琴江福州将军行辕旧址

年代：清

位置：福州市长乐区航城街道琴江满族村

琴江福州将军行辕旧址俯瞰　　摄影：朱铭亮

福州将军全称为“镇守福建福州等处将军”，为福建八旗驻防的最高长官，从一品。三江口，指乌龙江、白龙江汇流马江处，是福州城江海防卫要塞。清雍正六年（1728），福州八旗驻防在长乐洋屿设立三江口水师旗营，以扼守省城水道、巡防东南海域。

琴江福州将军行辕旧址（俗称“公衙门”）始建于清雍正六年（1728），是清代福州将军视察水师旗营的办公和下榻场所，平时则为旗营官佐议大事之处，是三江口水师旗营的最高指挥机关。琴江福州将军行辕原为三进，首进为将军大堂，中进为将军寝室，后进居杂役。辛亥革命后，前、后两进先后坍塌，中进于清宣统二年（1910）改建为两层楼，保存至今。因系将军寝室，百姓称之为“将军楼”。1917 年 5 月，琴江旗人李九泰申请设立学校，福建省教育厅批准“将公衙门永远作为校址”，并设立“闽侯县第九区第一私立高等国民小学校”。曾任海军舰队司令的著名海军将领许建廷对家乡教育事业十分关心。在他的推动下，琴江乡贤解囊成立了“琴江小学校董会”，许建廷任董事长。琴江兴学之风日盛，在外从事教育的乡亲或赠书、或亲自回乡任教。由于琴江小学师资力量强，学生好学上进，学校曾有“长乐师范”的美誉。2015年，长乐市人民政府拨专款重修行辕。

琴江福州将军行辕旧址牌匾

黄恩浩故居

年代：清

位置：福州市长乐区航城街道琴江满族村

黄恩浩故居正门　　　　　　　　　　摄影：朱铭亮

黄恩浩故居原为三江口水师旗营兵房，于清光绪年间（1875—1908）重修，为三进合院式民居，占地约 700 平方米。入门为随墙虎头门，开 4 扇大门。入门小天井，两侧夹山墙，设竹节漏窗及券门进侧天井。一进主厝面阔 3 间，进深 5 柱，穿斗式木构架，双坡硬山顶。前后充柱位置做隔架拉结明间缝架。二进前部设卷棚廊、屏门。卷棚廊坐梁狮雕刻精美。二进天井两侧为书院。二进主厝面阔 3 间，进深 5 柱，穿斗式木构架，双坡硬山顶。三进院落主厝为二层阁楼，相传为藏书楼，旁侧原有花园。整栋建筑各种雕刻、花窗均精美、繁复，具有很高的历史、艺术价值。

黄恩浩生于清嘉庆十八年（1813），咸丰三年（1853）年会试大挑一等，历任江西建昌、铅山、宜黄、临川、南昌等县知县。“发逆之乱”，以保卫抚州城之功擢升知府，且赏花翎，三品衔署抚州府知府。后授袁州府知府，充同治庚午科监试官，密保循吏奉旨以道员交军机处存记名，诰授通仪大夫。甲申（1884）中法马江海战期间，退休在家的黄恩浩不顾年迈，毅然随弟弟黄恩禄驻守下塘寨，奋力参战，因作战有功，被赏戴花翎。

琴江贾氏故居

年代：清

位置：福州市长乐区航城街道琴江满族村

琴江贾氏故居大堂　　摄影：朱铭亮

琴江贾氏故居原为三江口水师旗营左翼防御衙门和骁骑校署所在地，20 世纪初改建。琴江贾府涌现出多位近代优秀海军将领，因此被称为中国海军从无到有、不断发展壮大的“活化石”。

贾凝禧，字紫庭，光绪壬寅举人，就学于马尾船政学堂，毕业后留学英国格林尼治皇家海军学院，回国后先被任命为“福龙”鱼雷艇管带（艇长），后派任开封知府兼法政大学校长，曾代表清廷赴美签订“国际航海协定”，并随李鸿章赴日、德等国充当翻译。在天津水师学堂担任教习期间，他与严复（时任教习、总办）齐名，时称“二妙”，曾作《天文》一书。

贾勤，字襄臣，毕业于马尾船政学堂，曾任“华安”“海筹”等 7 艘军舰舰长，南京政府海军部少将军务司司长，与冯玉祥过往甚密，冯曾赠其镌有“同舟共济”银盾一面。贾勋，马尾船政学堂毕业，任福建海关乌龙江办事处总办。贾吉，马尾船政学堂毕业，曾任“永建”舰轮机长。贾襄，毕业于马尾船政学堂前学堂，曾在海军部任职，为二等造舰官，后赴马尾海军艺术学校任教习，抗战时期为海军总司令部上尉候补员。贾班，从马尾练营结业后便一直在舰上服役，中华人民共和国成立前夕在“民权”舰参加起义加入解放军。该舰更名为“长江”舰后他任（操舵手）班长。1953 年毛泽东同志首次视察海军舰艇便登上了“长江”舰。贾珂，1915 年入读烟台海校，后转入吴淞海军学校，曾先后出任鱼雷舰舰长、炮舰舰长。抗战中他先后任“湖鹰”舰、“仁胜”舰舰长，不顾个人安危指挥将士顽强作战。军舰被炸沉后他转向陆上，任海军宜巴区炮台台长，陆续指挥长江中游炮台对日作战。福州著名的蒙古族海军将领萨镇冰曾为“贾氏陵园”题写碑刻——“佳城兆域”。

琴江贾氏故居院内

琴江贾氏故居正门

琴江友于草堂

年代：清

位置：福州市长乐区航城街道琴江满族村

琴江友于草堂全貌　　　　供图：琴江满族村

琴江友于草堂原为福州三江口水师旗营的兵房，在这里出生的有中国民主促进会创始人之一曹鸿翥、新华社香港分社副社长曹维廉、皖南事变烈士曹维新等近现代知名人士。友于草堂历史上经历曹鸿翥的祖父曹定基（曾供职福州英国领事馆）、父曹士元（清末举人，曾任清末惠安最后一任县知事，民国惠安第一任县长，厦门会审公堂堂长）两次对老屋进行改造和扩建，形成了现今占地面积 600 多平方米的中西合璧、园林式构筑。

宅院的后座是名为“学耕楼”的主楼，为双层跃式木结构，朝北面向将军行辕，面阔 5 间，进深 2 间，大厅挂有“学耕楼序”，以“士人耕心若农夫之治亩”训示子孙后代励志勤学。西侧为单层厨房，楼高 9 米，有前后厅，左右厢房。前厅呈“丁”字形，厅后有小园。西屋有大鹅卵门，东有楼厅，因是错层结构，厅如“戏台”。楼上为藏书阁，朝南墙上嵌花格木窗，加配西式百叶窗。

琴江满族曹维廉早年毕业于福州英华书院，是品学兼优的高材生。1938 年春，曹维廉毅然辞去欧亚航空公司高薪职位，率弟妹三人（大妹曹维礼、二妹曹维真、四弟曹维新）一起参加新四军。同年，曹维廉由张爱萍介绍加入中国共产党，历任新四军电讯大队教育主任、机务主任等职，创建新四军最早的电台，培训了一批批电讯、机务人员。在大哥曹维廉的引导下，大妹曹维礼来到新四军军部，从事医务工作；四弟曹维新进入新四军教导队学习；二妹曹维真也到皖南从军。为了拯救中华民族于危亡之际，兄妹四人舍家齐上前线，当时正在皖南的美国记者史沫特莱闻知特地采访了他们，并为在场的维廉、维礼、维新拍了合影。1941年初，皖南事变发生，曹维新所在部队突围未成，他不幸被俘关押在上饶集中营。在著名的“赤石暴动”发生后，曹维新于1942年6月19日被杀害在虎山庙旁，牺牲时年仅19岁。中华人民共和国成立后，曹维廉为国家机械工业电器行业的创建不辞辛劳，四处奔波，曾担任第一机械工业部副部长等职，1982年7月任新华社香港分社副社长，为促进香港与内地的经济交往、实现祖国统一大业做了大量工作。1984年9月，曹维廉因劳累过度在香港病逝。曹维廉逝世后，江泽民、张爱萍专门为他写下挽诗。

许建廷故居

年代：清

位置：福州市长乐区航城街道琴江满族村

许建廷故居大门　　摄影：朱铭亮

许建廷故居原是右翼防御署和骁骑校署所在地，1925 年许建廷任民国海军第二舰队司令时改建，前后 3 进，厅堂进深 7 柱，面阔 3 间，两边厢房，主厅东侧为花园。大厅原悬挂有国民政府临时执政段祺瑞为许建廷之母蓝氏祝寿而书的“鹂菊延龄”匾额一面，该匾于 20 世纪 70 年代遗失。通往花园的六角门洞上嵌由郑孝胥题字的青石匾“颐园”。花园首进围墙窗棂用粉彩瓷花瓶作隔窗，这是古民居中少见的。花园内有一“慰慈亭”，因 1926 年许建廷母亲蓝氏由上海返乡时遇轮船触礁获救，是年九月又正值蓝氏 65 大寿，许建廷特建亭纪念。亭主体为六柱木结构，底座呈六边形，后因年久失修倾圮，2000 年在原基础上重修。

许建廷，字衡曾，毕业于马尾船政学堂，两次留学英国，民国海军少将，舰队司令。第二次直奉战争中，时任“海筹”舰舰长的许建廷，领衔联合“永绩”“建康”两舰舰长及列字艇长，通电全国，并发表宣言反对“武力统一”。1925 年，许建廷辞去中将司令职务，改任闽海关监督，1934 年任吴淞商船学校校长。

丁拱辰故居

年代：清

位置：泉州市晋江市陈埭镇岸兜村

丁拱辰故居大堂

丁拱辰故居正门　　摄影：朱铭亮

丁拱辰故居占地面积 258 平方米，坐东向西，由门厅、正厅、厢堂等组成，单护厝。正厅面阔 3 间、进深 5 间，抬梁式木构架，硬山顶，两头高翘的燕尾脊直指蓝天。整座居屋墙壁用灰色花岗石、红砖砌成。

丁拱辰（1800—1875），回族，又名君轸，字淑原，晋江陈埭人。丁拱辰是 19 世纪中国引进西方军工科学技术的先驱，是中国近代史上火炮制造和演练方法实践的第一人，他所著的《演炮图说》是中国第一部关于火炮制作的专著。此后，丁拱辰又经过多次实践，三易其稿，于清道光二十三年（1843）出版《演炮图说辑要》，这是中国近代史上第一部详细介绍西方兵器科学技术、普及炮兵常识的图文并茂的专著，为巩固国防、抗击外国侵略者做出了重要的贡献。

丁拱辰是近代中国回族的著名人物，1991 年，丁拱辰故居被公布为晋江县县级文物保护单位。

穆图善将军满汉文碑刻（共两方）

年代：清

位置：福州市于山九仙观外侧

福州于山九仙观　　　　摄影：朱铭亮

在福州于山著名的道教庙宇九仙观中，有一丛碑林，其中清代福州满族穆图善将军的满文、汉文石碑，涉及中法马江海战，是福州市区目前仅存的研究清代旗人的珍贵石刻资料。

那拉搭·穆图善（？—1887），隶属满洲镶黄旗，字春岩。咸丰三年（1853），穆图善任骁骑校迁参领，随军转战直隶、山东、湖北、安徽等地镇压太平军和捻军。同治元年（1862），穆图善跟随督办陕西军务的钦差多隆阿入陕，阻击太平军陈得才部，次年调任宁夏将军，督办甘肃军事。光绪五年（1879），穆图善出任福州将军。1884 年 8 月 23 日，法舰在马江向停泊在军港内的福建水师舰船发动偷袭，福建水师全军覆没。以福州将军穆图善为统领的八旗官兵，表现出不畏强敌、誓死御敌的英雄气概。中法战争发生后，穆图善率八旗军驻扎长门（今属福州连江），击沉法舰一艘。

穆图善将军满汉文碑刻既是近代中法马江海战的重要历史记录，也是福州各族军民共同抗击西方列强侵略的实证。1983 年，福州碑廊及九仙观附属文物被公布为福州市市级文物保护单位。

穆图善将军汉文碑刻

穆图善将军满文碑刻

黄恩禄墓

年代：清

位置：福州市长乐区“五石线”旁山丘

黄恩禄墓正面　　摄影：朱铭亮

清代福州三江口水师旗营右翼协领黄恩禄墓园于近年被发现，被认定为黄恩禄、黄恩深兄弟夫妇四人合葬墓，墓碑上刻有：“光绪戊子年，彝卿（编者按：黄恩禄号）黄公配李淑人偕弟锡庶公弟妇杨恭人，孟秋吉旦立。”

清光绪十年（1884）7 月 15 日，法国远征舰队在海军中将孤拔的率领下，从南中国海北上，强行驶入福建水师基地马尾军港。8 月 23 日，法舰在马江向停泊在军港内的福建水师舰船发动偷袭，致使福建水师全军覆没，11 艘军舰、19 艘运输船全部被击沉、击毁，数百官兵伤亡。福州水师旗营分左、右两翼，其右翼被穆图善调往闽江口长门附近的下塘寨以加强八旗捷字营的力量，右翼领兵官是黄恩禄。身为右翼协领的黄恩禄颇有作战韬略，深受穆将军赏识，被授权可自行指挥。当时朝廷钦差大臣张佩纶奉密旨不准先行宣战，但黄恩禄以“将在外，君命有所不受”为由，命令部下一见法军舰船即全力攻击。八旗捷字营官兵不畏牺牲，奋勇抗敌，哨官李全寿身先士卒，亲自点燃巨炮轰击敌舰，不幸被法舰所发炮弹的弹片击中头部而牺牲，水师旗营骁骑校许国昌、张朝铭等人，表现英勇，战后以军功而赏戴蓝翎。黄恩禄墓是近代福州满族抗击西方列强侵略的重要物证，同时也是满族与汉族文化融合的实物证据。

萨镇冰墓

年代：近现代

位置：福州市西郊火峰山南麓

萨镇冰墓正面

萨镇冰墓全景　　摄影：麻健敏

萨镇冰（1859—1952），蒙古族，字鼎铭，祖籍山西代县，生于福州，中国近现代著名海军将领，早年进福建船政学堂学习驾驶，先后担任清朝海军统制（总司令）、民国海军总长、代理国务总理、福建省省长等重要职务，是福州近现代著名的蒙古族历史人物。1952 年萨镇冰逝世，附葬于其父萨怀良墓。墓碑正面刻："中国人民政治协商会议首届全国委员会委员，中央人民政府革命军事委员会委员，中央人民政府华侨事务委员会委员，福建省人民政府委员会委员萨镇冰先生墓道。"1992 年被公布为福州市市级文物保护单位。

萨本栋故居

年代：近现代

位置：龙岩市长汀县东护城河巷 77 号

萨本栋故居正面　　　　摄影：朱铭亮

抗日战争时期，厦门大学内迁长汀，作为国立厦门大学第一任校长的萨本栋居住在位于龙岩市长汀县东护城河巷 77 号的仓颉庙长达 8 年（1937 年 11 月至 1945 年 9 月），该处现已建为“萨本栋生平事迹展览”场所。

萨本栋，蒙古族，字亚栋，出生于福建省闽侯县，是著名的物理学家、电机工程专家、教育家。抗日战争全面爆发后，萨本栋经与有关方面研究，制订和实施了厦门大学播迁山城长汀的重大决策。在他的带领下，厦门大学在长汀期间赢得了“南方之强”的称号。在长汀期间，他带领师生广泛开展抗日救亡宣传活动，除印发宣传提纲，还深入群众访贫问苦，晓以民族抗战大义，进行戏剧表演，教唱抗日歌曲，创办抗日刊物《唯力》等，多方筹募捐款，组织工作队赴长汀县郊各乡进行扩大兵役宣传及慰劳出征军人家属，并在长汀建立“抗战阵亡将士纪念碑”，极大调动了长汀人民的抗日积极性。

萨本栋在长汀传播文化、惠泽民众，激发了长汀学子的学习热情，留下了务实求学、兴教爱国的历史传统。1997 年，萨本栋故居被公布为长汀县县级文物保护单位。

萨本栋故居俯瞰

蓝建枢故居

年代： 近现代

位置： 福州市鼓楼区南街街道吉庇巷与南后街交叉处

蓝建枢故居正面

蓝建枢故居内观　　摄影：朱铭亮

蓝建枢故居建于民国，有主座2进，位于吉庇巷北侧，建筑面积1029平方米。坐北朝南，正厅面阔3间，进深6间。穿斗式木构架，双坡顶，鞍式山墙；前后天井，左右厢房。花厅则位于南后街，坐东朝西。蓝建枢入住后进行改造，采用青砖与木石混合结构，将西洋建筑与中国传统建筑风格相结合，衔接错落有致。

蓝建枢，畲族，字季北，闽县人，清同治十三年（1874）毕业于福建船政学堂第三届驾驶班，后赴美留学，归国后历任北洋海军管带、海军部参谋、管理部部长等职。甲午战争期间，蓝建枢督驾“镇中”鱼雷艇随北洋舰队护送兵船至朝鲜，在鸭绿江口外的黄海海面与日本联合舰队激战。民国以后，蓝建枢先后任北洋政府海军部参谋处处长、海军左司令、第一舰队司令、海军总司令等职，1921年8月因士兵闹饷而请辞，在福州吉庇巷旧宅度过晚年。

沧海畲族村东发堂

年代：清

位置：三明市永安市青水畲族乡沧海村

沧海村东发堂全景　　摄影：朱铭亮

东发堂地处沧海村山谷之中，主面朝西，始建于1850年，由钟永蔚主持建造。房屋为木构合院护拢形、低架干栏式建筑，占地面积700多平方米，分为8个单元，房屋近40间。主要由正房、厢房、下堂、檐廊、庭院、天井、游廊、过水廊、排屋、习文厅、绣花间、堂前围屋、半月池塘等组成。

1929—1934年，中国北上抗日先遣队和红七军、红九军两进青水。朱德主力军南下的一支工农红军曾进驻在青水区域沿线一带，沧海村整个村落住满红军官兵，至今在民居墙壁上仍遗留着大量红军标语。2011年，东发堂被列入永安市级重点革命历史遗址遗迹文物保护单位名单。

中共闽西特委机关旧址——树槐堂

年代：近现代

位置：龙岩市上杭县古田镇苏家坡畲族村

中共闽西特委机关旧址——树槐堂正面　　摄影：朱铭亮

树槐堂建于明末清初，坐西朝东，占地面积 1100 平方米，砖木结构，一正两横布局。1929 年 10 月中旬至 1930 年 3 月，中共闽西特委机关从上杭城迁到苏家坡，开展土地革命斗争，协助红四军的各项工作，为建立、巩固和发展闽西革命根据地做出了贡献。毛泽东随中共闽西特委机关来到树槐堂，进行了大量社会调查，代表红四军前委指导中共闽西特委工作，为闽西干部培训班讲课，创办了一所“平民小学”。

中共闽西特委机关在苏家坡期间，毛泽东就在树槐堂后厅左侧的小阁楼工作和生活了 40 多天。在此期间，他化名“杨先生”，深入农村进行调查和研究。发源于闽西，后在中央苏区全面推广的粮食调剂制度，就是毛泽东在苏家坡调查研究的基础上与中共闽西特委研究后制定出来的。“从群众中来，到群众中去”的群众路线也是源于毛泽东在苏家坡与中共闽西特委书记邓子恢的一次交谈。毛泽东说，领导者的任务“就在于替群众当传达员，把大多数群众的意见传达给党委，党委根据群众意见加以总结分析作出决定，然后再传达到群众中去”。

中共闽西特委机关旧址——树槐堂，留下了中央苏区时期老一辈革命家与畲族群众的鱼水情深，苏家坡畲族群众中至今还流传着毛泽东同志关心群众疾苦的许多感人故事。2005年，树槐堂被福建省人民政府公布为第六批省级文物保护单位。

中共闽西特委机关旧址——树槐堂内观

中共闽西特委机关干部培训班旧址——鸿玉堂

年代：近现代

位置：龙岩市上杭县古田镇苏家坡畲族村

中共闽西特委机关干部培训班旧址——鸿玉堂正面　　摄影：朱铭亮

中共闽西特委机关干部培训班旧址——鸿玉堂始建于清代。中共闽西特委在苏家坡期间，基于当时的革命形势，教育和培训一批既能从事政治工作和群众工作，又能带兵打仗的干部成为苏区教育的首要任务。1929 年 10 月，在毛泽东的具体指导下，中共闽西特委在苏家坡鸿玉堂举办了两期干部训练班，主要目的和任务是对党员进行教育和训练，使党员清楚了解党的性质、宗旨、任务，更好地发挥先锋模范作用，学员中不乏当地的畲族村民。在苏家坡畲族村举办的闽西苏区党内流动训练班，可以说是中国共产党最早的党校之一。

2011 年，鸿玉堂被公布为上杭县县级文物保护单位。鸿玉堂是古田会议附属旧址群的组成部分，2018 年，古田会议附属旧址群被福建省人民政府公布为第九批省级文物保护单位。

闽东红军独立团后方医院旧址

年代：近现代

位置：宁德市福安市溪柄镇东坪村

闽东红军独立团后方医院旧址正面　　摄影：麻健敏

闽东红军独立团后方医院旧址坐东北向西南，为土木结构合院式建筑，占地面积 293 平方米，由前天井、主屋、后天井组成，主屋三层，穿斗式桥梁，悬山顶，面阔 5 间，进深 7 柱，是闽东革命根据地的一处重要旧址。

20 世纪 30 年代，随着苏区和红军的建立发展，战事频繁，伤病员增多和缺医少药的问题日益突出。当时苏区干部和战士除了战场上的刀患枪伤外，还普遍流行着很难治愈且极易传染的疥疮和“打摆子”（疟疾）等疾病，对干部、战士的身体健康和部队的战斗力影响极大。由于缺乏医务人员，红军游击队中长期没有配备专职的卫生员。随着部队的壮大和游击战的广泛开展，伤病员不断增加，前方无法照应，重伤病员只好送回后方治疗。为此苏维埃政府在福安境内先后建立了五六个红军医院（包括临时伤病员收容所）。闽东红军独立团（红二团）后方医院，设在柏柱洋东坪畲村，建立于 1934 年春，后转到坑口村附近的三溪岭头村，不久再迁柘荣。

该红色遗址是闽东畲族人民支持革命、参加革命的重要实物证据，2014 年，闽东红军独立团后方医院旧址被公布为福安市市级文物保护单位。

闽东红军独立团后方医院旧址文保碑

蓝飞鹤烈士陵园

年代：近现代

位置：泉州市惠安县涂寨镇新亭村北侧 400 米处

蓝飞鹤烈士陵园正面

蓝飞鹤墓全景　　摄影：朱铭亮

蓝飞鹤烈士墓建于 1950 年，蓝飞鹤烈士陵园建于 1955 年，占地面积 200 多平方米，内有烈士墓、碑记等纪念设施，1958 年分别加筑三角形水泥攒尖顶墓亭护盖，高 6 米多。墓区右边立有“蓝飞鹤同志事迹”碑记。

蓝飞鹤（1901—1930），畲族，原名蓝福来，字一翀，泉州惠安人。1919 年，蓝飞鹤就读于集美学校期间因响应五四运动领导罢课被开除，1929 年初加入中国共产党。1930 年 3 月，蓝飞鹤任中共泉州特委组织部长，参与领导 9 月中旬的惠安暴动，在屿头山战斗中不幸被捕。在狱中他写下“横胸铁血扫难开，浩劫摧磨志不灰；遍地铜驼荆棘变，游魂应逐战旗来”的七言绝句。同年 9 月 26 日，蓝飞鹤在惠安县城马山英勇就义。

蓝飞鹤烈士是福建畲族早期参加革命的重要代表人物，蓝飞鹤烈士陵园于 1979 年被公布为惠安县县级文物保护单位；2002 年，被公布为惠安县爱国主义和国防教育基地。

下卷

可移动文物

《图谱》收入可移动文物计331件（套），其中国家一级文物4件（套），二级文物18件（套），三级文物175件（套），一般文物134件（套）；涉及的民族有古代民族和畲族、满族、回族、蒙古族；文物类型有“宝石、玉石器”“陶、瓷器”“金银、青铜及其他金属器”“竹木、漆器”“牙骨角器”“石质物”“纸质物”“服装、织绣物”“玺印符牌”“书法、绘画作品”“乐器、法器”“武器”；文物主要来源为福建博物院、福建闽越王城博物馆、泉州海外交通史博物馆、各地（市）县博物馆。

福建闽越王城博物馆的馆藏文物，主要是出土于武夷山城村汉城遗址及其周边的器物，纹饰精美，造型别致，是西汉闽越国时期的珍贵遗存，为同类器形中的精品，反映了西汉时期闽越国精湛的制造工艺。陶器文化是闽越族区别于汉族的重要标志。瓦当，俗称瓦头，是屋檐最前端的一片瓦。瓦当有瓦和当两部分组成，垂挂的当片上印有各种花纹、图案、文字，是古代用于覆盖屋檐、装饰的建筑材料。使用瓦当可以很好地防止木质椽子的腐烂，是中国古代建筑中特有的装饰部件，也是屋顶非常重要的部件之一。西汉闽越国“万岁”瓦当为三块粘接，正面左侧为“岁”字，右侧为“万”字，字局部残破，上部为云树纹，背部素面；在古代被视为立国重器，是中原王朝国家和权力的象征。西汉闽越国麻花双耳釜式灰陶鼎，造型别致，装饰精美，为同类釜类器中不可多得的精品，制造工艺水平已可以与中原王朝相比肩。

现藏于福建博物院的多方墓碑，对研究宋元时期泉州地区“番客”与汉族通婚的情况具有重要研究价值。如：宋黄公百阿拉伯文墓碑，双面阴刻文字，正面上部刻两竖行文字“黄公墓、百氏坟”，下面刻三行阿拉伯文、波斯文的混合文字，背面分成六横格，刻阿拉伯文；宋蕃客墓碑，是国家一级文物，整体为梯形，碑上部刻阿拉伯文，中部刻汉文“蕃客墓”三字；元大德八年（1304）进贡宝货使者铭文墓碑，为阿拉伯文碑，长方形，碑文居中，黑底白字刻述使者进贡宝货后回归泉州本家居住一事。现藏于泉州海外交通史博物馆的元郭氏祖坟石墓碑，由花岗岩琢成，顶部略呈弧形，外型类同中国式的墓碑，碑额正中部阴刻一行波斯文，译文为“伊本·库斯·德广贡·纳姆”，碑右上角阴刻小篆体汉文“惠”“百奇”，左上角刻“晋”“坡庭”，正中竖刻汉文“元郭氏世祖坟茔”。“伊本·库斯·德广贡·纳姆”是波斯文的人名，“纳姆”在波斯文中另一含义是“著名的”意思。因此，这行波斯文可翻译为“著名的库斯·德广贡之子”。“惠百奇”指称惠安百崎乡，“晋坡庭”指的是晋江坡庭，在泉州东郊的法石。这些宋元时期的碑刻对于研究中国回族形成具有重要学术价值。

畲族视本民族女性为凤凰的化身。勤劳、善良、聪明、美丽的畲族妇女以对本民族的卓越贡献博得同胞的普遍尊敬，从而形成了畲家特有的“崇凤敬女”习俗。福州罗源、连江一带畲族妇女的装扮，被称为“凤凰装”：红头绳扎的长辫高盘于头顶，象征着凤头；衣裳、围裙（合手巾）上用大红、桃红、杏黄及金银丝线镶绣出五彩缤纷的花边图案，象征着凤凰的颈项、腰身和羽毛；扎在腰后飘荡不定的金色腰带头，象征着凤尾；佩于全身的叮当作响的银饰，象征着凤鸣。“凤凰装”源自畲族对本民族祖先的崇拜。畲族妇女的服装大多是用自织的苎麻布制作，有黑、蓝两色，黑色居多。

中央苏区时期，龙岩地区有大量畲族百姓参加革命武装斗争。1932 年蓝德三的中华苏区革命互济会会员证、第二次国内革命战争时期“上杭县庐丰区互济会”木长方印章、第二次国内革命战争时期“上杭县庐丰区安乡苏维埃政府”木长方印章、第二次国内革命战争时期“上杭官庄区拥护红军委员会”布证章，1928 年 2 月上杭东一区庐丰九堡平民学校开幕纪念合影照片等，都是畲族人民积极参加革命斗争的实物证据。

历史上，畲族不但一直没有正式的、能被畲族人民普遍接受的族称，甚至还被认为不是一个单一的少数民族。党和政府对少数民族工作十分重视，1953年，国家民委派出畲族民族识别调查小组，分赴浙江省景宁县，福建省罗源县、漳平县进行畲民族识别调查。在确认身份后，以尊重本民族意愿和遵循“名从主人”的原则，1956年由国务院正式公布确认，“畲族”成为法定的族称，从根本上结束了历史上族称混乱的现象。1953年福安县畲族仙岩乡自治区人民政府赠给互助先锋的锦旗，反映了中国首个畲族乡——仙岩乡成立的情况。20世纪50年代“福安县王溪畲族乡人民委员会”印、“福鼎县浮柳畲族乡人民委员会”圆印、“福安县燕洋畲族乡人民委员会”圆印均为当时畲族自治乡成立的重要历史物证。

一、宝石、玉石器

西汉闽越国龙形玉带钩

年代：西汉

质地：玉

尺寸：长 7.2 厘米

现藏于福建闽越王城博物馆。

出土于南平市武夷山市城村新亭园。

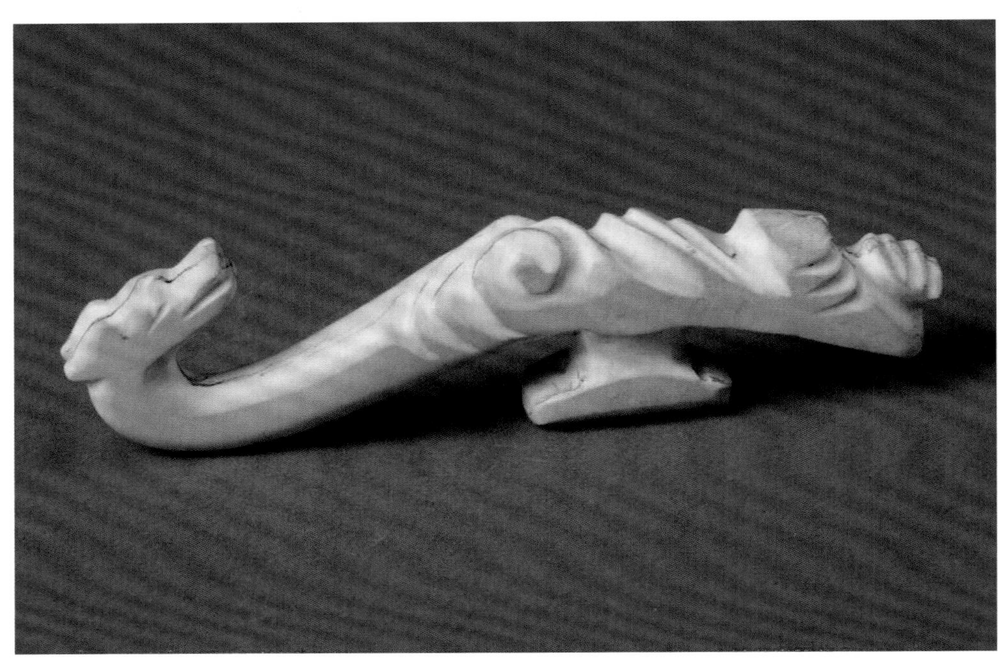

西汉闽越国龙形玉带钩，白色玉质，玉质细腻。整器大致呈龙形，钩首做龙头状，龙嘴、眼、脚栩栩如生。龙身正面及两侧阴刻曲折、卷云纹。下部有倒“T”字形扣钮。

带钩，古时又名“师比”，是人们用在腰带上的饰品，扣拢腰带兼具装饰的作用。带钩有铜、铁、玉等不同质量，玉质带钩始于战国时期。该器玉料上乘，雕工细腻，造型优美，线条流畅，为闽越国出土玉器中不可多得的精品。闽越是先秦时期东南地区少数族群，有“断发纹身”习俗，服饰也与中原有别。这种带钩所反映的是中原服饰文化，说明此时间闽越王国已开始引入中原服饰制度。西汉闽越国龙形玉带钩有较高的历史和文化艺术价值，现为福建闽越王城博物馆二级馆藏文物。

西汉谷纹玉环

年代：西汉

质地：玉

尺寸：直径 6.4 厘米，厚 0.5 厘米

现藏于福建闽越王城博物馆。

西汉谷纹玉环是一个中心孔径等于边宽的圆玉，通体白色，表面已经腐蚀，但依旧能看出有明显的谷物纹饰。

《尔雅·释器》载：“肉倍好谓之璧，好倍肉谓之瑗，肉好若一谓之环。”即大孔者为瑗，小孔者为璧，孔径边沿相等者为环。玉环在古时一般用作佩饰。因“环”“还”同音，古人可能还把它作为一种信物。据说古代逐臣待命于境，赐环则还，即得到天子送来的环，就知道已被重新召回，官复原职。谷纹最早出现在春秋战国时期的玉器中。《周礼·典瑞》中记载，“子执谷璧，男执蒲璧”，子和男是当时的爵位名称，表明贵族在一些重要场合手持谷纹璧、蒲纹璧作为信物。谷物是用以生存的粮食，将谷纹与玉璧相结合，体现了当时社会重农桑的观念，也是对万物复苏和丰收的盼望。该器具有明显的汉代中原地区汉代玉器的特点，表明两地间已有了密切的文化交流。该器是闽越国时期玉器中的精品，具有较高的研究价值，现为福建闽越王城博物馆二级馆藏文物。

清玉雕缠枝莲长方牌

年代：清

质地：玉

尺寸、重量：长 3.89 厘米，宽 1.52 厘米，厚 0.66 厘米，重 6.8 克

现藏于闽东畲族博物馆。

玉牌呈长方形，玉质不甚通透，色泽偏暗，外部为细边长方形，内部为镂空雕缠枝莲花纹。缠枝莲纹又名“万寿藤”，是以一种藤蔓卷草经提炼变化而成，委婉多姿，优美生动。缠枝莲纹约起源于汉代，盛行于南北朝、隋唐、宋元和明清，因其结构连绵不断，具有“生生不息”之意，寓意吉庆。

清玉龙头带钩

年代：清

质地：玉

尺寸：长 9.5 厘米，宽 1.5 厘米，厚 2 厘米

现藏于闽东畲族博物馆。

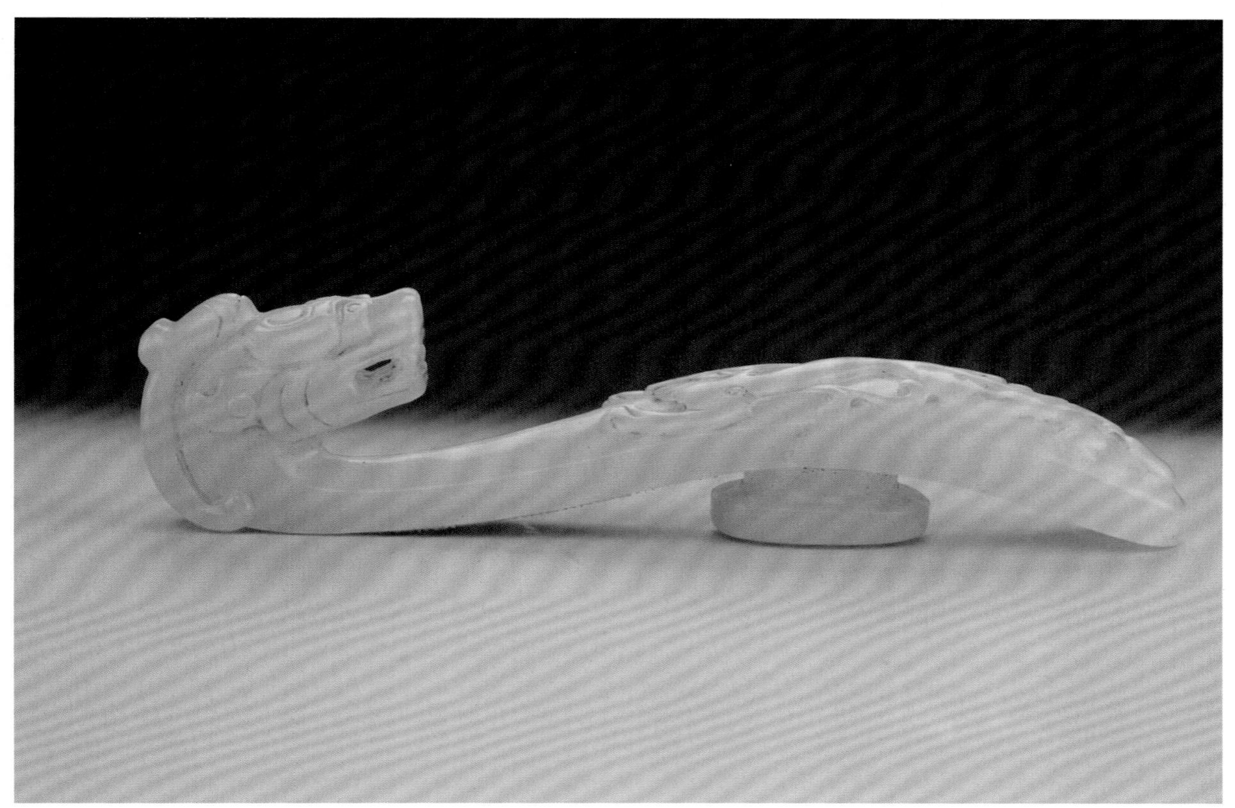

玉带钩为长条形，略呈“S”形，白色。龙首回折成钩，双目圆睁，阔口微张，额后鬣毛竖起，延至颈下，龙身及尾部圆弧，上浮雕螭龙，伏地不动，却灵动异常。钩钮设在近尾处，呈椭圆形。玉质光洁莹润，呈羊脂状，无杂质。

带钩是古代贵族和文人武士所系腰带的挂钩，是身份的象征，汉时胡人也称其“犀毗”。唐代颜师古注解《汉书·匈奴传》中说：“犀毗，胡带之钩也，亦曰鲜卑，亦谓师比，总一物也，语有轻重耳。”说明在汉时带钩的使用在各民族之间就已经非常普及。带钩所用的材质、制作精细程度、造型纹饰以及大小都是判断带钩价值的标准，多用黄金、白银、铁、玉等制成。

清青白玉雕龙带钩

年代：清

质地：玉

尺寸、重量：长 9.3 厘米，宽 1.4 厘米，厚 1.74 厘米，重 27.1 克

现藏于闽东畲族博物馆。

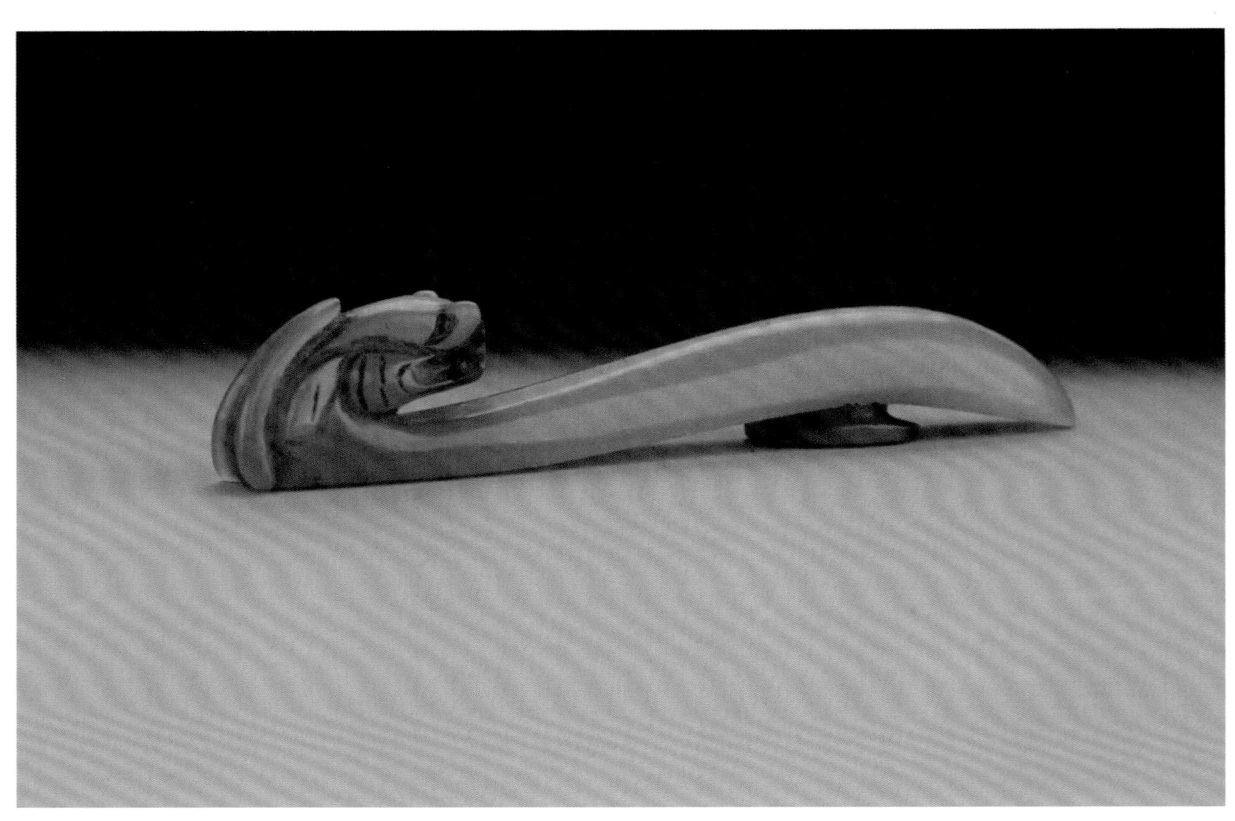

玉带钩为长条形，略呈“S”形，青白色，龙首回折成钩，双目凸出，阔口微张，额后鬣毛竖起，延至颈下，尾部圆弧，钩钮设在近尾处，呈椭圆形。

清白玉雕龙带钩

年代：清

质地：玉

尺寸、重量：长 8.38 厘米，宽 1.68 厘米，厚 1.43 厘米，重 30 克

现藏于闽东畲族博物馆。

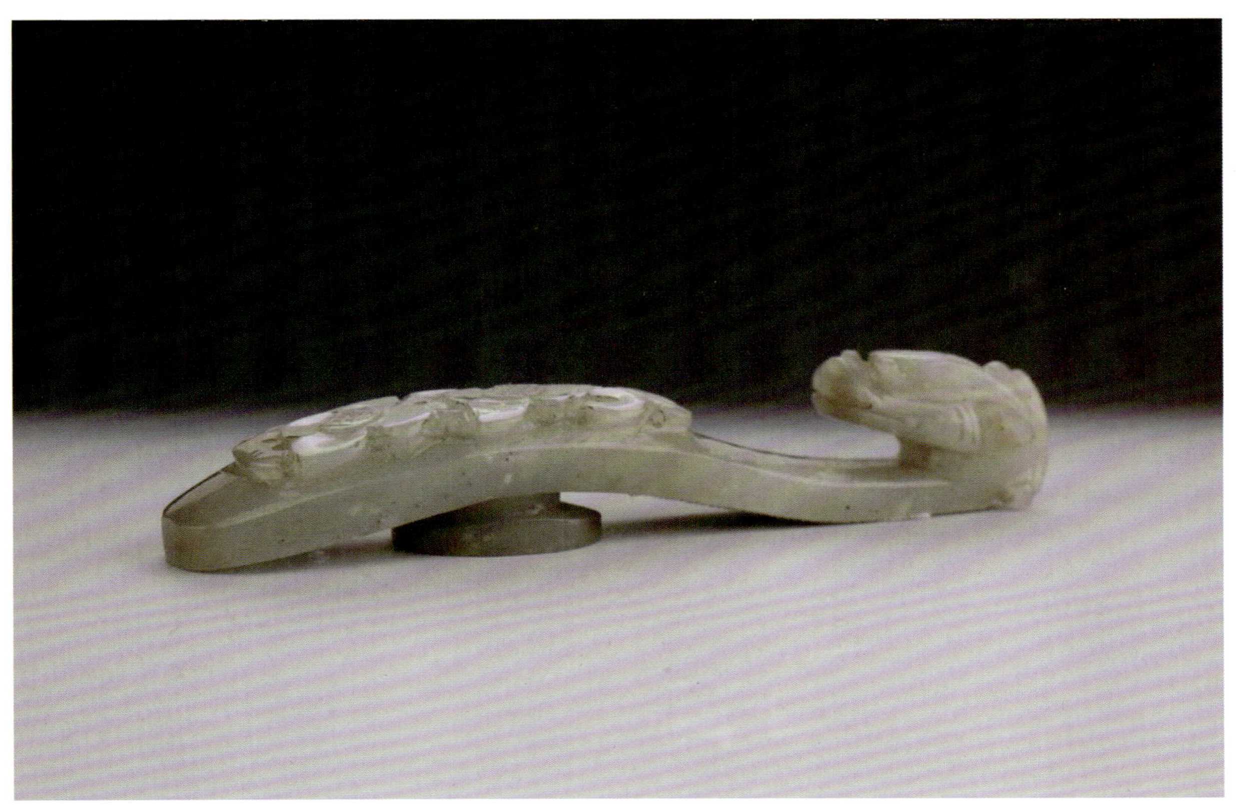

玉带钩为长条形，略呈“S”形，青白色。龙首回折成钩，双目凸出，阔口微张，额后鬣毛竖起，延至颈下而末端卷曲。身躯上雕刻缠枝花卉，尾部圆弧。钩钮设在近尾处，呈椭圆形，玉质光洁莹润，略带黄褐色土沁。

清玉雕吉福褂牌

年代：清

质地：玉

尺寸：长 6 厘米，宽 4.5 厘米，厚 0.5 厘米

现藏于闽东畲族博物馆。

玉牌略呈方形，青白色，双面雕刻。上部镂雕蝙蝠，喻义“福”，双翅张开。其上雕刻花纹，下部雕刻葫芦，一面刻“大”字，一面刻“吉”字，均为阴刻。

清玉雕福在眼前花片

年代：清

质地：玉

尺寸、重量：长 8.38 厘米，宽 1.68 厘米，厚 1.43 厘米，重 30 克

现藏于闽东畲族博物馆。

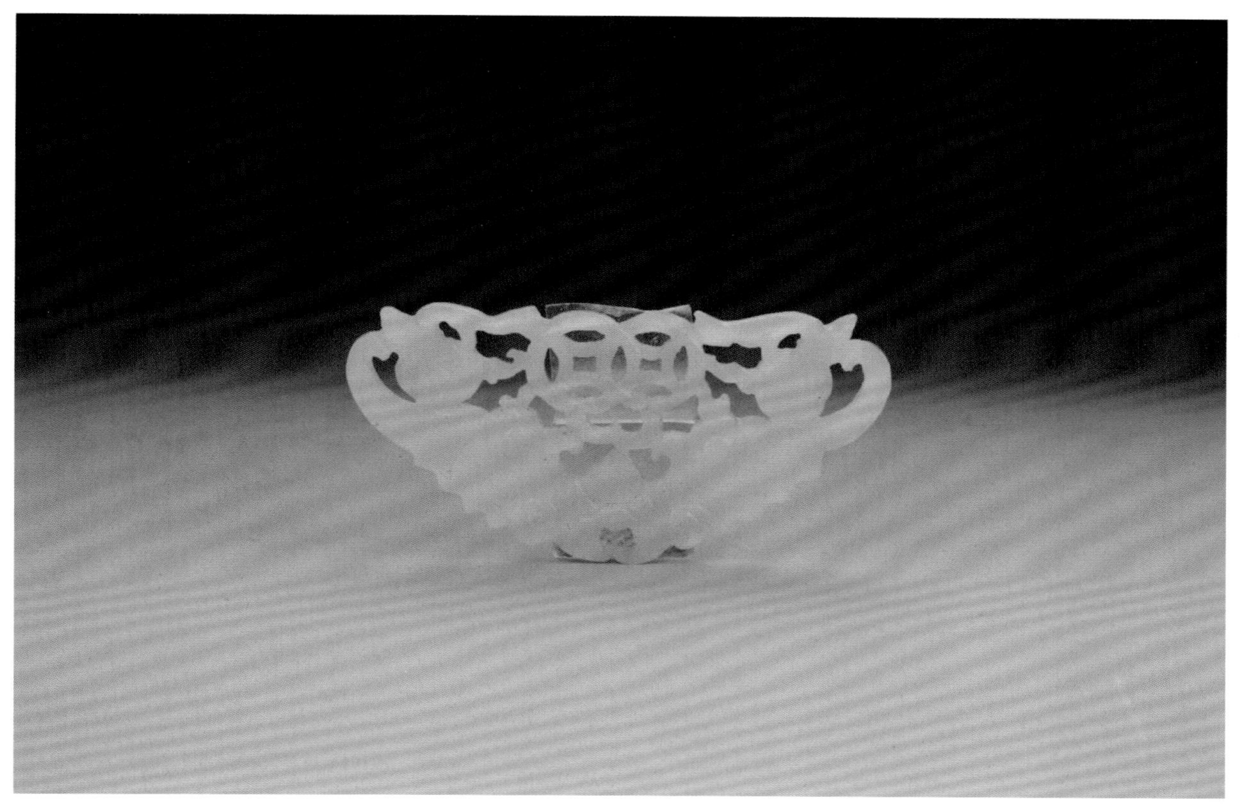

玉片扁平，略呈半圆形，呈白色，玉质温润，双面雕刻。下部镂空雕一蝙蝠，寓意“福”，口部前方雕刻两枚圆形方孔铜钱，铜钱两旁雕有一颗桃子。蝙蝠双翅张开，饰以四个旋涡纹及刻划纹，整个图案寓意“福在眼前”。

清玉雕福寿花牌

年代：清

质地：玉

尺寸、重量：长 6.04 厘米，宽 4.8 厘米，厚 0.41 厘米，重 27 克

现藏于闽东畲族博物馆。

玉牌扁平，呈方形，玉色白。单片雕刻。中间镂空雕一“寿”字，两侧各雕一蝙蝠，翅膀微张，上饰漩涡纹及阴刻线。

清玉雕蝴蝶

年代：清

质地：玉

尺寸、重量：长 8.18 厘米，宽 6.03 厘米，厚 0.51 厘米，重 42.9 克

现藏于闽东畲族博物馆。

玉呈蝴蝶状，扁平，青色，双面雕。蝶触角前伸，双目凸出，蝶身呈橄榄形，双翅展开，翅膀边缘雕 10 个漩涡纹、内侧阴刻网格纹及线条。

清玉雕花鸟花片

年代：清

质地：玉

尺寸、重量：长 6.02 厘米，宽 5.21 厘米，厚 0.43 厘米，重 21.4 克

现藏于闽东畲族博物馆。

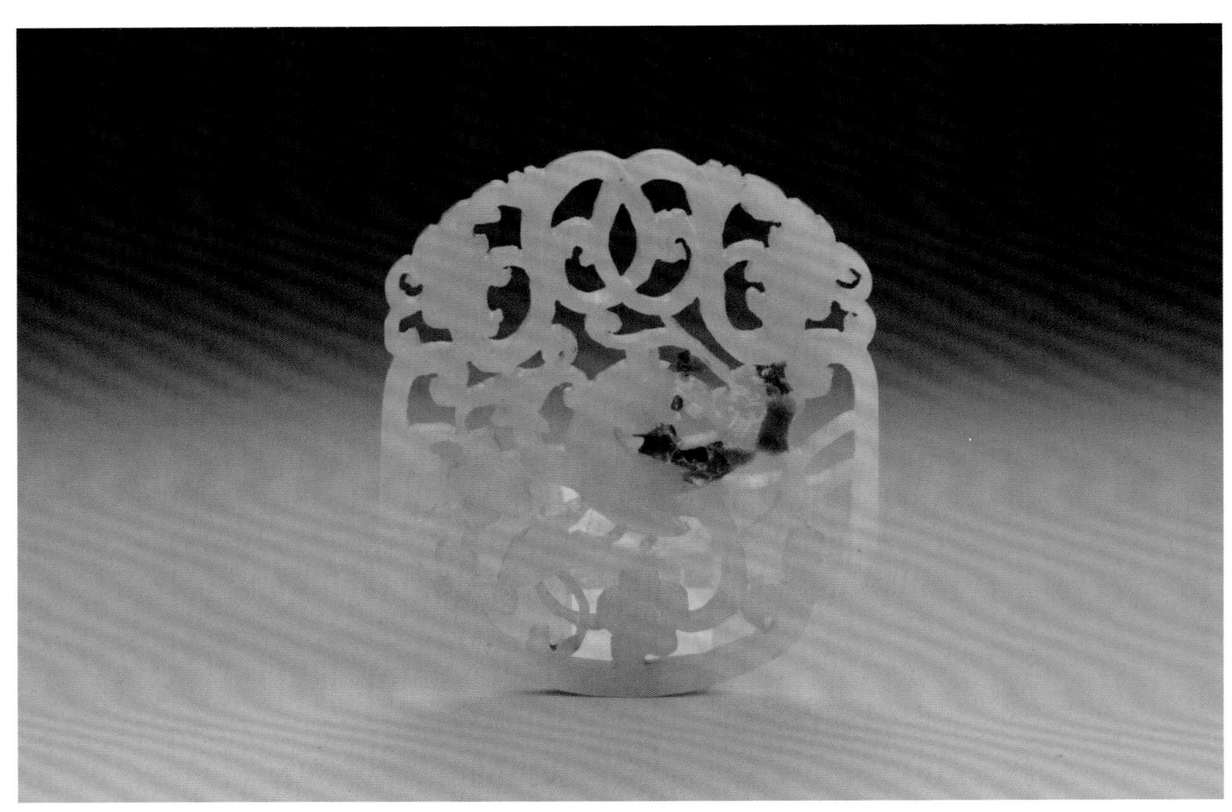

玉片扁平，略呈方形，上下两端圆弧。青白色，双面雕，中间镂空雕刻一喜鹊，旁雕两朵梅花，寓意“喜上眉梢”，四周环绕缠枝花卉。

清玉双凤花片

年代：清

质地：玉

尺寸、重量：直径 5.76 厘米，厚 0.51 厘米，重 27.8 克

现藏于闽东畲族博物馆。

玉片扁平，略呈圆形，玉质白，基本完整，局部有灰褐色污渍。双面雕。中心镂空刻一“日”字，边上饰以卷云。外侧镂空雕两只对首凤凰。凤身阴刻羽毛，羽毛较长，雕刻精美。

清玉雕龙虎牌

年代：清

质地：玉

尺寸：长 6.5 厘米，宽 4 厘米，厚 0.7 厘米

现藏于闽东畲族博物馆。

玉牌扁平，略呈方形，玉色青白，双面牌。上部镂空雕夔龙，下部雕虎。龙身较细，卷曲盘旋，虎身则较粗壮，玉质温润。

清玉雕夔龙转心片

年代：清

质地：玉

尺寸、重量：直径 6.05 厘米，厚 0.61 厘米，重 36.3 克

现藏于闽东畲族博物馆。

玉片扁平，呈圆形，青白色，双面雕，由三个环连接而成。内圈转心为卷云纹形，可转动，中间环内外缘各饰凸弦环一周，两面雕谷粒纹，外圈雕四只夔龙。

清玉雕双夔花片

年代：清

质地：玉

尺寸、重量：长 6.49 厘米，宽 5.24 厘米，厚 0.55 厘米，重 31.9 克

现藏于闽东畲族博物馆。

玉片扁平，略呈椭圆形，青色白，局部有黄褐色土沁。双面镂空雕。一侧雕刻花卉，双龙踞于其旁。夔龙首尾相交，张牙舞爪，形态威猛。

清玉雕鸳鸯小挂件

年代：清

质地：玉

尺寸：长 6 厘米，宽 4 厘米，厚 2.5 厘米

现藏于闽东畲族博物馆。

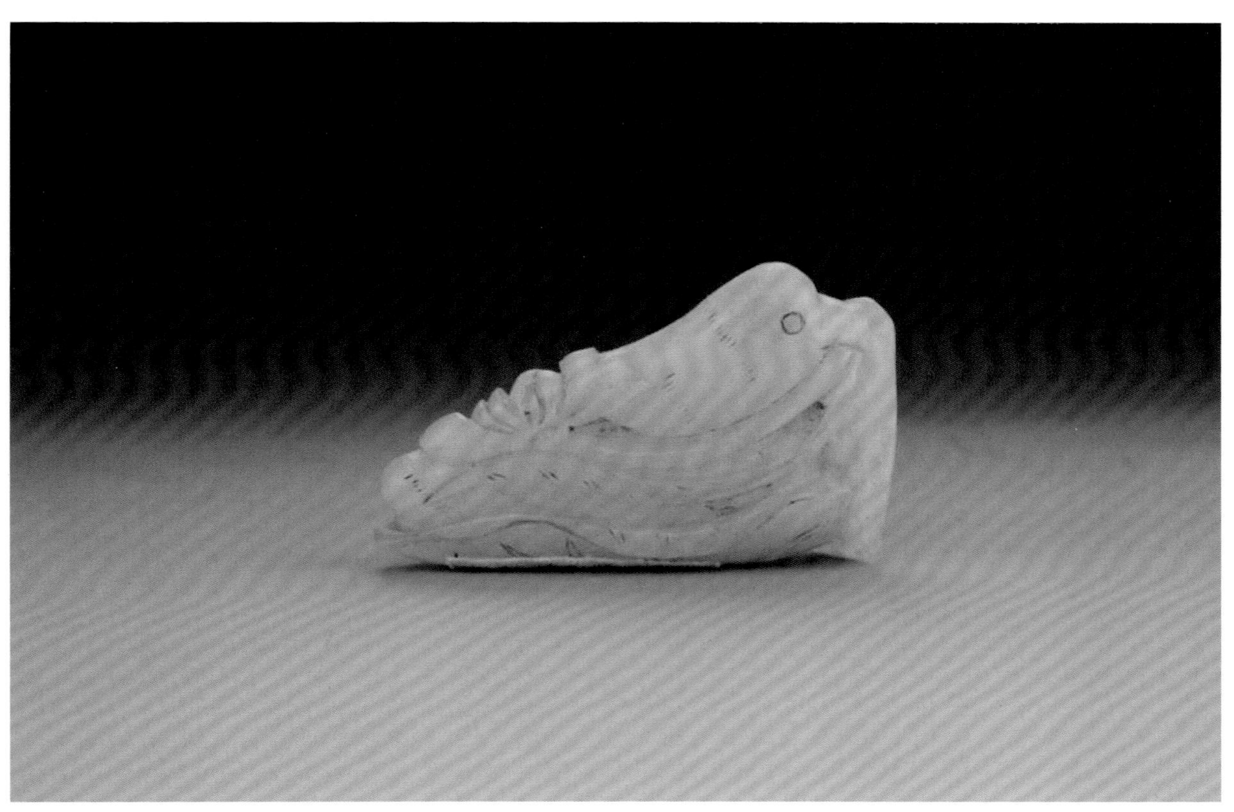

挂件呈三角形，淡青色。上部刻鸳鸯，雕工精细，羽毛清晰可见，鸳鸯浮于莲叶之上，下部刻莲叶，共两瓣。鸳鸯口衔茎，尾部有一莲花，莲叶脉络清晰，叶茎粗壮，一瓣莲叶位于鸳鸯头部前方。

清白玉如意云纹转心片

年代：清

质地：玉

尺寸、重量：直径 5.81 厘米，厚 0.49 厘米，重 29.2 克

现藏于闽东畲族博物馆。

玉片扁平，呈圆形，白色。双面雕，由三个环连接而成。内圈转心为圆形方孔铜钱状，旋转自如。中间环内外缘各饰凸弦纹一周，两面雕谷粒纹。外圈环内外缘亦各饰一圈凸弦纹，两面雕如意云纹及谷粒纹，边沿雕 12 个孔凸纹。

清铜嵌玉八角盆

年代：清

质地：玉

尺寸：口径 15.5 厘米，底径 11 厘米，高 9 厘米

现藏于闽东畲族博物馆。

玉盆呈八角，青色。盆八角各嵌一块梯形玉片，口沿和内壁及底足由铜镶嵌而成。平唇，斜直壁，有四足，足上雕刻卷云纹。器底部正中刻有一朵五瓣花纹。

清玉雕钺

年代：清

质地：玉

尺寸：长 12 厘米，宽 8 厘米，厚 0.5 厘米

现藏于闽东畲族博物馆。

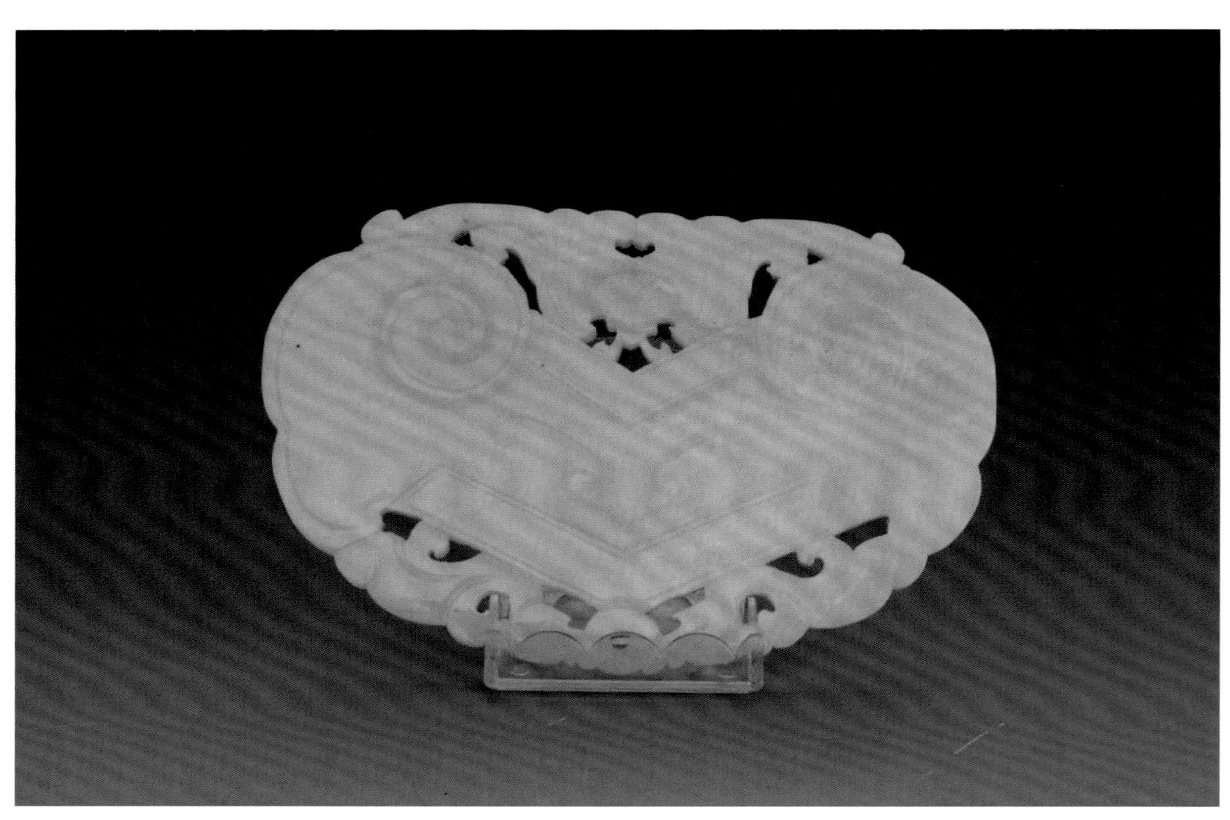

玉钺扁平，粗壮，淡青色，有棉絮状物质，双面阴线刻兽面纹，上下有镂空雕。

清白玉雕小勺

年代：清

质地：玉

尺寸、重量：长 6.48 厘米，宽 1.12 厘米，厚 1.81 厘米，重 7 克

现藏于闽东畲族博物馆。

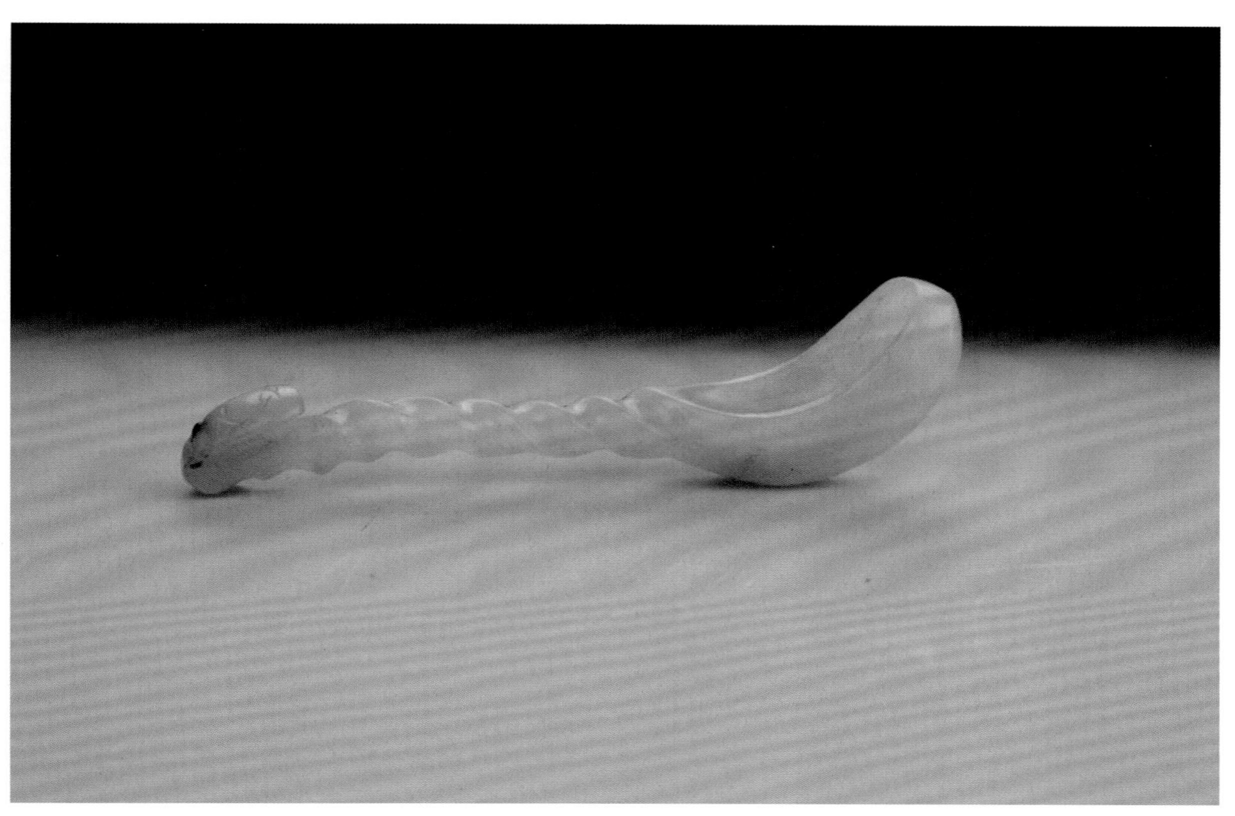

玉勺呈长条形，白色。勺口侧视圆弧，深腹，俯视略显长方形，勺柄精雕为绳状，勺尾雕琢呈如意头，上有阴刻线，并镶嵌红色玛瑙。玉质温润，呈羊脂状，雕工精细，小巧玲珑。

二、陶、瓷器

西汉闽越国“万岁”瓦当

年代：西汉

质地：陶

尺寸：周长 52.8 厘米，直径 16.3 厘米，外厚 2.5 厘米，内厚 1.3 厘米

现藏于福建闽越王城博物馆。

出土于南平市武夷山市城村汉城遗址。

西汉闽越国“万岁”瓦当为三块粘接，正面沿部少量破损，泥质灰硬陶，扁圆形，窄沿，沿旁一圈弦纹，当心凸起圆泡，正面左侧为“岁”字，右侧为“万”字，字局部残破，上部为云树纹，背部素面。背面多处破损，现破损处已用石膏修复。

瓦当，俗称瓦头，是屋檐最前端的一片瓦。瓦当有瓦和当两部分组成，垂挂的当片上印有各种花纹、图案、文字，是古代用于覆盖屋檐、装饰的建筑材料。使用瓦当可以很好地防止木质椽子的腐烂，是中国古代建筑中特有的装饰部件，也是屋顶非常重要的部件之一。

“万岁”纹瓦当出土较少，是闽越国出土瓦当中的精品，现为福建闽越王城博物馆二级馆藏文物。

西汉闽越国麻花双耳釜式灰陶鼎

年代：西汉

质地：陶

尺寸：腹围 76.3 厘米，口径 25.1 厘米，通高 22 厘米，足高 7 厘米，厚度 1 厘米

现藏于福建闽越王城博物馆。

出土于南平市武夷山市城村牛栏后 M1。

西汉闽越国麻花双耳釜式灰陶鼎为泥质灰硬陶，夹少量细沙粒。釜式鼎，盘口，口捏贴对称麻花形双耳，微弧腹，圜底，底拍印方格纹，三兽足。该器造型别致，装饰精美，为同类釜类器中不可多得的精品。该器少量残破，口沿及耳部有粘贴修复。

该鼎制造的工艺水平已可以与中原王朝相媲美，西汉中原内地的以泥质灰软陶（有的有彩绘）为体系的陶器文化与西汉闽越人的印纹、刻画的硬陶为体系的陶器文化完全不同。陶器文化是闽越族区别于汉族的重要标志。故该鼎具有重要研究价值，弥足珍贵，现为福建闽越王城博物馆二级馆藏文物。

西汉闽越国双耳带盖钵式灰陶鼎

年代：西汉

质地：陶

尺寸：鼎腹围 57.8 厘米，径 10.6 厘米，口径 15.27 厘米，厚 0.8 厘米，其盖周长 57.12 厘米，口径 11.9 厘米，厚 1 厘米，通高 17.2 厘米

现藏于福建闽越王城博物馆。

出土于南平市武夷山市城村新亭园 M3。

西汉闽越国双耳带盖钵式灰陶鼎为钵式鼎，三足、双耳、带盖。盖面微弧，桥形钮，钮四角粘贴圆饼状泥团装饰，盖面是三组弦纹，三组水波纹交替装饰。盖面中部等距离捏贴长条状泥团装饰。鼎座子母口、斜弧腹、平底、双弧耳，三兽足，足横断面呈椭圆形，腹上部交错饰两组弦纹、一组水波纹。

该器在同类器形中纹饰精美，保存尚可，为同类器形中的精品，现为福建闽越王城博物馆二级馆藏文物。

西汉闽越国三足龙首提梁灰陶盉

年代：西汉

质地：陶

尺寸：腹围 70.5 厘米，口径 11.7 厘米，底径 13 厘米，通高 25.7 厘米，厚 0.9 厘米，足高 5.6 厘米

现藏于福建闽越王城博物馆。

出土于南平市浦城县临江镇锦城村金鸡山。

西汉闽越国三足龙首提梁灰陶盉为泥质灰硬陶，夹部分粗沙粒。三足龙首罐形盉，该器提梁做龙身状拱起，饰有锥点纹，指甲纹，圆圈纹，提梁与龙首形流连接，龙角、眼睛栩栩如生，并饰有指甲纹。器身呈罐形直口，宽肩，鼓腹，平底，肩腹部交错饰六组弦纹，四组指甲纹，三组锥点纹，三兽足等距离分布。

盉是中国古代调酒器（一说为水器），盛行于商晚期和西周，流行至春秋战国，是古人调和酒、水的器具，用水来调和酒味的浓淡。该器纹饰造型精美为同类器物中的精品，体现了西汉时期闽越国较为高超的制陶工艺，具有较高的学术价值，现为福建闽越王城博物馆二级馆藏文物。

西汉闽越国鸟钮灰陶香薰

年代：西汉

质地：陶

尺寸：香薰盖周长 33 厘米，口径 9.99 厘米，整体通高 7.9 厘米

现藏于福建闽越王城博物馆。

出土于南平市武夷山市城村新亭园。

西汉闽越国鸟钮灰陶香薰材质为泥质灰硬陶，器形较小，带盖。盖侈口，折肩，盖面微弧，盖顶捏贴鸟形钮，钮盘有一小圆饼状泥团似意鸟蛋。盖面分内外两区，饰三角圆形镂孔，并刻划复线“V”字相连，钮盘饰云雷纹。器身子母口，折腹矮圈足。腹上部饰有“*”字纹。

香薰又称为薰炉，其作为一种日用品，用来燃熏香料。该器纹饰精美，为同类造型中不可多得的精品，体现了西汉时期闽越国较为高超的制陶工艺，具有较高的学术价值，现为福建闽越王城博物馆二级馆藏文物。

西汉闽越国玉璧绶带纹空心砖

年代：西汉

质地：陶

尺寸：长 202 厘米，宽 32 厘米，壁厚 6 厘米，孔径 6—6.8 厘米

现藏于福建闽越王城博物馆。

出土于南平市武夷山市城村汉城遗址下寺岗。

该空心砖为泥质橙黄陶，呈长方体，空心。正面主体纹饰两条绶带串联四块玉璧，主体纹饰旁以菱形纹装饰，边框饰菱形凸圆泡纹衬托。上面主体饰变体菱形纹，边框饰变体菱形纹。下面为素面。左右两面均饰玉璧纹。背面为素面，等距离横列 5 个圆孔。该器为六片砖坯分别模制成型，四片坯边内侧削成斜面，并在斜面上刻划多道条纹，然后将四片砖坯粘合，用方形砖封堵两端，交接处用泥条抹缝。

该器发掘于下寺岗，该地点为祭祀遗址，说明当时闽越国非常注重祭祀礼仪。现为福建闽越王城博物馆二级馆藏文物。

西汉闽越国龟钮橙黄陶纺锤

年代：西汉

质地：陶

尺寸：周长 21.2 厘米，直径 6.53 厘米，高 5.06 厘米，孔径 0.6 厘米

现藏于福建闽越王城博物馆。

出土于南平市武夷山市城村汉城遗址。

西汉闽越国龟钮橙黄陶纺锤为泥质灰硬陶，呈锤形，器表微弧，平底，中部镂空，器顶饰龟形捏贴，龟头、尾缺失，龟身饰圆圈纹，器身交错饰三组弦纹、水波纹。

闽越国有发达的纺织业，史书记载闽越王以纺织品为礼物馈赠给江都王刘建。纺锤是古人纺纱捻布必不可少的纺织工具，也是闽越人对生活要求提高的表现。该器装饰精美，出土较少，是研究闽越国的纺织技术与社会生活难得的材料，现为福建闽越王城博物馆二级馆藏文物。

西汉闽越国卷曲形双耳灰陶匏壶

年代：西汉

质地：陶

尺寸：腹围 48 厘米，口径 3.58 厘米，底径 10.62 厘米，高 16.67 厘米，厚度 0.3 厘米

现藏于福建闽越王城博物馆。

出土于南平市武夷山市浦城县临江镇锦城村金鸡山 M1。

西汉闽越国卷曲形双耳灰陶匏壶，为泥质灰硬陶，夹少量粗沙粒，匏瓜形，小口，短颈，溜肩，斜腹，平底，卷曲形双耳，肩腹部似有指甲纹、锥点纹、弦纹。底部轮制时留有偏旋纹。该器纹饰精美，造型别致，为同类器形中的精品。

陶匏壶作为一种盛贮器，主要是用以盛水和盛酒的礼器。《诗经·大雅》载，“酌用之匏”；《汉书·赵广汉传》更明确记载：“罂所以盛酒也”。故自春秋以来，匏陶壶就是人们常用的酌酒饮水之器。

西汉闽越国卷曲形双耳灰陶匏壶反映了西汉时期闽越国精湛的制造工艺，现为福建闽越王城博物馆二级馆藏文物。

西汉闽越国兽形双耳灰陶瓿

年代：西汉

质地：陶

尺寸：腹围 99 厘米，口径 14.78 厘米，底径 16.5 厘米，通高 21 厘米，厚度 0.6 厘米

现藏于福建闽越王城博物馆。

出土于南平市武夷山市城村新亭园 M2。

西汉闽越国兽形双耳灰陶瓿为泥质灰硬陶，整器扁圆，直口，丰肩，弧斜腹，最大腹径偏上，平底，腹上部饰有鹿首形对称双耳，下部留有耳孔，表面饰有圆圈纹、指甲纹、锥点纹、戳点纹，肩腹部交错饰十三组弦纹、七组指甲纹、六组锥点纹。

瓿本意是古代的一种小瓮，同缶。圆口、深腹，青铜或陶制，用来装酒或水，亦用于盛酱，盛行于商周时期。古人使用瓿时间很长，始于商代，西汉时期的瓿造型浑圆丰满，东汉以后不再流行。该器纹饰精美，是同类器形中的上品。该文物现为福建闽越王城博物馆二级馆藏文物。

西汉闽越国卷曲形双耳灰陶瓿之一

年代：西汉

质地：陶

尺寸：腹围 77 厘米，口径 11.8 厘米，底径 17.26 厘米，高 15 厘米，厚 1 厘米

现藏于福建闽越王城博物馆。

西汉闽越国卷曲形双耳灰陶瓿为泥质灰硬陶，器表部分偏灰白，部分显红褐色，整器扁圆，直口微侈，丰肩，弧斜腹，最大腹径偏上，平底，腹上部饰有卷曲形对称双耳，肩腹部交错饰七组弦纹、水波纹、锥点纹。该器纹饰精美，是同类器型中的上品。该器局部残破，口沿处石膏修复。

该器彰显了闽越国物质文化最基础的部分，传承了先秦时期硬纹硬陶文化的特点，烧成工艺进一步提高。闽越国的各种生活器皿质地坚硬，造型奇特，体现了闽越人社会生活的丰富多彩，具有很重要的研究价值。该文物现为福建闽越王城博物馆二级馆藏文物。

西汉闽越国卷曲形双耳灰陶瓿之二

年代：西汉

质地：陶

尺寸：腹围 91.5 厘米，口径 11.2 厘米，底径 17.7 厘米，高 17.4 厘米，厚 1.3 厘米

现藏于福建闽越王城博物馆。

出土于南平市武夷山市城村新亭园 M3。

西汉闽越国卷曲形双耳灰陶瓿为泥质灰硬陶，器表部分灰白，整器扁圆，直口微侈，丰肩，斜弧腹，最大腹径偏上，平底，腹上部饰有卷曲形对称双耳，肩腹部饰五组弦纹、一组水波纹。该器造型精美，保存基本完好。

瓿是古代陶制容器，圆口深腹圈足，犹今之罐子。该文物现为福建闽越王城博物馆二级馆藏文物。

西汉闽越国宽耳灰陶釜

年代：西汉

质地：陶

尺寸：腹围 70 厘米，口径 26.87 厘米，底径 16.4 厘米，高 19 厘米，厚度约为 0.8 厘米

现藏于福建闽越王城博物馆。

出土于南平市武夷山市城村新亭园 M2。

西汉闽越国宽耳灰陶釜为泥质灰硬陶，夹少量粗沙粒，局部显灰白，盘口，直沿，微弧腹，平底，素面，口沿处凸起一对称宽方形双耳，耳下盘口处捏贴一对称麻花形吊环。

炊器是人类饮食活动中必不可少的器具，是专门用作炊具煮食的物罐，因此得到了“釜”的新名称。“陶釜”可以看作是人类饮食历史上最早的锅，人类利用“陶釜”烹煮食物，做成一锅，来满足口腹之欲。因此，可以说釜是锅的前身。

该器造型精美，是同类器物中独一无二的精品，现为福建闽越王城博物馆二级馆藏文物。

西汉闽越国绳纹灰陶釜

年代：西汉

质地：陶

尺寸：周长 71.7 厘米，口径 22.4 厘米，内口径 14 厘米，高 15.8 厘米，厚度 0.7 厘米

现藏于福建闽越王城博物馆。

出土于南平市武夷山市城村新亭园 M1。

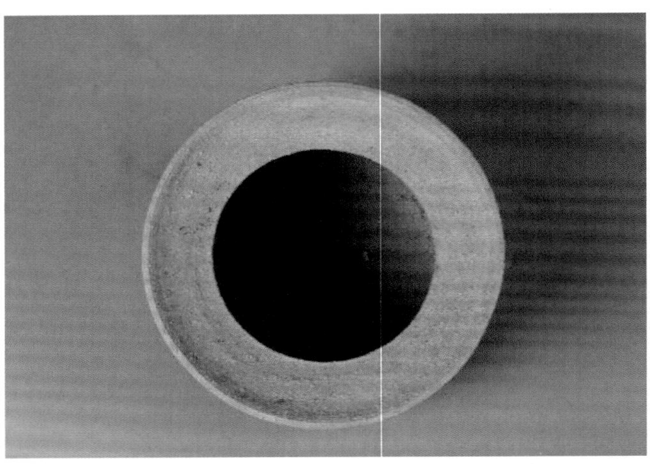

西汉闽越国绳纹灰陶釜为夹沙灰硬陶，底部显灰白色，敞口，束颈，垂腹，圜底，底部拍印有绳纹，釜底尚存烟炱痕迹。

陶釜是古代陶制炊器，主要用于煮米饭。从当时的生产能力和使用的炊具来推断，应是做成“干粥烂饭”。该器保存较为完整，造型精美，是反映闽越人物质生活水平的代表性器皿，现为福建闽越王城博物馆二级馆藏文物。

元德化窑蒙古人头像纹洗

年代：元

质地：瓷

尺寸：高 2.5 厘米，底径 7.7 厘米，口径 10.6 厘米

现藏于福建博物院。

出土于泉州市德化县屈斗宫窑址。

该纹洗为芒口，腹壁微弧，内底微鼓。腹外壁饰栅栏纹，底无釉，印蒙古人头像。牙黄胎，釉色白中泛黄，是德化屈斗宫窑址出土的元代产品的珍贵实物。早在宋元时期德化窑便迅速崛起，出现屈斗宫窑、尾林窑、内坂窑等古窑址，其青白瓷、白瓷的生产技艺高超、造型丰富、装饰精美，更拥有先进的分室龙窑筑造技术以及庞大的生产规模，生产出了大量带着东方温润与细腻的瓷器，通过泉州港远涉重洋，享誉海外。德化屈斗宫古窑于 1976 年发掘，出土 800 多件古窑具和较完整的瓷器 670 件。出土瓷器的造型和烧制方法具有明显的宋元时期瓷器特征。它的发掘不仅对研究宋元时期中国民窑体系、烧制工艺、瓷器外销等方面具有重要价值，更是中国外销瓷经由海上丝绸之路出口世界各地的历史见证。该文物现为福建博物院一级馆藏文物。

清德化窑“瓜瓞绵绵”碗

年代：清

质地：瓷

尺寸：口径 17 厘米，底径 6 厘米，高 6.5 厘米

现藏于闽东畲族博物馆。

瓷碗口微外撇，深腹，圈足，外壁绘青花“瓜瓞绵绵”。

清“丙午仲夏鸣远仿古”款紫砂壶

年代：清

质地：陶

尺寸：盖口径 5 厘米，盖高 2.8 厘米，壶口径 5.7 厘米，腹径 8.1 厘米，足径 5.7 厘米，壶高 4.3 厘米，通高 5.8 厘米

现藏于漳浦县博物馆。

出土于漳州市漳浦县赤岭畲族乡前园村蓝国威墓。

该紫砂壶壶色栗红，表面布满小梨皮状点，直口，腹中鼓，上下同步收分，圈足与壶口等大，底平，盖边沿方折，顶略平，圆钮，钮中直孔通透，圆执，出土时已半残，壶底阴刻楷书“丙午仲夏，鸣远仿古”下有“鸣”“远”二个小印。

蓝国威，字少仪，漳浦赤岭畲族乡张坑人，据《漳浦县志》载，为清康熙六十年（1721）贡生，从“护封”二字满汉文印可知，蓝国威以其叔父蓝理得封三等世袭轻车都尉。该文物现为漳浦县博物馆一级馆藏文物。

清白釉墨彩人物纹瓷托盘

年代：清

质地：瓷

尺寸：口径 16.4 厘米，足径 12.9 厘米，高 2.6 厘米

现藏于漳浦县博物馆。

出土于漳州市漳浦县赤岭畲族乡前园村蓝国威墓。

该文物出土于蓝国威墓，斜直壁，平底，白釉，墨彩渔舟人物。该文物现为漳浦县博物馆三级馆藏文物。

清景德镇窑青花云龙纹盘

年代：清

质地：瓷

尺寸：口径 15.5 厘米，底径 9.5 厘米，高 3.5 厘米

现藏于闽东畲族博物馆。

瓷盘撇口，浅腹，圈足，平底施满釉，底盘绘一青花四爪团龙，方款“大清乾隆年制”。

清红釉花卉盘

年代：清

质地：瓷

尺寸：口径 19.5 厘米，底径 10.5 厘米，高 3.5 厘米

现藏于闽东畲族博物馆。

瓷盘口微敞，浅腹，圈足，平底，底部有印章。外壁青釉内壁红釉，盘内绘花卉。口沿有一圈弦纹。

清仿哥开片铁泥罐

年代：清

质地：瓷

尺寸：口径 12 厘米，底径 11 厘米，高 14 厘米

现藏于闽东畲族博物馆。

泥罐圆口微外侈，丰肩，鼓腹，腹下部渐收，短圈足，有开片，釉呈青色，肩腹外箍一圈贴片，刻云雷纹。

清青花牡丹罐

年代：清

质地：瓷

尺寸：口径 9.5 厘米，腹径 23 厘米，底径 15 厘米，高 19 厘米

现藏于闽东畲族博物馆。

该罐口内收，丰肩，弧腹，平底。饰青白釉，上绘牡丹、菊花、蝴蝶及草叶纹等。

清胭脂红釉刻龙纹盘

年代：清

质地：瓷

尺寸：直径 14.3 厘米，底径 6 厘米， 高 1.5 厘米

现藏于闽东畲族博物馆。

该盘敞口、浅腹、圈足。内壁施胭脂红釉、刻龙纹，外壁施白釉。足底有“乾隆年制”款。

清青釉印花三足炉

年代：清

质地：瓷

尺寸：直口径 24.75 厘米，底径 10.27 厘米，腹径 23.9 厘米，高 12.54 厘米，足高 1.81 厘米，沿宽 1.73 厘米

现藏于闽东畲族博物馆。

炉圆唇，斜口外侈，短颈，溜肩，鼓腹，平底，下承三足。圆足平底微外撇。釉呈青色，外壁底部未施釉，口部饰条纹，颈部波浪纹，肩部卷云纹，腹部为缠枝花卉。

清德化窑印回纹三足筒炉

年代：清

质地：瓷

尺寸：口径 9.5 厘米，底径 9 厘米，高 5.5 厘米

现藏于闽东畲族博物馆。

筒炉平口，器身呈直筒状，平底，下有三磬足。胎灰釉黄，器外壁印回纹，足印旋涡纹。

清粉青釉印花三足筒炉

年代：清

质地：瓷

尺寸：口径 16 厘米，底径 14.63 厘米，高 12.75 厘米，底心 9.25 厘米，足高 0.67 厘米，沿宽 1.53 厘米

现藏于闽东畲族博物馆。

瓷炉平唇，器身呈直筒状，平底，足部略呈倒三角形，口沿部饰一圈云回纹，近底部饰一圈卷云纹，中部饰牡丹纹，内壁底部中心未施釉。

清青釉三乳足炉

年代：清

质地：瓷

尺寸：口径 19.7 厘米，底径 11.77 厘米，腹径 26.58 厘米，高 12.54 厘米，足高 0.93 厘米

现藏于闽东畲族博物馆。

炉敛口，丰肩，鼓腹，三乳短足。足底部中心各有一小孔。底内凹无纹饰，釉色青。外壁底部未施釉。

民国福安畲族陶箸筒

年代：民国

质地：陶

尺寸：通长 9.5 厘米，通宽 7.5 厘米，高 21.5 厘米

现藏于福建博物院。

征集自福建省文物总店。

箸筒为黑陶，整体呈扁梯形，器内中分为左右两个直筒，口为弧凹形，正面刻画三角形纹，上部书有“九世同居”字样，下部开光内有“福”字。该文物为福建博物院三级馆藏文物。

三、金银、青铜及其他金属器

清鎏金花插

年代：清

质地：银

尺寸：长 28.9 厘米，宽 14.8 厘米

现藏于福建博物院。

该花插为畲族妇女头饰，银质镀金，呈花叶片状，花头呈不规则长形，铭文“三元”，下连三个圆形片，片上带红绒毛，每圆片上有两片对称叶子，最下圆片连一长窄条用以插戴。该文物为福建博物院三级馆藏文物。

清鎏金孔雀

年代：清

质地：铜

尺寸：通长 5.5 厘米，高 3.9 厘米

现藏于福建博物院。

该鎏金孔雀造型为展翼的孔雀立于莲花叶上，昂首向前，长喙微张，尾巴呈扇形展开，生动逼真，为畲族妇女配饰。畲族的凤凰情结与其认定的民族发祥地广东凤凰山和三公主的传说有着天然的关联。传说三公主就是凤凰的化身，三公主出生之时，“凤凰来此百鸟珍”。畲族视本族女性为凤凰的化身。勤劳善良、聪明美丽的畲族妇女以对本民族的卓越贡献受到同胞的普遍尊敬，从而形成了畲家特有的“崇凤敬女”习俗。该文物为福建博物院三级馆藏文物。

晚清畲族银发钗之一

年代：清

质地：银

尺寸：长 26 厘米，重 25.4 克

现藏于漳平市博物馆。

该发钗呈长条形，下部为长叉，上部以蝴蝶、石榴花、宫灯、顶端关刀形饰件等逐层装饰，配红、黄、绿料石点缀。做工精细，造型精美。石榴花饰件缺两个，叶片顶端已断。

畲族流苏银头钗通常为一组两件。头钗做成两股，用于插发，最早见于山侯马春秋墓出土的骨钗，两汉后多用金、银、玉等材料制作。本件头钗和中国传统头钗的形制大体一致，但是也有鲜明的畲族特点。两件头钗都为“U”形铜叉，顶端连接一弧形弦纹银管，银管顶上连接錾花圆银片，上面点缀着红色球（分别有一个和两个绒球），下面垂挂若干含錾花银的银链。银片有三种形制，分别为最大的正方形錾刻凤纹样的银片，稍小一点、錾刻花卉纹样的正方形银片，以及挂在方形银片末梢的山形錾刻薄银片。山形银片数量多，形状最小。这组头钗很可能是畲族女性结婚时佩戴的首饰，与凤冠一起佩戴，“U”形铜叉插入发髻中，作紧发用，银链垂于耳。与很多凤冠构件的象征意象相似，此发钗银片上的凤凰样、象征着凤脚的山形银片、银片迎风摇曳碰撞发出的如凤鸣的声响等均反映了畲族人民的凤凰图腾崇拜。区别于很多“流苏”是以料珠、丝线为主材，银片为辅材构成的畲族头钗，此头钗的“流苏”完全是由银片串起来的链构成，具有独特性，有助于畲族女性发饰多样性的研究。该文物为漳平市博物馆三级馆藏文物。

晚清畲族银发钗之二

年代：清

质地：银

尺寸：长 28.5 厘米，重 41.37 克

现藏于漳平市博物馆。

该发钗呈长条形，下部为长叉，上部以蝴蝶、石榴花、顶端刀形饰件等逐层装饰，配红、绿料石点缀。做工精细，造型精美。该文物为漳平市博物馆三级馆藏文物。

晚清畲族银蝶形寿喜耳环

年代：清

质地：银

尺寸：直径 3 厘米，重 9.6 克

现藏于漳平市博物馆。

该耳环为半圆形，环的一端焊接着一条银线勾，环面为镂空花卉图案，一端饰有一只蝴蝶，环面小圈孔上连接着 18 条银穗，一条饰有“寿”字，一条饰有“囍”字，字下端连接着 3 条银穗。畲家姑娘 7 岁穿耳，始挂耳环，少女多戴耳坠，有的老年妇女的银耳饰通长约 6 厘米。顶部有蝴蝶形银花镶于弧状圈饰上，下面吊着十多串小银链，尾部挂一细小的柳叶形银片，中间的银链上吊着花瓣形圆环。该文物为漳平市博物馆三级馆藏文物。

晚清畲族花篮穗银耳环

年代：清

质地：银

尺寸：直径 2.5 厘米，重 5.24 克

现藏于漳平市博物馆。

耳环呈半圆形，环上装饰一朵立体花及一个花篮形饰件，立体花上镶嵌着一颗白色料石，接三条叶片穗，花篮形饰件也挂有三条穗。整件饰物显得较有层次感。此耳环既有畲族妇女服饰的特征，又融合了闽西地区妇女服饰的文化元素，为漳平市博物馆三级馆藏文物。

清罗源畲族银耳环

年代：清

质地：银

现藏于福建博物院。

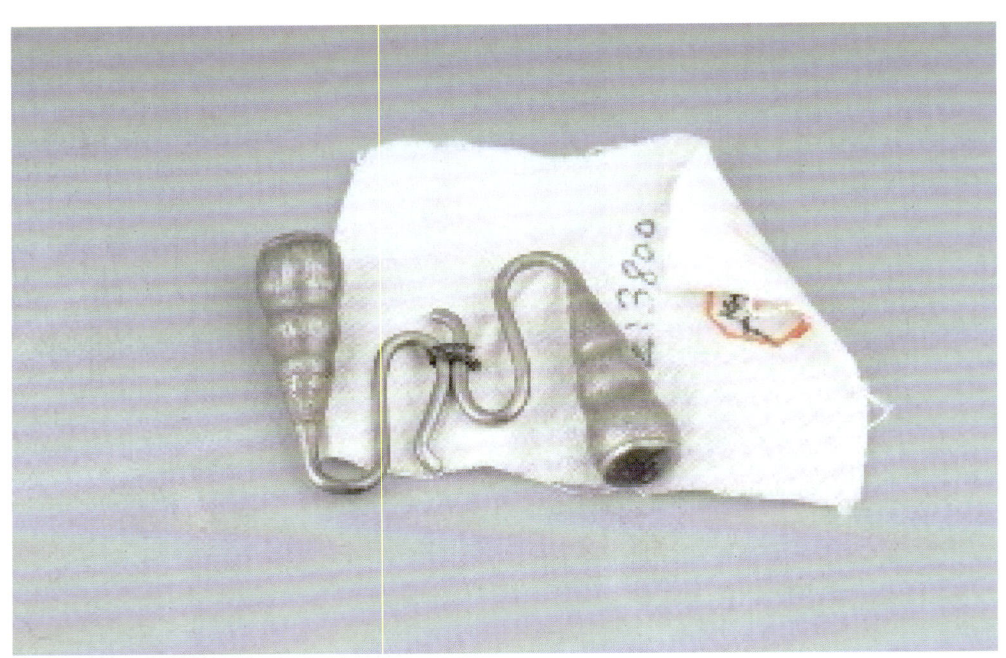

该耳环为银质，饰件，耳环成弯钩形，一头扁尖，头连一葫芦状垂，垂上有暗花。耳环在畲语中称为“法”，多为畲族少女佩戴，多呈扁螺状，大多为银制品，也有小部分铜、铁制品。此耳环是罗源地区畲族少女耳饰的代表，其造型具有典型的畲族耳饰特色，融合了闽东北地区祈福文化的内涵。该文物为福建博物院三级馆藏文物。

清光泽畲族铜耳环

年代：清

质地：铜

尺寸：通长 10 厘米，宽 3.3 厘米

现藏于福建博物院。

征集于南平市光泽县桥湾乡白石村。

该耳环为铜质，牌状，中牌镂空，长 10 厘米，宽 3.3 厘米。下垂三链，各携二个小铜饰，牌双面阴刻花果兽纹。上连两曲铜钩，以穿于耳。

畲族饰品多为银质，该耳环的质地、镂空造型及雕刻纹样，体现了闽北地区畲族服饰文化与当地文化的融合，有助于不同地区畲族耳饰多样性的研究。此耳环为福建博物院三级馆藏文物。

民国福安畲族银耳环

年代：民国

质地：银

现藏于福建博物院。

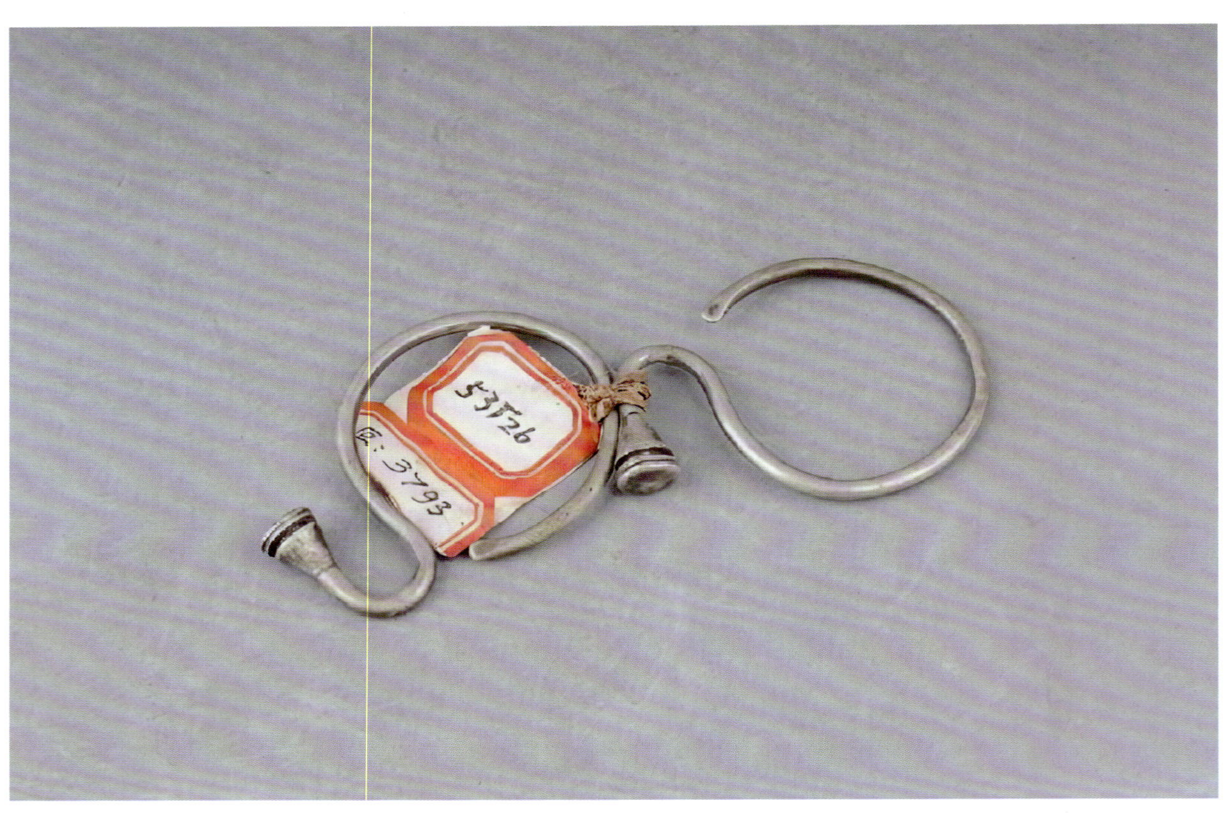

该耳环为银质，饰件，一头扁尖，一头弯曲连一倒锥形圆钮，近钮头有一凹槽。该文物为福建博物院三级馆藏文物。

清福鼎畲族银戒指

年代：清

质地：银

现藏于福建博物院。

该戒指为银质，饰件，成圆环，两边窄缘，中间部分浮雕人物、海水等纹。戒指又称“手指”，其上通常纹有花纹或八卦、吉祥等纹样，精致者上端缀有小铃铛。此戒指上雕纹样具有闽东沿海地区畲族特色，兼具当地信俗文化的特征，是畲汉民族文化融合的实物证据。该戒指为福建博物院三级馆藏文物。

清光泽畲族铜戒指

年代：清

质地：铜

尺寸：通长 0.3 厘米，通宽 2 厘米

现藏于福建博物院。

征集于南平市光泽县桥湾乡白石村。

该戒指为铜质，圆形，薄片，面磨损，花纹不明。畲族女性多佩戴银戒指，且雕刻有花纹或寓意吉祥的纹样，该铜戒指相较于其他同类型文物风格较另类，造型偏朴素，是研究清代闽北光泽地区畲族服饰文化融合以及多样性特征的重要实证，为福建博物院三级馆藏文物。

民国罗源畲族银戒指

年代：20 世纪初

质地：银

尺寸：通长 4.7 厘米，直径 1.9 厘米

现藏于福建博物院。

征集于福州市罗源霍口畲族乡蓝水香。

该戒指为银质，饰件，孔穿挂环，环连四链条，链条头部垂四个铃铛，指环上浮雕几何纹和花纹。该文物为福建博物院三级馆藏文物。

民国福安畲族银戒指

年代：民国

质地：银

现藏于福建博物院。

银戒指对于畲族妇女而言十分重要，比如在畲族传统婚俗中有些彩礼会包括银器，内含银质耳环、项圈、手镯、戒指各一副，以此表现男方对于待嫁女方的诚意。

该戒指设计风格突出，制作精良，体现了畲族银饰制作技艺的纯熟，对研究畲族银饰的设计和锻制具有较重要的史料价值，同时为研究畲族的婚嫁物品提供了一定的参考依据。该文物为福建博物院三级馆藏文物。

清福安畲族银花

年代：清

质地：银

现藏于福建博物院。

该银花为银质，佩饰，银花头成弧形，正面有乳钉纹和地暗花云纹，下有6个小细孔连银花串片，片有如意形和几何形等，片上有暗花纹。银花为畲族妇女常见发饰，大多3朵1组，上錾八仙或祥瑞动物，中间和下面多为狮子、凤凰等。另一种细长造型的银花上连5朵小银花，俗称“金银花”，内有铃铛，稍有摇动便发出细响。该文物为福建博物院三级馆藏文物。

清霞浦畲族银花

年代：清

质地：银

尺寸：通长 21.9 厘米，通宽 15 厘米

现藏于福建博物院。

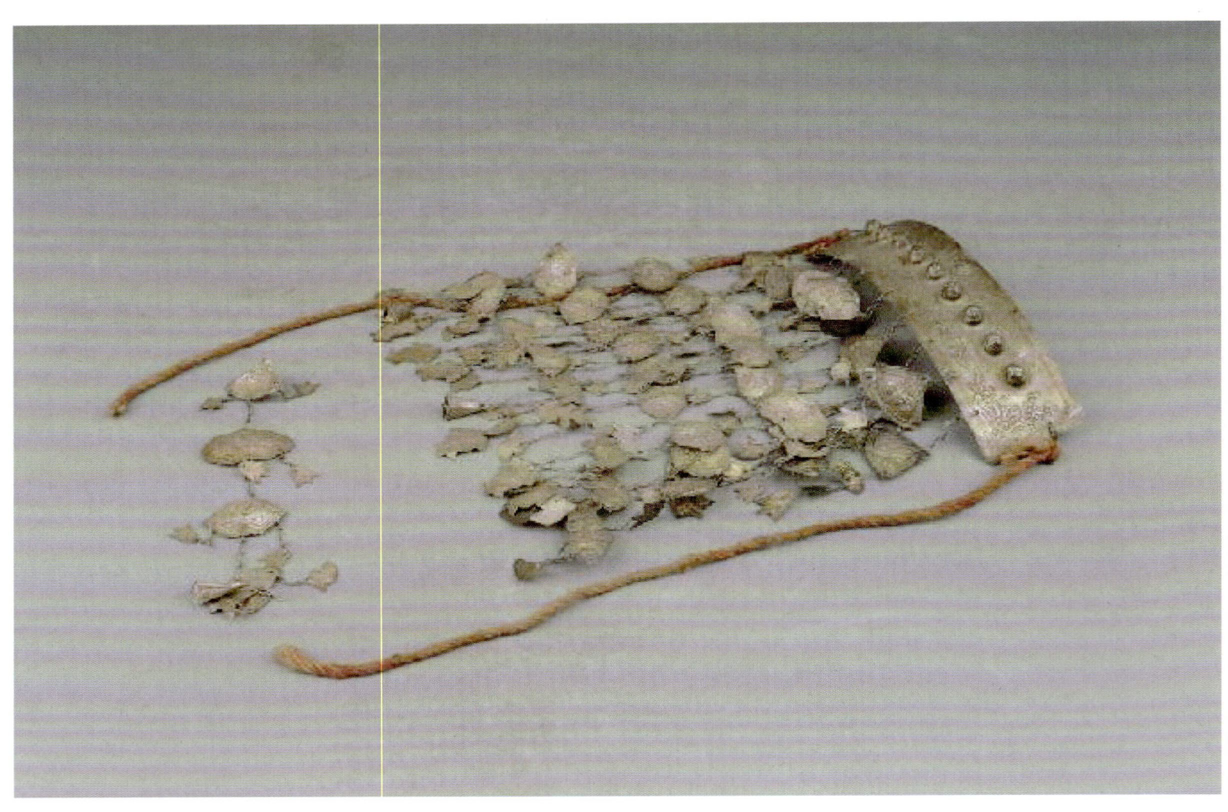

该银花上部为长方形银牌，银牌中部饰以乳钉纹，周边饰以植物连枝，最外围有两排细密的连点纹。下方系有九条银链，链有四层大银片，由上至下分别为扇形、类平安锁形、六边几何形、鱼形。每层大银片又分别缀有两个三叉尖小银片。这种形制银花一般与银凤冠配合使用。该文物为福建博物院三级馆藏文物。

清福鼎畲族银花

年代：清

质地：银

尺寸：通长 29.1 厘米，通宽 16 厘米

现藏于福建博物院。

此花簪共三件，簪头均为扁片窄弯长形，花簪龙凤头下穿挂串片，花簪部分有红绒线。

该银花银片整体似凤凰展翅，上镂刻有人物、动物图案，纹理清晰，簪与银片成“T”字形，下方坠有 5 条银链，每条银链又缀 3 块有纹饰的圆形银片，每块银片又挂两块小银片，晃动起来似凤尾。这种形制的银花类似汉族古代女子的步摇，插于发髻，起到装饰和固定发髻的作用。

该银花是畲族女子常用的传统银饰，在畲族文化中象征着美好的事物，有平安吉祥的寓意，为福建博物院三级馆藏文物。

清福安畲族凤冠

年代：清

质地：银、竹、布

尺寸：通长 21 厘米，通宽 14.7 厘米，通高 13.8 厘米

现藏于福建博物院。

该凤冠为圆形，上罩三角长尾布帽，冠是用竹笋壳缝制，外蒙黑布，冠前黑布上缝两片弧形银片，中间錾刻连珠纹，冠顶用竹篾编织三角形，缝上红色土布，前方中钉方形银饰片，并垂挂三串绿色短琉璃珠，末端吊银饰，两旁贴上蝴蝶形及方形银片共两排八片，蝴蝶形银片挂二串绿色长琉璃珠，末端吊银饰，三角帽顶的长尾部钉一片大的蝶形银片吊三组小银饰。银片上錾刻连珠纹边框，锤鍱双鱼、花卉纹等。

银凤冠为畲族姑娘出嫁时必戴的传统头饰，以展翅凤凰为主体饰物，冠身以竹笋壳为骨架，外用红布包缠后缝为长方形头冠。银花整体若帘，挂于银凤冠正面，从额前垂至颌下，走动起来摇摇晃晃，叮当作响，寓意“凤凰带仔又带孙”。该文物为福建博物院三级馆藏文物。

清霞浦畲族凤冠

年代：清

质地：银、竹

尺寸：高 37 厘米，帽沿直径 14.4 厘米

现藏于福建博物院。

凤冠外形呈金字塔形高帽状，冠是用竹笋壳缝制，外蒙黑布，冠前黑布上缝两片弧形银片，錾刻连珠纹，一侧挂三串琉璃珠，末端吊银饰，冠顶用竹篾编织，蒙以条纹棉布，前方两侧各挂一串琉璃珠，末端吊银饰，冠顶有两片牡丹纹三角银片，冠顶三角形三边缝上红布，每边贴上四块方形银片，银片上錾刻锤鍱花卉纹。该凤冠为福建博物院三级馆藏文物。

清光泽畲族凤冠

年代：清

质地：银

尺寸：高 5 厘米，帽沿直径 14.6 厘米

现藏于福建博物院。

征集自南平市光泽县寨里镇桥湾村。

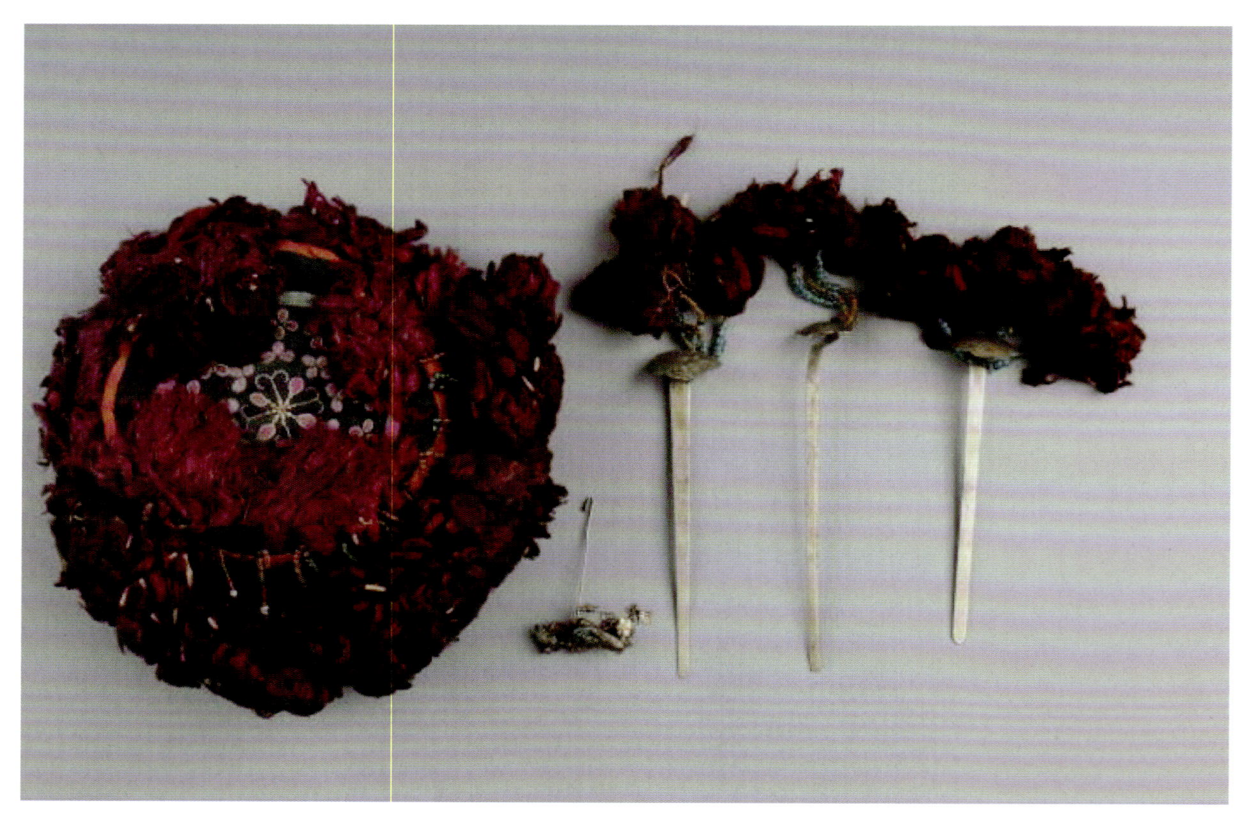

该圆形凤冠上为圆形，平顶，用竹篾缝制冠圈，外蒙花布，内帽檐包红布，帽外插满紫红色绒花，帽顶半圈钉，红、绿色料珠二十四条，每条约十五粒左右，凤冠上插三根如意头银簪，上有钉珠串饰的紫绒花及一根银烧蓝凤鸟簪，鸟喙部垂挂小饰件。该文物为福建博物院三级馆藏文物。

民国罗源畲族银凤冠

年代：20 世纪初

质地：银

尺寸：通长 24 厘米，通宽 20.7 厘米，高 15.7 厘米，直径 5.3 厘米

现藏于福建博物院。

征集自福州市罗源县霍口畲族乡。

银质筒形饰上大下小，戴于发髻顶部，下方有弧形缺口，以红布包住口沿，脑后发髻由此装入，圆筒外壁錾刻与锤鍱各种花纹与神像、连珠纹与花卉纹，正面为变形龙头纹。圆筒的一侧上下缝红色苎布罩饰成凤尾，圆筒上方小圆棍伸出应是插入发髻作为固定用。

银质弧形冠遮面帘戴于发髻前顶部，弧形两旁有双圆耳，面上锤鍱突出的十朵梅花，边饰錾刻花卉纹，其上方插八位手持物件站立在鱼和兽之上形态各异的人物，冠的下方垂挂一排小银片，作鱼纹、扇子等，各式饰件连成条形的遮面银帘。该文物为福建博物院三级馆藏文物。

清福安畲族铜手镯

年代：清

质地：铜

尺寸：直径 5.5 厘米，宽 1.7 厘米

现藏于福建博物院。

征集自宁德市福安市。

该手镯为铜质，圆形，活动口，面阳刻人物花纹，系福安畲族妇女的装饰品，挂于腕上。该文物为福建博物院三级馆藏文物。

清霞浦畲族铜手镯

年代：清

质地：铜

尺寸：高 1 厘米，直径 5.8 厘米

现藏于福建博物院。

征集于宁德市霞浦县。

该手镯为铜质，圆环，活动口，钻两孔，可穿线，面阴刻花鸟，系霞浦畲族妇女的装饰品，挂于手腕上。该文物为福建博物院三级馆藏文物。

民国龙纹手镯

年代：民国

质地：银

尺寸：圆径 7 厘米，镯粗 0.8 厘米，重 100 克

现藏于闽东畲族博物馆。

该手镯用白银或金银经手工打制而成，空心，里层光滑，表面打造二条龙形。龙身采用錾刻、贴塑等工艺，龙首采用镂空、刻划等技法将造型雕刻得栩栩如生。相连处为二龙头合含一珠，有弹性，可伸缩，雕塑部镀金。

民国银手镯

年代：民国

质地：银

尺寸、重量：圆径 7 厘米，重 70 克

现藏于闽东畲族博物馆。

该手镯用白银或金银经手工打制而成，里层光滑，表面打造梅花、几何纹状。部分带有链子，系小铃铛。

清福安畲族铜簪

年代：清

质地：铜

尺寸：长 9.8 厘米，宽 1.2 厘米

现藏于福建博物院。

征集自宁德市福安市。

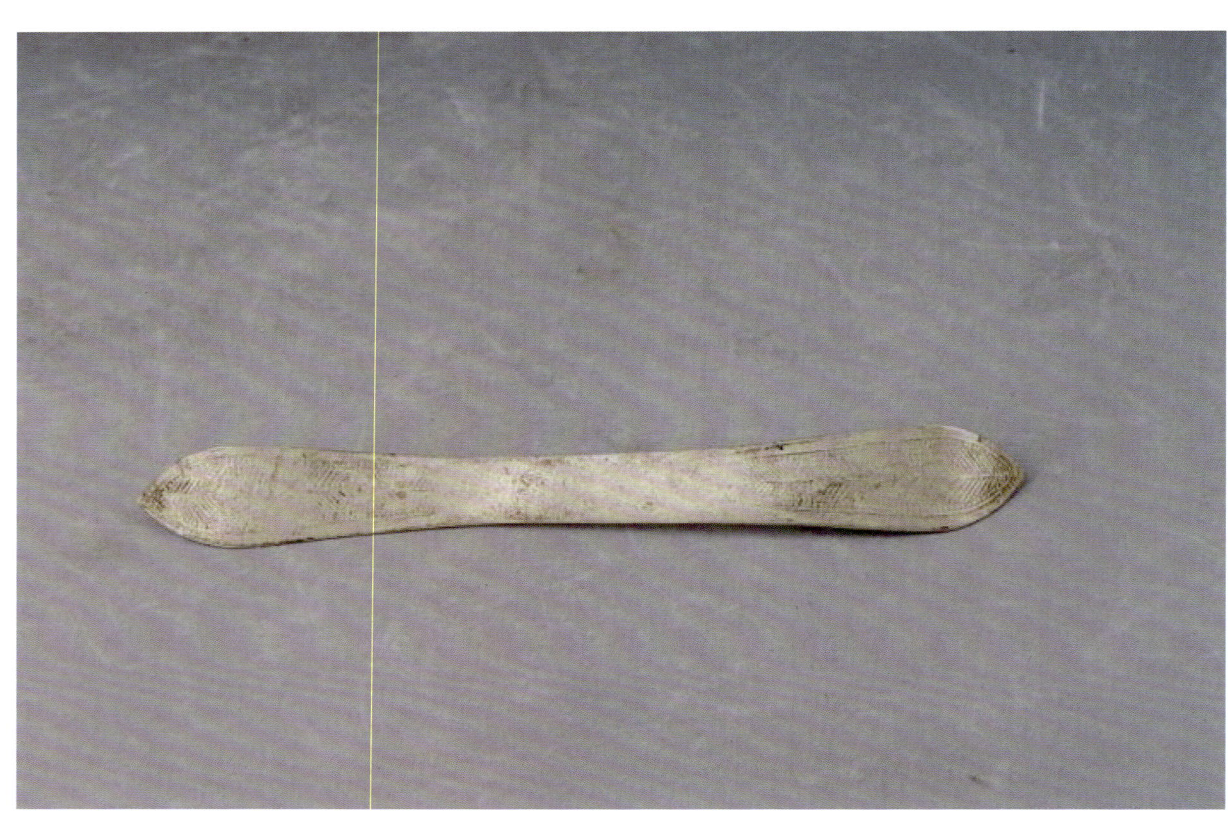

该铜簪为铜质，腰窄，两端稍宽，内曲，面刻花纹，系福安畲族妇女的首饰。该文物为福建博物院三级馆藏文物。

清福鼎畲族铜簪

年代：清

质地：铜

尺寸：长 11 厘米，宽 2.1 厘米

现藏于福建博物院。

宁德市福鼎市浮柳村蓝大妹捐赠。

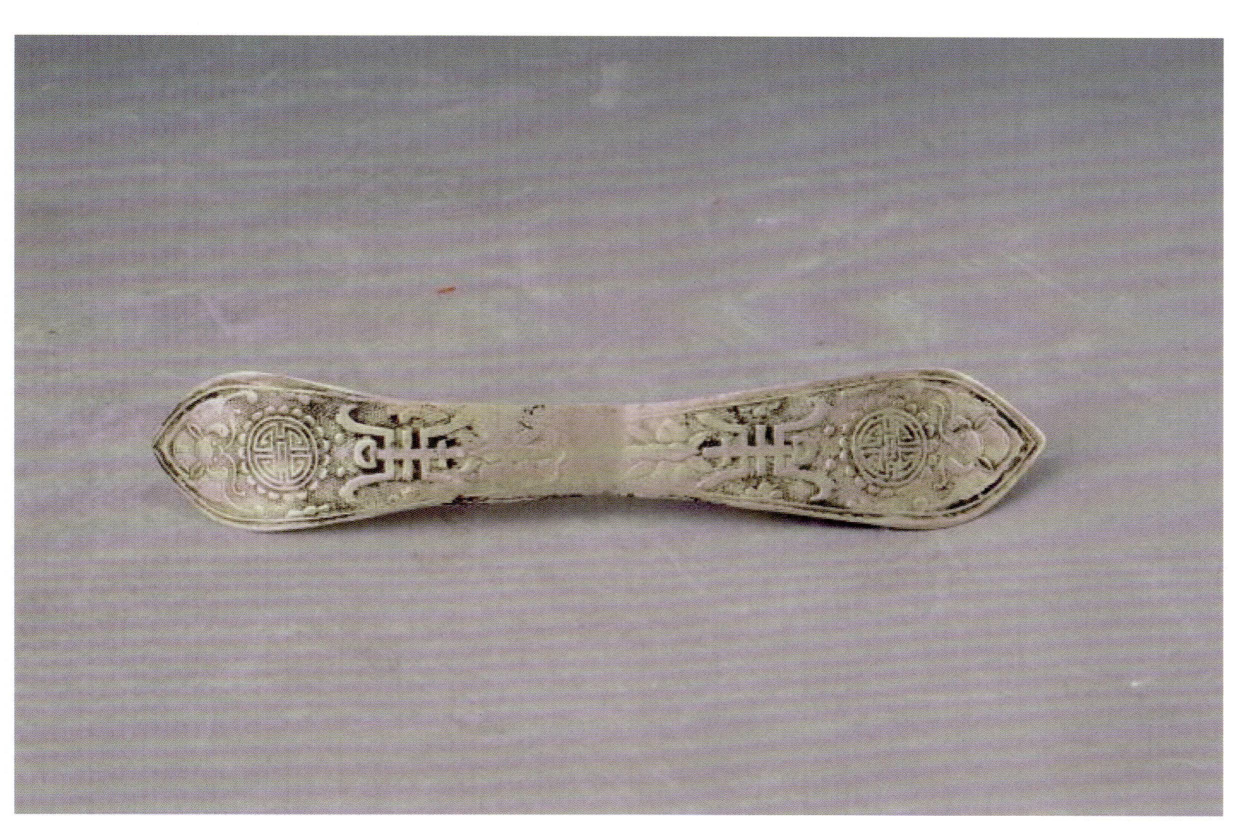

该铜簪为铜质，腰窄，两端稍宽，内曲，面刻蝙蝠寿字纹，系福鼎畲族妇女的首饰。该文物为福建博物院三级馆藏文物。

民国福鼎畲族铜簪

年代：20 世纪初

质地：铜

尺寸：长 11.2 厘米，宽 2.5 厘米

现藏于福建博物院。

征集于宁德市福鼎市蓝英。

该铜簪为铜质，腰窄，两端稍宽，内曲，面刻两株菊花，系福鼎畲族妇女的首饰。该文物为福建博物院三级馆藏文物。

清银板插

年代：清

质地：银

尺寸：长 16 厘米

现藏于闽东畲族博物馆。

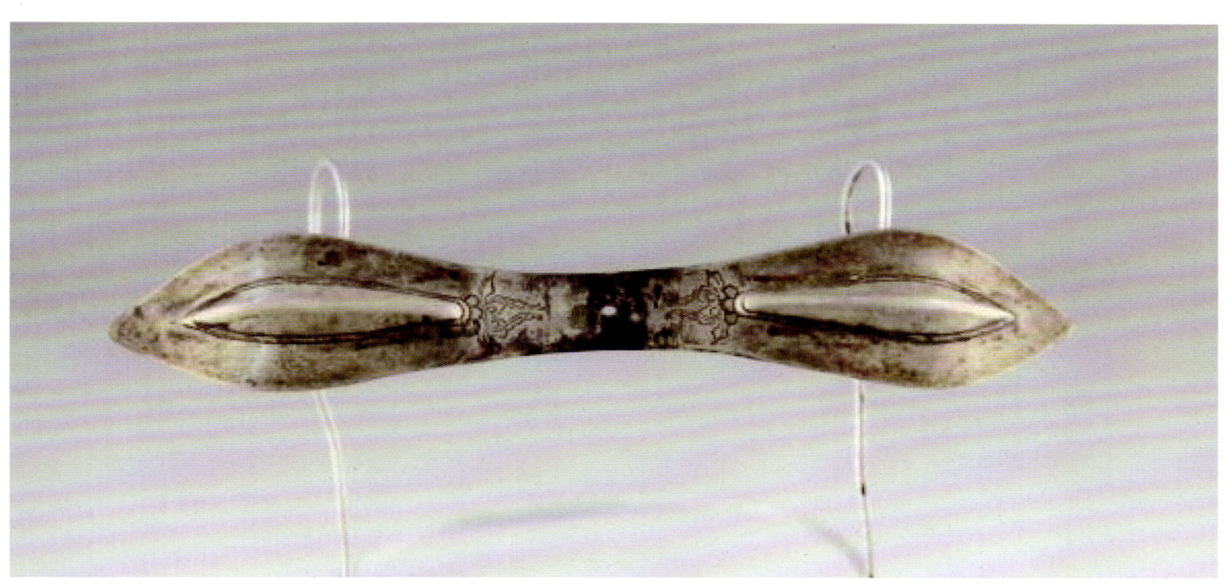

该银板插上錾刻花纹、几何纹，是畲族妇女梳头所佩戴饰物。

民国银簪花

年代：民国

质地：银

尺寸：长 10 厘米，重 50—200 克

现藏于闽东畲族博物馆。

将银饼敲打成银箔，厚如薄纸，采用錾刻、贴塑等工艺打造出鸟类、蝴蝶的图案，还有各种花卉、藤叶、花果等状，轻薄如纸，然后用银丝串连，固定于铜质托板之上，插于发髻间，显得尊贵华丽。

民国银狮

年代：民国

质地：银

尺寸：长 12 厘米，重 130 克

现藏于闽东畲族博物馆。

该银狮用银经手工打制而成，是亲人送给小孩周岁的礼物，佩戴胸前以避邪与装饰。其造型逼真，头顶部浑圆光滑，两眼暴突，嘴唇开裂，给人威严感。采用刻划花纹的制作工艺，刻划出大小不一的波浪纹为狮毛，增添动感，使其形象栩栩如生。另配有五粒铃铛及一梅花形狮球，用银链系在狮身上。

清银鱼龙

年代：清

质地：银

尺寸：长 13 厘米，宽 7 厘米

现藏于闽东畲族博物馆。

该文物形状似鱼似龙，上有两小孔用于穿链戴挂，下有五小孔分别用链连接五个铃铛，为小孩挂胸饰物。

民国虎形八卦胸挂

年代：民国

质地：银

尺寸：长 6.2 厘米，高 5 厘米

现藏于闽东畲族博物馆。

该胸挂虎身采用錾刻、贴塑及镂空等工艺，形象逼真。下身有五孔，用链条连接五个小铃铛。顶部有孔，以便穿链戴挂，为小孩避邪所佩挂。

清福安畲族铁叉

年代：清

质地：铁

尺寸：通长 41.3 厘米，通宽 12.9 厘米

现藏于福建博物院。

征集于宁德市福安市雷廷椿。

明清时期，狩猎是闽东、浙南山区畲族的一项主要副业，它既可增加收入，又可保护庄稼和牲畜安全。由于山区野兽多，畲民外出时常挟带弓矢。长期的狩猎生活，使畲民的狩猎技术十分娴熟，畲民“精射猎，以药注弩矢，着禽兽立毙”。闽东畲族，凡客至，即外出猎“野菜”，旋即可得。有时向官家交纳“山兽皮张”。他们的狩猎技术从小培养，“虽幼小，能操弓药矢，不惧猛兽，善其性也”。狩猎往往集体行动，其狩猎依动物的种类不同而有不同的工具，如捕猎大野兽，即使用敷有毒药的弩矢射击。

清罗源畲族草耙

年代：清

质地：铁

尺寸：长 14 厘米，通宽 17.6 厘米，通高 16.8 厘米

现藏于福建博物院。

征集自福州市罗源县霍口畲族乡。

该草耙为铁质，农具，茎空心可插木柄成倒锥形，下连委角四齿耙，用以耙草之类。明朝实行“招集流亡，劝农兴学”政策，颁布法令，鼓励垦荒并废除了名目繁多的苛捐杂税，这一举措促使畲民所居的深山旷野得到进一步开垦。清顺治初年，朝廷制定了一系列招民垦荒办法，招徕民众垦荒，这使得流浪山区、寻找机会垦种的广大畲民成为当地官府招徕的对象。大批畲民迁入闽东、浙南山区，并逐渐定居下来。在迁移时他们随身携带农具，个别的还带有牲口，“随山种插，去瘠就腴”，凡山间荒地“皆治为垄亩”；有水源的地方辟为梯田，成为当地的一支垦荒大军。畲民无论男女，黎明即起，早饭后携工具赴田间劳作。畲族妇女则背着婴孩入山砍柴、采茶、挑担、拔草。畲族妇女对闽东、浙南山区的开发同样起了很大的作用。该文物为福建博物院三级馆藏文物。

民国罗源畲族山锄之一

年代：20 世纪初

质地：铁

尺寸：通长 33.4 厘米，通宽 6 厘米

现藏于福建博物院。

征集于福州市罗源县霍口畲族乡。

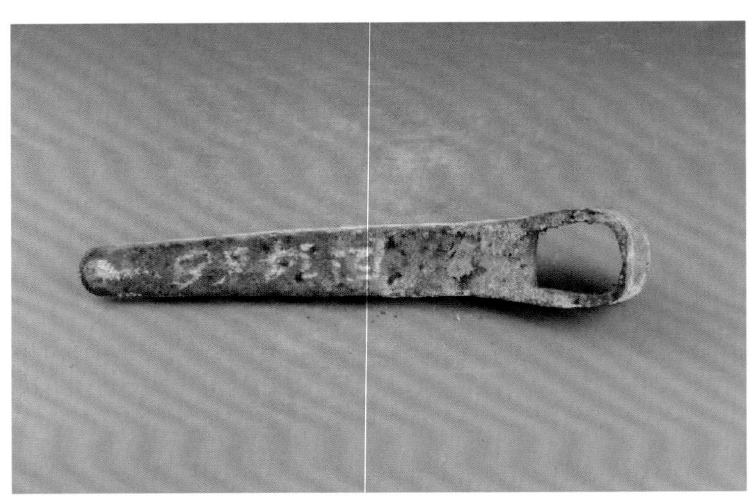

该山锄为铁质农具，锄头有一不规则方孔用以插木柄，锄长条厚窄，至尾稍尖。明清以后，大批畲民定居闽东、浙南地区。乾隆初年，闽东各县地方官府对畲民先后实行编甲，畲民被编图册、隶户籍，编户纳粮，标志着他们正式告别了原始游耕时代，开始了定居农业的历史进程。垦荒种山是畲民最基本的谋生手段，和周边的汉民一样，他们主要是种植禾稻、蓝靛、苎麻、甘薯、茶叶等。各地畲民利用“火田”“火地”种植番薯等薯类杂粮，主产的薯类成为早年山区不可或缺的主粮。这时的闽东大地已经开发得相当充分，“水无涓滴不为用，山到崔嵬尽力耕”。他们只好到自然条件更为艰苦的高寒山区，开山辟田。梯田山高水冷，土浅砂多，山道崎岖，交通不便，因此种植农作物花工大，产量低。由于自然条件恶劣，所以畲族农田耕作较为粗放，水田都只二犁二耙，原始刀耕火种的残余尚留存在耕种之中。畲民从附近汉族社区引进锄头、犁耙、砍刀等铁制农具。山锄是畲民在垦荒造田的主要农业生产工具。该文物为福建博物院三级馆藏文物。

民国罗源畲族山锄之二

年代：20 世纪初

质地：铁

尺寸：通长 33.4 厘米，通宽 6 厘米

现藏于福建博物院。

征集自福州市罗源霍口畲族乡。

该山锄为铁质。锄头有一不规则方孔用以插木柄。锄长条厚窄，至尾稍尖。该文物为福建博物院三级馆藏文物。

民国罗源畲族树钩

年代：20 世纪纪初

质地：铁

尺寸：通长 38.5 厘米，通宽 10 厘米

现藏于福建博物院。

征集于福州市罗源县霍口畲族乡。

该树钩为铁质，农具，头呈圆孔运动鞋跟式，树钩整体呈三角形。该文物为福建博物院三级馆藏文物。

民国罗源畲族锄头

年代：20 世纪初

质地：铁

尺寸：通长 37 厘米，通宽 18 厘米

现藏于福建博物院。

征集于福州市罗源县霍口畲族乡。

该锄头为铁质，农具，锄头上有一个运动鞋跟式孔，整体为薄片三角尾部委角。该文物为福建博物院三级馆藏文物。

民国罗源畲族田刀

年代：20 世纪初

质地：铁

尺寸：通长 56 厘米，通宽 10.5 厘米

现藏于福建博物院。

征集于福州市罗源县霍口畲族乡。

该田刀是畲族为山区水田田埂清除杂草的铁质农具，刀茎空管，刀薄片弧形，刀刃平，刀背呈弧形，刀尾尖。该文物为福建博物院三级馆藏文物。

民国罗源畲族割草刀

年代：20 世纪初

质地：铁

尺寸：通长 38.5 厘米，通宽 10 厘米

现藏于福建博物院。

征集于福州市罗源县霍口畲族乡。

该草刀为铁质农具，刀茎空管插木柄，刀呈弯钩形。畲民靠山吃山。除种植业外，采薪烧炭也是畲民的一项重要的生产劳动内容和经济来源。畲民常靠采薪烧炭换取生活所需。柴薪除松木、杂木片外，还有杂木树枝和"细芒"（覆盖山体的芒萁草）。20 世纪 80 年代前，每天上午在罗源城镇的集市上依然可以看到以畲民为主体的附近山民挑着薪炭待沽的身影。该文物为福建博物院三级馆藏文物。

民国霞浦畲族锄头

年代：20 世纪初

质地：铁

尺寸：通长 27 厘米，通宽 15.2 厘米

现藏于福建博物院。

征集于宁德市霞浦县钟全白。

该锄头为铁质，农具，锄头上有运动鞋跟式孔，整体呈长方形片状。该文物为福建博物院三级馆藏文物。

民国福安畲族田刀

年代：20 世纪初

质地：铁

尺寸：通长 44 厘米，通宽 11.1 厘米

现藏于福建博物院。

征集于宁德市福安市钟瑞威。

该田刀为铁质，农具，刀身呈扁弧状，刀刃边弧形，刃肖上翘，刀背窄细缘至刀尾翘，茎呈圆管状，为铁片卷成。该文物为福建博物院三级馆藏文物。

四、竹木、漆器

清光绪金漆木雕庐丰高等小学“嘉惠士林”牌匾

年代：清

质地：木

尺寸：长 194.3 厘米，高 64.4 厘米，厚 4.3 厘米

现藏于客家族谱博物馆。

此牌匾为清光绪三十二年（1906）上杭县知县朱丙元拜题。“嘉惠士林”意味着对士子的恩惠和帮助，通常用于表达对学者或知识分子的支持和帮助，以促进他们的学术研究和成长。清乾隆年间，福建地区畲民得以“编入图籍”，后被允许参加科举考试，畲族地区文化教育有所提升。庐丰畲族乡有部分人到沿海地区经商，并资助家乡兴办教育，清光绪年间的庐丰高等小学即为当地名望较高的学校。该文物为客家族谱博物馆三级馆藏文物。

清漆金木刻人物立像之一

年代：清

质地：木

尺寸：高 27 厘米

收藏于闽东畲族博物馆。

该立像为漆金人像，底座四面漆金刻花。刻戏曲人物形象，两武将，一兵卒，一匹马，一武将骑于马上，另一武将站立，三人皆作战斗状，表情威严肃穆，形象生动传神，面部彩绘艳丽，漆金完整光亮。

清漆金木刻人物立像之二

年代：清

尺寸：高 21.46 厘米，底座 3.26 厘米

质地：木质

收藏于闽东畲族博物馆。

该立像为木质，漆金人像，红漆方斗形底座。刻三个戏曲人物形象，一将军，一仆从及小将，形象生动传神，面部彩绘艳丽，漆金完整光亮。

清漆金木刻人物立像之三

年代：清

质地：木

尺寸：高 28.27 厘米，底座高 6.04 厘米

现藏于闽东畲族博物馆。

该立像为木质，是一男子立像。该男子头发散于脑后，头戴发箍，侧身斜视前方。上身着对襟长衫，束腰带。下身长裤，脚穿马靴，右手指尖抵腰，左手前屈伸，右脚向前左脚后踏。

清漆金木刻人物立像之四

年代：清

质地：木

尺寸：高 14.4 厘米

现藏于闽东畲族博物馆。

该立像为木质，漆金人像，无底座。雕刻为一女子立像，盘髻，着长衫飘带，上身前倾，右手置于腰前，左手举于身体斜前方，作袅袅状，背景为云彩，似仙女像。

清漆金木刻人物立像之五

年代：清

质地：木

尺寸：高 14.58 厘米

现藏于闽东畲族博物馆。

该立像为木雕济公立像，运用镂空雕、圆雕等技法雕刻而成，技术精湛。头戴冠，上半身侧身前倾，右手向后持一蒲扇，右脚前伸，背景雕刻云朵。

清漆金木雕人物故事板之一

年代：清

质地：木

尺寸：长 33 厘米，宽 18.8 厘米，厚 6.7 厘米

现藏于闽东畲族博物馆。

木雕由两块板钉合而成，呈长方形，底板背涂红漆，正面有绿色花纹。雕刻人物板上镂空漆金，刻有人物故事。人物周围刻有云彩等花纹。

清漆金木雕人物故事板之二

年代：清

质地：木

尺寸：长 25 厘米，宽 13 厘米

现藏于闽东畲族博物馆。

板呈倒梯形，漆金，浮雕人物、花树等。

清漆金木雕人物故事板之三

年代：清

质地：木

尺寸：长 39.84 厘米，宽 16.54 厘米，厚 43.3 厘米

现藏于闽东畲族博物馆。

木雕呈长方形，雕刻有众多的人物形象，描绘了一幅贵族或官员出游的场景。场面壮观，雕刻入微。

清漆金木雕人物故事板之四

年代：清

质地：木

尺寸：长 39.36 厘米，宽 12.83 厘米，厚 3.67 厘米

现藏于闽东畲族博物馆。

木雕呈长方形，镂空雕刻，描绘一幅古代人物送行的画面。画面右边是一廊轩，轩中有三人作官员打扮，左边三人，一个牵马，一个为武官打扮，一侍者捧礼物。

清漆金木雕人物故事板之五

年代：清

质地：木

尺寸：长 37.64 厘米，宽 15.62 厘米，厚 1.75 厘米

现藏于闽东畲族博物馆。

木雕呈长方形，镂空漆金雕刻，刻有人物故事。形象生动传神，栩栩如生。

清漆金木雕人物故事板之六

年代：清

质地：木

尺寸：长 36.41 厘米，宽 14.76 厘米，厚 3.91 厘米

现藏于闽东畲族博物馆。

木雕呈长方形，镂空漆金雕刻，刻有三武将作战斗状，三人骑于马上作战，右边两人挥戈指向左边一人，左边一人持长矛相抗。

漆金木雕人物板之一

质地：木

尺寸：长 35 厘米，宽 24.5 厘米

现藏于闽东畲族博物馆。

板呈长方形，漆金浮雕人物及房屋、山石、树木、云朵等。

漆金木雕人物板之二

质地：木

尺寸：长 33 厘米，宽 18.5 厘米

现藏于闽东畲族博物馆。

板呈长方形，漆金，浮雕“三顾茅庐”的故事。

漆金木雕人物板之三

质地：木

尺寸：长 29 厘米，宽 20.5 厘米

现藏于闽东畲族博物馆。

板呈长方形，漆金，镂空雕人物、房屋、花卉等。

漆金木雕人物板之四

质地：木

尺寸：长 41 厘米，宽 17 厘米

现藏于闽东畲族博物馆。

板呈长方形，漆金，镂空雕人物、亭台、树木等。

漆金木雕人物板之五

质地：木

尺寸：长 35 厘米，宽 16.13 厘米，厚 3.34 厘米

现藏于闽东畲族博物馆。

板呈长方形，镂空雕。背面为红漆。漆金木刻人物。刻有古树亭榭下四人远行休息状。

漆金木雕人物板之六

年代：清

质地：木

尺寸：长 23.25 厘米，宽 12.35 厘米，厚 1.99 厘米

现藏于闽东畲族博物馆。

板呈长方形，镂空雕，背面涂红漆。正面边框镶嵌贝壳，背景为绿色镂空花纹图案，雕刻有漆金人物。

漆金木雕人物板之七

质地：木

尺寸：长 33 厘米，宽 23 厘米

现藏于闽东畲族博物馆。

板呈长方形，漆金，浮雕人物相亲图。

清漆金木刻赐福人物

年代：清

质地：木

尺寸：长 19.43 厘米，宽 15.3 厘米，厚 2.88 厘米

现藏于闽东畲族博物馆。

木雕漆金人物，单面雕。背面为红漆，运用镂空雕、圆雕等技法雕刻而成，技术精湛。雕刻一岩石上立一男子、一童子及一只鹤。男子打扮考究，表情威武严肃，手捧一木盒。身旁一童子手持一长器，站立其身后。鹤立于人像右边，岩石周围有松树及花草等。

漆金观音像

质地：木

尺寸：长 23 厘米，宽 16 厘米

现藏于闽东畲族博物馆。

板呈长方形，漆金浮雕观音、骑马人物、持节人物等。

漆金木雕花鸟板

质地：木

尺寸：长 34.6 厘米，宽 13.4 厘米

现藏于闽东畲族博物馆。

板呈长方形，漆金，浮雕鸳鸯、花树。

漆金木刻花鸟板

质地：木

尺寸：长 44.96 厘米，宽 27.41 厘米，厚 2.94 厘米

现藏于闽东畲族博物馆。

板呈长方形，雕刻花鸟，镶于漆为绿色的底板上，刻有一只鸟在开满花朵的树枝间作歌唱状，展翅欲飞。

清漆金木刻花鸟板

年代：清

质地：木

尺寸：长 34.22 厘米，宽 17.66 厘米，厚 2.94 厘米

现藏于闽东畲族博物馆。

板呈长方形，单面雕，背面涂红漆，正面为褐色边框，图案底色为绿色漆，漆金雕刻，刻有两只鸟立于一绽放花朵的枝丫上，形象生动，栩栩如生。

清漆金木刻鸳鸯荷花板

年代：清

质地：木

尺寸：长 33.49 厘米，宽 25.06 厘米，厚 52.2 厘米

现藏于闽东畲族博物馆。

板呈长方形，单面雕，背面涂红漆，正面灰色边框，漆金浮雕，刻有鸳鸯戏于莲叶间的景象。造型生动形象。

清漆金木雕荷鸟板

年代：清

质地：木

尺寸：长 37.5 厘米，宽 20.36 厘米，厚 2.61 厘米

现藏于闽东畲族博物馆。

木雕呈长方形，漆金，镂空雕荷花及鸟的形象。

清漆金木刻花鸟板

年代：清

质地：木

尺寸：长 42.72 厘米，宽 24.59 厘米，厚 1.92 厘米

现藏于闽东畲族博物馆。

木雕呈长方形，镂空雕，漆金，刻有两只鸟立于梅花枝丫间，展翅欲飞状。

清漆金双花雕板

年代：清

质地：木

尺寸：长 20 厘米，宽 10 厘米

现藏于闽东畲族博物馆。

板呈长方形，漆金，浮雕双花卉。

清漆金木雕花板

年代：清

质地：木

尺寸：长 34.6 厘米，宽 13.4 厘米

现藏于闽东畲族博物馆。

板呈长方形，漆金，浮雕花卉。

清漆金木雕花卉板

年代：清

质地：木

尺寸：长 25.36 厘米，宽 12.47 厘米，厚 2.3 厘米

现藏于闽东畲族博物馆。

木雕呈长方形，单面雕，背面涂红漆。正面褐色边框，图案底色红漆，漆金，刻有一梅树，为梅花盛开花团锦簇的景象，造型优雅简洁。

清漆金木刻麒麟板

年代：清

质地：木

尺寸：长 32.5 厘米，宽 17.5 厘米，厚 1.5 厘米

现藏于闽东畲族博物馆。

木雕呈长方形，正面漆金，刻有一麒麟作奔跑状，周围有云朵。

清漆金木雕龙

年代：清

质地：木

尺寸：长 15 厘米，宽 15 厘米

现藏于闽东畲族博物馆。

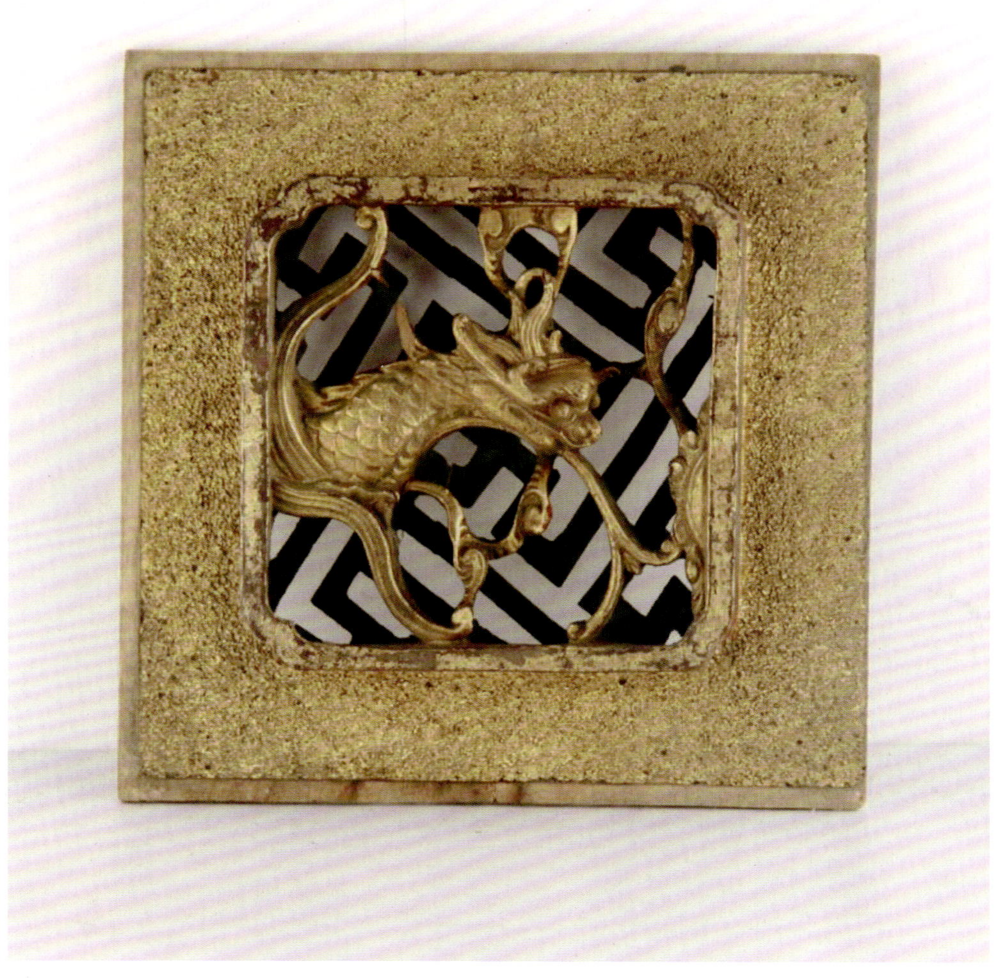

板呈方形，漆金，镂空，雕刻龙纹。

清漆金蝶南瓜板

年代：清

质地：木

尺寸：长 27 厘米，宽 16 厘米

现藏于闽东畲族博物馆。

板呈长方形，漆金，浮雕蝶、南瓜灯。

清漆金木雕板

年代：清

质地：木

尺寸：长 34 厘米，宽 16 厘米

现藏于闽东畲族博物馆。

板呈长方形，漆金，浮雕博古图案。

清漆金拂尘书案板

年代：清

质地：木

尺寸：长 26 厘米，宽 12 厘米

现藏于闽东畲族博物馆。

板呈长方形，漆金，浮雕拂尘、书案等。

清漆金木雕博古纹板

年代：清

质地：木

尺寸：长 32.43 厘米，宽 26.07 厘米，厚 2.25 厘米

现藏于闽东畲族博物馆。

板呈长方形，底色为绿色漆。漆金，刻博古纹，雕刻花瓶、长剑、长笏等。

清木刻人物板之一

年代：清

质地：木

尺寸：长 37 厘米，宽 21 厘米，厚 2 厘米

现藏于闽东畲族博物馆。

板呈长方形。浮雕，描绘一幅求道的场面。左边有三人居中，一人骑马，左侧一人持扇，右侧一人侍从，右面一仙端坐树枝之上。

清木刻人物板之二

年代：清

质地：木

尺寸：长 34.7 厘米，宽 25.5 厘米，厚 4.8 厘米

现藏于闽东畲族博物馆。

板呈长方形，镂空雕刻。画面左侧为一城楼，楼上有两武将，右侧为一船行于水上，船上有三人，一人于船头敲鼓，二人对坐交谈。

清龙眼木雕人物故事板

年代：清

质地：木

尺寸：长 45 厘米，宽 27.5 厘米，厚 2.2 厘米

现藏于闽东畲族博物馆。

板呈长方形，为龙眼木雕成，由上下两块木板拼合而成。雕刻四仕女形象，还有山石、树木等。

清木雕凤麒麟板

年代：清

质地：木

尺寸：长 46.5 厘米，宽 27.5 厘米

现藏于闽东畲族博物馆。

板呈长方形，浮雕凤凰与麒麟。

清木雕人物花板

年代：清

质地：木

尺寸：长 78.5 厘米，宽 31 厘米

现藏于闽东畲族博物馆。

板呈长方形，漆金，浮雕人物、花卉。

清畲族灯芯马

年代：清

质地：木、竹

尺寸：通高 38 厘米

现藏于闽东畲族博物馆。

灯芯马也称灯马，是古代一种照明工具。其主要结构由毛竹和杉木骨架拼制而成，做工精简。整个框架采用榫头和卯口对接的传统制作方式，无需钉子，十分牢固稳定。该灯芯马呈梯形，分上、下两部分。上部开口，中间置一铁碗，碗中有灯芯和桐油；下部中间放一节竹筒，承接上端灯芯亮时往下滴的油，满时再倒入铁碗中。灯马底一般挂有一小木棍或铁钩，以拨灯芯来控制亮度。顶端用一竹片压弯成椭圆形，便于携带或悬挂。

清畲族竹篮

年代：清

质地：竹

尺寸：口径 36 厘米，底径 22 厘米，通高 18.5 厘米

现藏于闽东畲族博物馆。

该篮用毛竹表层加工成扁形和丝形条编扎而成。腹自上而下渐收，口沿分两层，一为宽 2 厘米的竹片圈扎，一为细竹丝密扎，足高 2.5 厘米，内外施以桐油透气又牢固，用于存放针线活工具和布料等。

清畲族斗笠

年代：清

质地：竹

尺寸：直径 38 厘米，窝深 8 厘米，顶高 3 厘米

现藏于闽东畲族博物馆。

斗笠的花纹形状有燕顶、四格、三层檐、云头、燕嘴、虎牙、斗笠星等多种，主要以竿节修长、材质组织细密、剥篾性良好的臬竹和娄竹为原料。将表层青篾剖成厚度约为 0.1 厘米的细篾丝，并染成各种颜色编织而成。每顶斗笠用篾条 224—240 条；竹架编好后，两层之间铺以油纸，系上水绸带。再配以五色珠子、白飘带，戴在头上，既可遮阳挡雨，又可以作为装饰品。畲家姑娘常以花斗笠陪嫁，尤以霞浦崇儒上水村编织的花斗笠著名。

清木桄

年代：清

质地：木

尺寸：长 130 厘米，高 150 厘米

现藏于闽东畲族博物馆。

该木桄由斗、风扇、风扇落（调节出口大小）、出口盆组成，用于分离稻谷、大米、麦等农作物的杂质。操作时将农作物倒入斗中，转动风扇，因农作物与所含的杂物重量不同，落在不同处而进行分离。

民国福安畲族竹水瓢

年代：20 世纪初

质地：竹

尺寸：通长 37.5 厘米，口径 6.7 厘米

现藏于福建博物院。

征集于宁德市福鼎市。

该水瓢为圆形，直口，圆腹，有一长柄横穿水瓢中上部。畲族手工业生产是山地农耕经济的派生物，即加工农副产品。竹木制品是畲族工匠的主要产品之一，其成品早期多用于自给消费，极少进入市场。该文物现为福建博物院三级馆藏文物。

民国木雕傩舞面具

年代：20 世纪初

质地：木

尺寸：长 17 厘米，宽 20 厘米，高 31 厘米，厚 2.5 厘米

现藏于邵武市博物馆。

该面具整器平面大体呈方形，木质，神情凶悍，瞪眼，咧嘴，宽鼻，垂耳。额头雕饰火焰纹，于发髻、眉毛处皆抹红彩，其他处皆抹黑彩，大部分彩已脱落。该器雕刻工艺精湛，极具艺术感。邵武傩舞始于宋代，迄今已传承了上千年，现为国家级非物质文化遗产。民国傩舞面具就是邵武傩文化传承的实物见证。

邵武傩舞是中原文化、楚文化、古越文化的交汇融合，融释、道、儒和民间信仰于一体，又受弥勒教、无为教、摩尼教等的影响，这在全中国各地傩文化形态中是很少见的现象，同时也是各种文化在闽北融汇、积淀的遗存，这些对于研究这一地区的历史、文化、宗教、民俗、艺术等方面都有重要的学术参考价值。

民国霞浦畲族竹箸筒

年代：20 世纪初

质地：竹

尺寸：通高 24.5 厘米，口径 7.2 厘米

现藏于福建博物院。

征集于宁德市福鼎市。

该文物为畲民家中放置筷子的物件，福建博物院三级馆藏文物。

五、牙骨角器

明丁炜夫妻墓出土长方形角梳

年代：明

质地：牙骨角器

尺寸：长 14.6 厘米，宽 5.3 厘米，厚 1 厘米

现藏于晋江市博物馆。

1997 年 3 月出土于泉州市晋江市池店镇清濛开发区明代丁炜夫妻合葬墓。

该文物保存基本完好。据出土的墓志，墓主丁炜系明嘉靖年间的太学生，墓志铭系明代晚期著名学者李光缙所撰并书，与《泉州府志》《晋江县志》等文献记载一致。丁炜夫妻合葬墓的发现和清理，为地方史志研究提供了重要实物资料。晋江市博物馆三级馆藏文物。

明丁炜夫妻墓出土新月型角梳

年代：明

质地：牛角质

尺寸：长 12.4 厘米，宽 4.5 厘米，厚 1 厘米

现藏于晋江市博物馆。

1997 年 3 月出土于泉州市晋江市池店镇清濛开发区明代丁炜夫妻合葬墓。

该文物保存基本完好。该文物出土于晋江市池店镇清濛开发区明代丁炜夫妻合葬墓。该墓出土的饰品反映出了明朝时期晋江制造业的发达。该文物为晋江市博物馆三级馆藏文物。

明丁炜夫妻墓出土金花头簪

年代：明

质地：牛角质

尺寸：长 9.5 厘米，头簪径 1.5 厘米

现藏于晋江市博物馆。

1997 年 3 月出土于泉州市晋江市池店镇清濛开发区明代丁炜夫妻合葬墓。

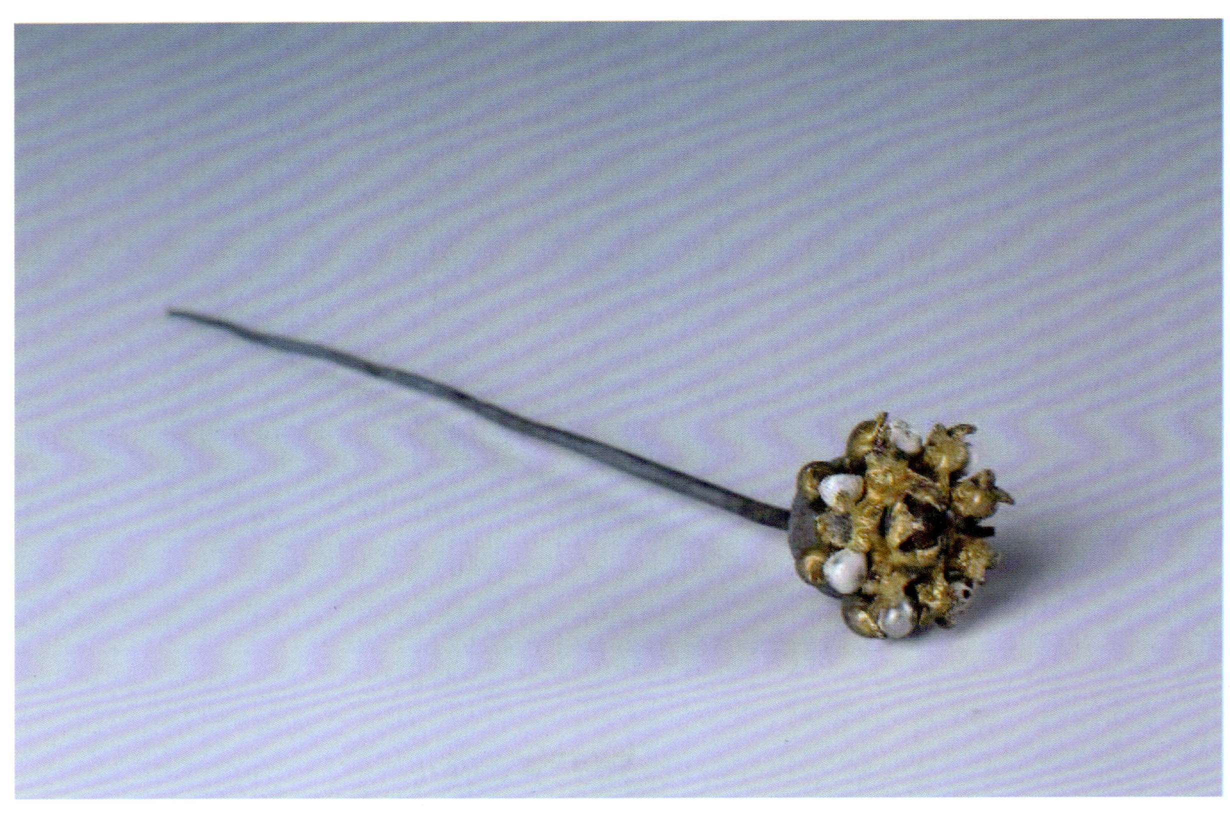

该文物微残，变形，铜锈掉金漆，缺一颗珠子。

丁炜夫妻合葬墓的发现和清理，为地方史志研究提供了重要实物资料。该文物为晋江市博物馆三级馆藏文物。

明丁炜夫妻墓出土头簪

年代：明

质地：牛角质

尺寸：长 14 厘米，径 0.5 厘米

现藏于晋江市博物馆。

1997 年 3 月出土于泉州市晋江市池店镇清濛开发区明代丁炜夫妻合葬墓。

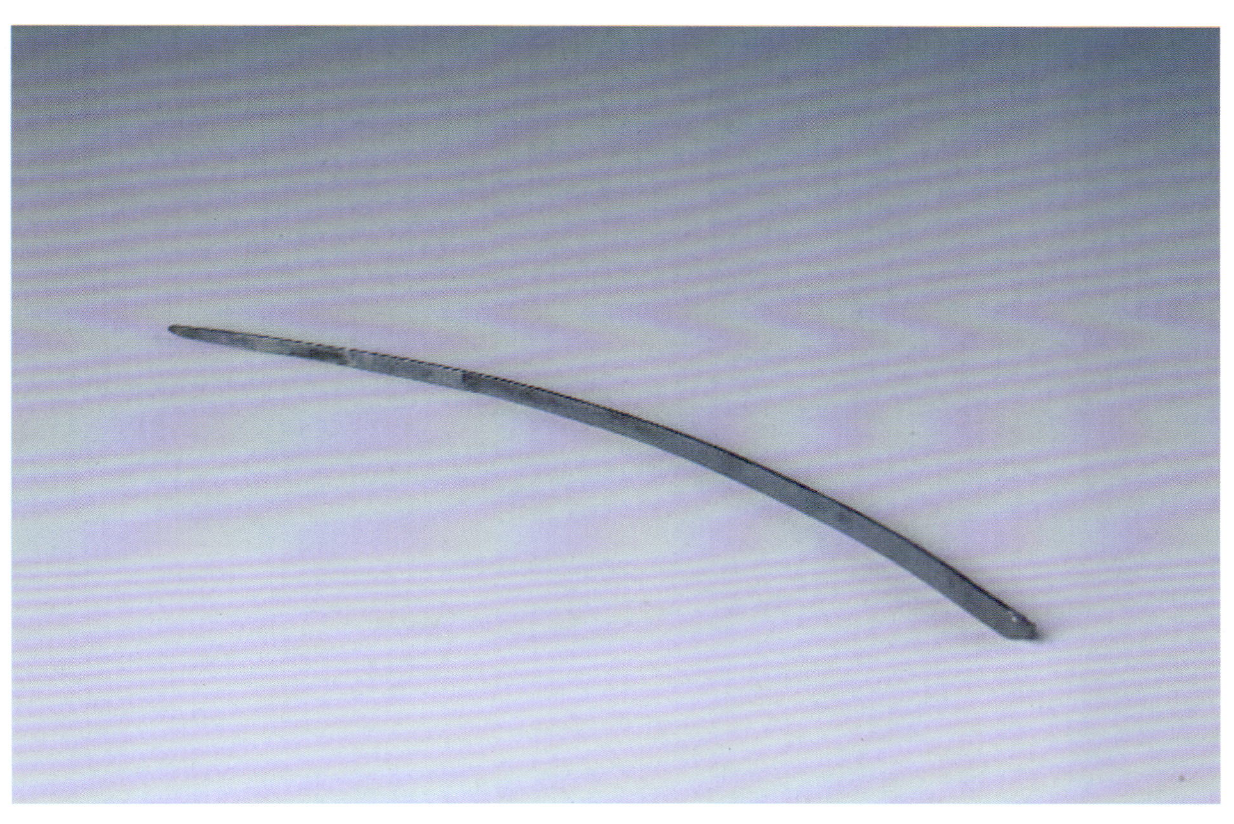

该文物出土于丁炜夫妻合葬墓。丁炜夫妻合葬墓的发现和清理，为地方史志研究提供了重要实物资料。该文物为晋江市博物馆三级馆藏文物。

民国牛角号

年代：民国

质地：牛角质

尺寸：长 45 厘米，径 4—8 厘米

现藏于闽东畲族博物馆。

闽东畲族革命纪念馆 1987 年 3 月收集。

该牛角号呈黑色，中空。为 1934 年宁德县上东岗村畲族赤卫队员打仗、步哨时，使用的信号器。

六、石质物

有肩石锛

年代：新石器时代末期至青铜时代

质地：石质物

尺寸：上宽 4 厘米，下宽 6 厘米，长 11 厘米，厚 1.6 厘米

现藏于闽东畲族博物馆。

出土于福鼎市马栏山遗址。

该石锛为打制石器，弧刃，平尾，打制较精。刃缘和侧缘双向修理，黑色，质坚硬。

石器

年代：新石器时代末期至青铜时代

质地：石质物

现藏于闽东畲族博物馆。

出土于福鼎市马栏山遗址。

该物为打制石器，柄占通长之一半，平刃，平尾，斜肩，扁平柄。打制较精，刃缘和柄部尤其精细，双向修理，表面风化呈黄灰色，刃部有使用崩裂痕迹。

石片

年代：新石器时代晚期至青铜时代

质地：石质物

尺寸：长 7 厘米，宽 4.5 厘米，厚 0.8 厘米

现藏于闽东畲族博物馆。

出土于福鼎市马栏山遗址。

该石片为打制石器，略呈椭圆形。器身薄，多处片疤较明显。

石锛

年代：新石器时代晚期至青铜时代

质地：石质物

尺寸：长 7.1 厘米，宽 4.1 厘米，厚 1.3 厘米

现藏于闽东畲族博物馆。

出土于福鼎市佳阳梅溪村。

石器，体扁平，近长方形，平刃，平尾。截面呈梯形，磨制较精细，表面浅灰色，轻度风化。

陶拍（残）

年代：青铜时代

质地：石质物

尺寸：长 9.5 厘米，宽 4.5 厘米，厚 2.5 厘米

现藏于闽东畲族博物馆。

出土于福安市城阳乡酒厂后山遗址。

石器，呈长方形，泥质红陶，刻划叶脉纹、网格纹，是用以拍制陶器纹饰的工具。

五代长方形抄手石砚

年代：五代

质地：石质物

尺寸：长 16.2 厘米，宽 9.2—10.5 厘米，高 2.8 厘米

现藏于福建闽越王城博物馆。

1996 年出土于南平市武夷山市城村后门山 T106 墓葬。

五代长方形抄手石砚，因砚底挖空，两边呈墙足，可用手抄底托起而得名。此砚平面略呈梯形，砚面成弧形伸向上沿形成砚池。砚底挖空成箕形。

作为文房四宝之一的砚台，最具时代特征的形制当为抄手砚，它是从唐代的箕形砚演变而来的，也称为插手砚、手抄砚或大史砚。该砚台砚面有些许磕损，器型基本完整，较为珍贵。该文物为福建闽越王城博物馆二级馆藏文物。

宋蕃客墓碑

年代：宋

质地：花岗岩

尺寸：长 135 厘米，宽 57 厘米，高 13 厘米

现藏于福建博物院。

该墓碑为花岗岩质地。梯形，顶部削平，上窄下宽，阴刻有 6 行阿拉伯文，第 5 行与第 6 行之间，刻汉文“蕃客墓”三字。该墓碑是 1965 年在泉州东岳山西坡金厝围东南角出土的。阿拉伯的译文内容是：“碑文：‘以前和以后，凡事归真主主持。’伊本·奥贝德拉·□□·穆罕默德·本·哈桑的坟墓……”“蕃客墓”三个字，“客”字多写了一个点，“墓”字又多加了一竖，阿拉伯文却写得十分流畅。可以推测给墓主人撰写碑文的人，也是居泉不久的侨民，初识汉字，略通文墨。宋元时期泉州的穆斯林墓葬虽然大部分已经毁坏，然而遗存下来的石墓盖与墓碑上，既有雕刻精美的伊斯兰图案，又有阿拉伯文、波斯文及中文，碑文记载着逝者的姓名、生卒年月、籍贯，以及《古兰经》《圣训》章句，成为 10—14 世纪泉州海上交通繁盛、文化多元、和谐相处的历史见证。泉州阿拉伯风格墓石（墓碑、墓构件）曾广泛分布于泉州津头埔、浦西、院前等地，这些墓碑、墓构件大多陈列在泉州海外交通史博物馆陈列馆内。该文物为福建博物院一级馆藏文物。

宋黄公百阿拉伯文墓碑

年代：宋

质地：石质物

尺寸：长 82 厘米，宽 51 厘米，厚度 10 厘米

现藏于福建博物院。

1965 年，泉州南郊场出土了一方波斯夫妇合葬的墓碑。该阿拉伯文碑为长方形，辉录岩石琢成，顶尖与碑榫残缺，碑缘雕刻边框。碑文双面阴刻文字，正面上部刻两行竖写汉字“黄公墓、百氏坟”，下面刻三行阿拉伯文、波斯文的混合文字，背面分六横格，刻阿拉伯文。正面三行阿拉伯文，译文为“乌姆·百耶尔和伊本……于迁移纪念 715 年（1315）”；背面六行阿拉伯文，译文为：“奉至仁至慈的真主之名。人人都要尝死的滋味。在复活日，你们才得享受你们的完全的报酬。谁得远离火狱，而入乐园，谁已成功。今世的生活。只是虚幻的享受。”

作为宋元时期开始融入泉州社会的番客，他们为自己取了汉人的姓——黄、百，这是当时泉州中外文化交融的典型案例。此碑为福建博物院三级馆藏文物。

元郭氏祖坟石墓碑

年代：元

质地：花岗岩

现藏于泉州海外交通史博物馆。

该墓碑由花岗岩琢成，顶部略呈弧形，外型类同中国式的墓碑。碑额正中部阴刻一行波斯文，译文为“伊本·库斯·德广贡·纳姆”。碑右上角阴刻小篆体汉文“惠”“百奇”，左上角刻“晋”“坡庭”；正中竖刻汉文“元郭氏世祖坟茔”。“伊本·库斯·德广贡·纳姆”是波斯文的人名。“纳姆”在波斯文中另一含义是“著名的”意思，因此，这行波斯文可翻译为“著名的库斯·德广贡之子”。“惠百奇”是惠安百崎乡；“晋坡庭”是晋江坡庭，在泉州东郊的法石。此碑为百崎和坡庭郭姓祖石墓碑，其刻文称作“世祖坟茔”，可见是后裔重立的。该墓碑为泉州海外交通史博物馆一级馆藏文物。

元大德八年进贡宝货使者铭文墓碑

年代：元

质地：石质物

尺寸：长 66 厘米，宽 26 厘米，厚度 7 厘米

现藏于福建博物院。

阿拉伯文碑，碑为长方形，碑文居中，黑底白字刻述元大德八年（1304）使者进贡宝货后回归泉州本家居住一事。该石碑为福建博物院三级馆藏文物。

明太学生硕泉丁公暨室孺人慈慎陈氏、贞懿庄氏石墓志铭

年代：明

质地：石质物

现藏于晋江市博物馆。

1997 年 3 月出土于晋江市池店镇清濛开发区明代丁炜夫妻合葬墓。

清雍正蓝廷珍款砚

年代：清

质地：泥

尺寸：长 29 厘米，宽 18 厘米，高 3.8 厘米

现藏于厦门市博物馆。

2020 年征集于厦门市文物店。

该砚呈长方形，形制方正，材质细腻，属澄泥中之珍稀品种——鳝鱼黄，系优质澄泥琢就，细腻纯净，属珍稀砚品蟹壳青。该砚面作淌池型式，沿四周起圆角栏水线，覆手圆角下洼，内铭曰“雍正元年十一月 赐台湾总兵官臣蓝廷珍 孙元枚敬藏”。砚台型制端庄浑朴，线条挺拔，刻铭行楷方正腴丽，可谓材美工良。

清长方形端砚

年代：清

质地：石质物

尺寸：长 12.2 厘米，宽 10.7 厘米，高 4 厘米

现藏于漳浦县博物馆。

1990 年 7 月出土于漳州市漳浦县赤岭乡前园村。

端石质，自然状，上宽下狭，砚面小弧，无池。清康熙贡生、轻骑都尉蓝国威墓陪葬品。该砚台为漳浦县博物馆三级馆藏文物。

民国福安畲族衣扣石模

年代：20 世纪初

质地：石质物

尺寸：长 4.2 厘米，宽 2.7 厘米，高 2 厘米

现藏于福建博物院。

衣扣石模，石质，青灰色，粘连在木套内，石模面上刻有两个“福”字圆形图案，似衣扣模型，是畲民制作金属纽扣的模具。白银因其物理特性和易于设计的性质使银饰的制作有一定灵活性。采用石模制作银纽扣的技艺是畲族传统的制作工艺，具有很高的金属工艺美术价值和审美艺术价值。该文物为福建博物院三级馆藏文物。

七、纸质物

民国阿拉伯文《天经》印本

年代：民国

质地：纸质物

现藏于邵武清真寺。

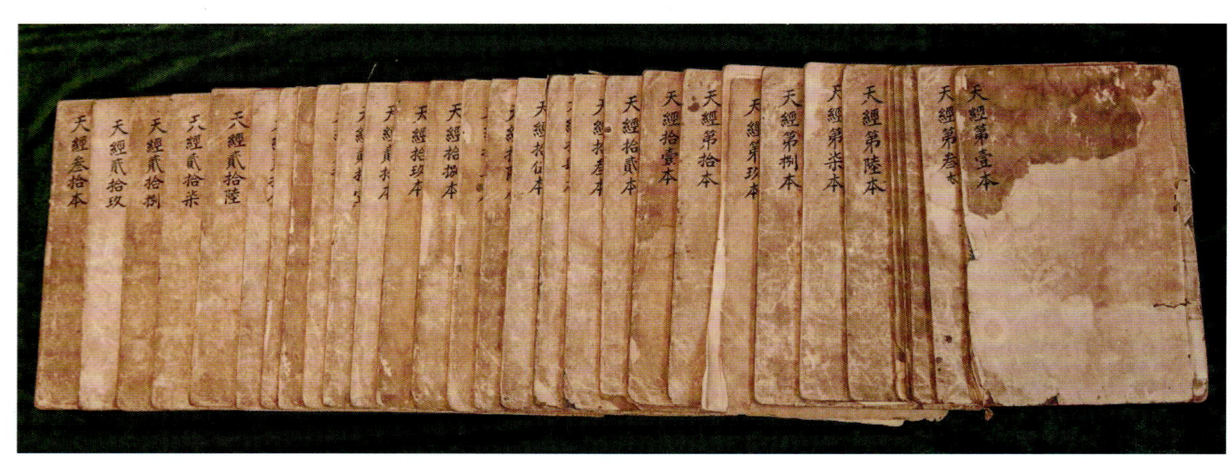

木刻版《天经》（《古兰经》）一套30卷，依据回历1313年（1895）版翻印。《古兰经》既是一部宗教经典，也是第一部韵体散文形式的阿拉伯文献，是穆斯林世界观和人生观的基础。邵武清真寺所藏《天经》是目前邵武收藏的最珍贵的《古兰经》珍善本，对于研究回族历史、宗教和艺术具有重要价值。

民国畲族勅书抄本

年代：20 世纪初

质地：纸质物

尺寸：长 100 厘米，宽 61.5 厘米

现藏于福建博物院。

福建省南平市光泽县桥湾村畲族捐赠。

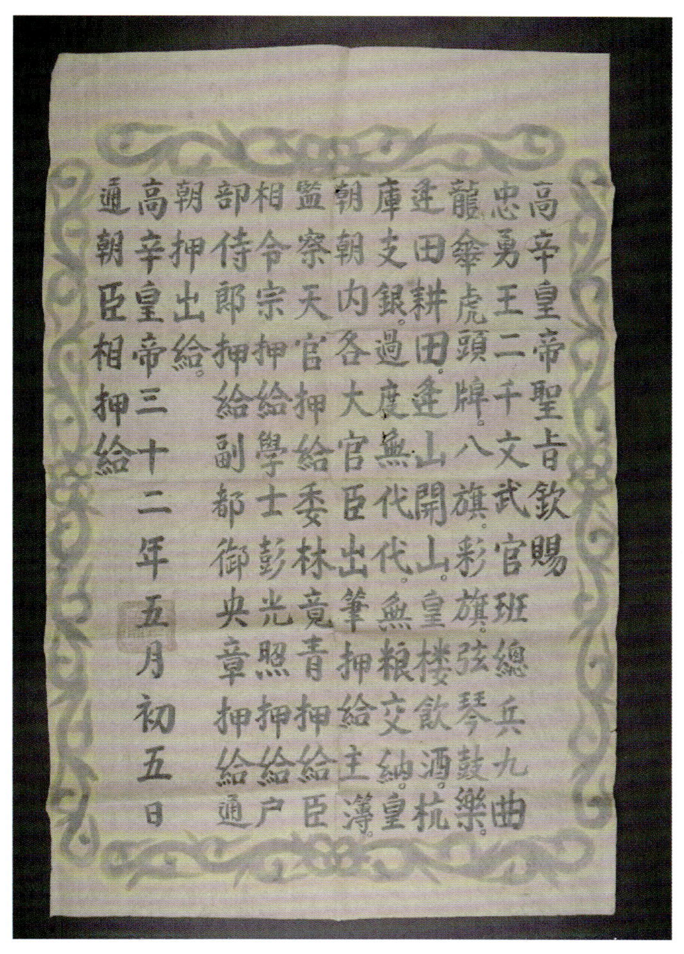

高辛皇帝聖旨欽賜
忠勇王二千文武官班總兵九曲
龍傘虎頭牌八旗彩旗弦琴鼓樂
逢田耕田逢山開山皇楼飲酒抗
庫支銀過度無代代無粮交納皇
朝朝内各大官臣出筆押給主溥
監察天官押給委林竟青押給臣
相令宗押給學士彭光照押給户
部侍郎押給副都御央章押給通
朝押出給
高辛皇帝三十二年五月初五日
通朝臣相押給

畲族流传着一种汉文文献，称为《抚瑶券牒》或《开山公据》。《抚瑶券牒》是当时的统治者在畲族南迁时颁发给他们的命令。《抚瑶券牒》几乎在各地畲族的族谱中都可以见到。畲族的《抚瑶券牒》和盘瑶的《评皇券牒》的内容基本相同，都记叙了祖先起源、姓氏来源、祖先迁徙及跟官府、汉民的关系。该文物为福建博物院三级馆藏文物。

清光绪《冯翊郡雷氏宗谱》

年代：清

质地：纸质物

尺寸：长 28 厘米，宽 20 厘米

现藏于闽东畲族博物馆。

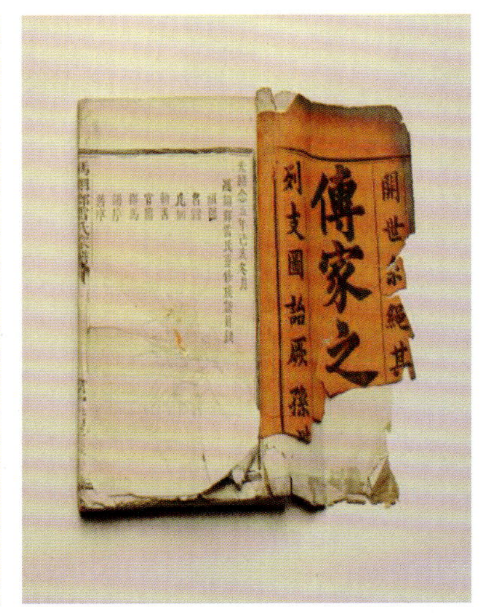

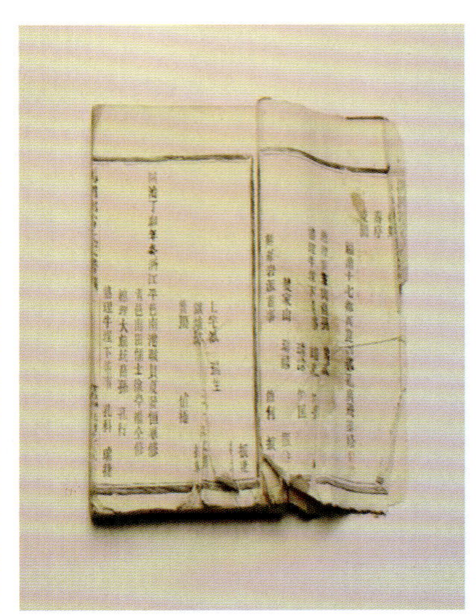

该宗谱为木刻水印宋体，宣纸线装。浅棕封面，正中隶书“宗谱”，外加黑色边框，分别印有“同治三十年小春月”“敬仿眉山苏公法式编修”“莒水从善堂梓辑”。内芯侧面书“冯翊郡雷氏宗谱 光绪己亥年修”。内容包括“祖图、名录、凡例、勅书、官爵、郡马、谱序、旧序、行第、寿序、支图”。

民国《上杭雷氏梓福公家谱》

年代：民国元年（1912）

质地：纸质物

尺寸：版框 25 厘米 ×18 厘米

现藏于客家族谱博物馆。

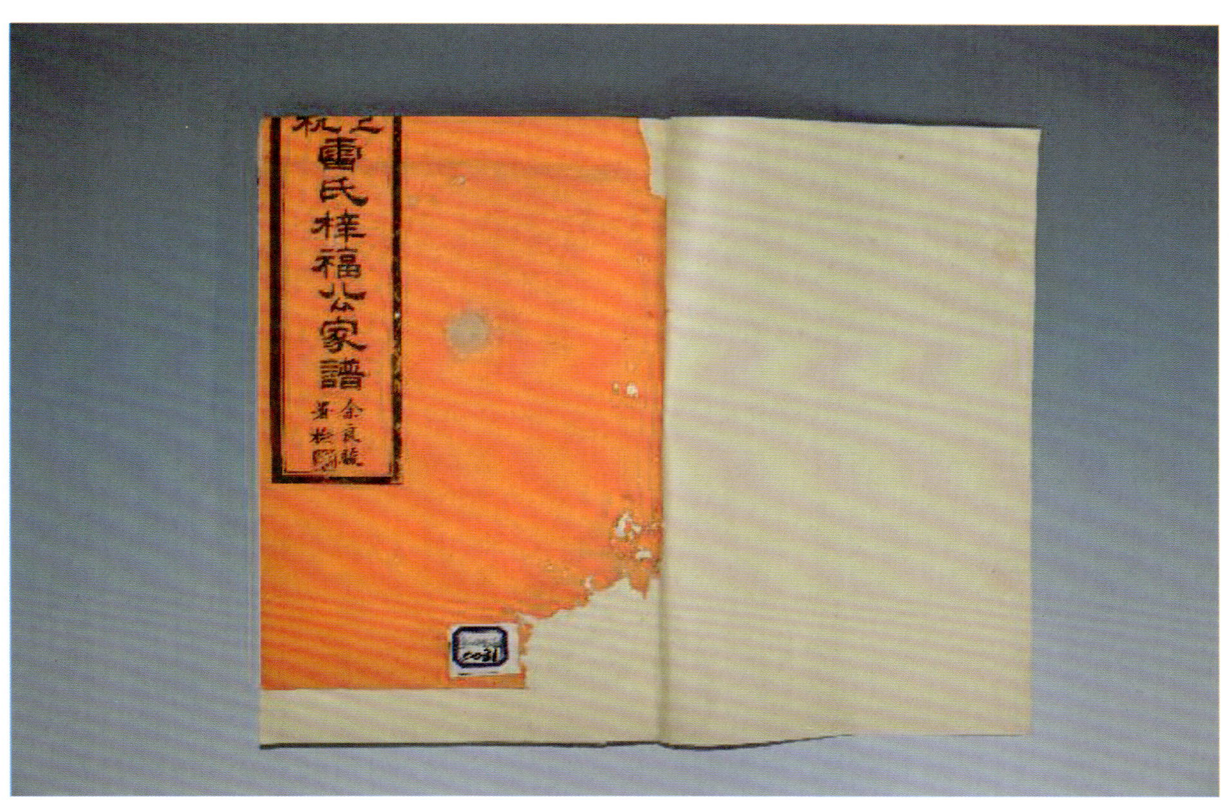

《上杭雷氏梓福公家谱》共七册，线装。民国时期雷熙春、雷希光续修。民国元年（1912）上杭刘文明刻本。四周双边、双鱼尾、黑鱼尾，书名据书衣题，有余良骏暑捡印章。

《上杭雷氏梓福公家谱》载，宋元间，迁杭雷氏共三支：雷梓福开基杭县治北六十里之香岭擬，雷千一开基来苏里，雷久征开基崇厦里。该家谱为雷梓福一脉家谱。雷梓福，号歛五，生于宋景炎二年（1277），卒于明洪武七年（1374），享寿九十有八，身历宋、元、明三朝共二十一代。该文物为客家族谱博物馆三级馆藏文物。

民国《闽杭庐丰蓝氏族谱》

年代：1944 年

质地：纸质物

尺寸：版框 22.5 厘米 ×16.5 厘米

现藏于客家族谱博物馆。

《闽杭庐丰蓝氏族谱》二卷，据民国三十三年（1944）种玉堂刻本复印，四周双边、双鱼尾、黑鱼尾，首次修谱为念七郎开基六世蓝仲。

《闽杭庐丰蓝氏族谱》载，宋理宗宝庆元年（1225）江南十五世吉甫，遭金人之乱，迁闽居福清五福乡，为蓝氏入闽始祖。吉甫生五子，长子万一郎于宋咸淳元年（1265）全家迁至宁化石壁立业。万一郎生三子，次子蓝和二郎携妻挈子迁至长汀下里坪岭水口。元至治三年（1323），和二郎长子大一郎，讳君厚，年 16 岁迁武平县大湘里大一图一开基。大一郎生七子。七男念七郎，初居长汀水口之白鹭树下，生子伯三郎，明洪武元年（1368）迁徙上杭扶阳，传至五世子荣公兄弟始迁庐丰，为蓝氏开基始祖。庐丰蓝氏奉念七郎为始祖，以念七郎为一世记代，共二十八世。《闽杭庐丰蓝氏族谱》奉蓝太一郎（宋）为始祖，蓝念七郎（元）为始迁祖。谱载主要内容有卷首为谱序、庐丰乡全图一、墓志、祠堂志；卷一至卷十七为各房世系；卷末之一为溯源志、前志、后志等；卷末之二：祠祀志等；卷末之三：选举志、科举志等；卷末之四：艺文志、序记等；卷末之五：迁移志等；卷末之六：族望志等；卷末之七：列女志等；卷末之八：杂录等。全谱线装 34 册，民国蓝映奎等修。该文物为客家族谱博物馆三级馆藏文物。

1939 年《雷氏宗谱》

年代：1939 年

质地：纸质物

尺寸：长 32 厘米，宽 20.5 厘米

现藏于福建博物院。

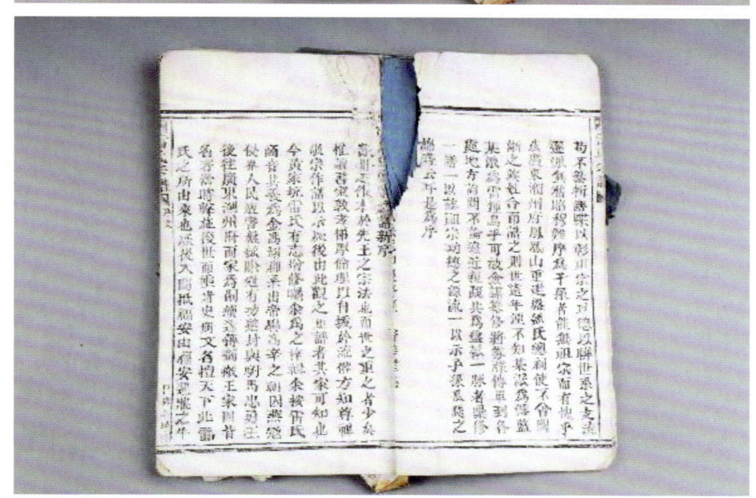

该宗谱为家刻印本，线装，民国二十八年（1939）增修本。蓝布封皮左上黑书“古井”；右上角蛀损，朽蚀严重；内页多处污迹，夹杂散页数张。分别由谱例铭志、字义、祠序、序文、祠、祠记、祠图、总纲目、历代总目派、水沟古井派、黄家坑派等组成。该文物为福建博物院三级馆藏文物。

民国《钟氏九修族谱》

年代：民国

质地：纸质物

尺寸：长 27.7 厘米，宽 20.5 厘米，厚 2.5 厘米

现藏于闽东畲族博物馆。

该族谱为宣纸线装，牛皮纸封面，内容为钟氏各派世系表。

民国《钟氏宗谱》

年代：民国

质地：纸质物

尺寸：长 21 厘米，宽 18 厘米

现藏于闽东畲族博物馆。

该宗谱为木刻水印宋体，宣纸线装。牛皮纸封面，无字。内芯侧面书“颍川钟氏宗谱 民国庚寅年修”，内容为钟氏各派世系表。

1958 年漳平山羊乡小芹菜村畲族兄弟赠龙岩汉剧团的族谱

年代：1958 年

质地：纸质物

现藏于福建博物院。

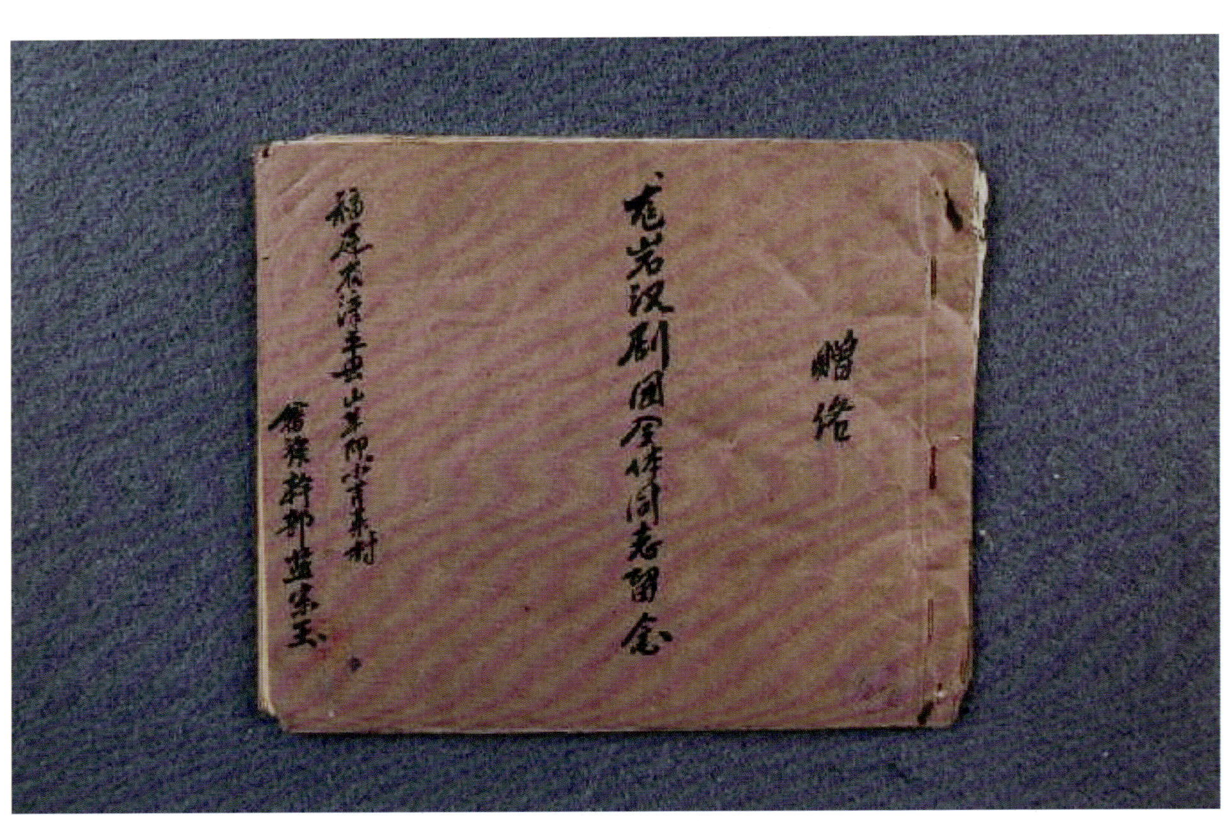

该族谱为毛边纸，封皮紫色油光纸装订而成，封面毛笔书写“赠给龙岩汉剧团全体同志留念　福建省漳平县山羊乡小芹菜村　畲族干部蓝宗玉”，加盖“蓝宗平印”章，第二页墨书“公元一九五八年十二月廿”。

清同治霞浦畲族钟茂桑租佃山契

年代：清

质地：纸质物

现藏于福建博物院。

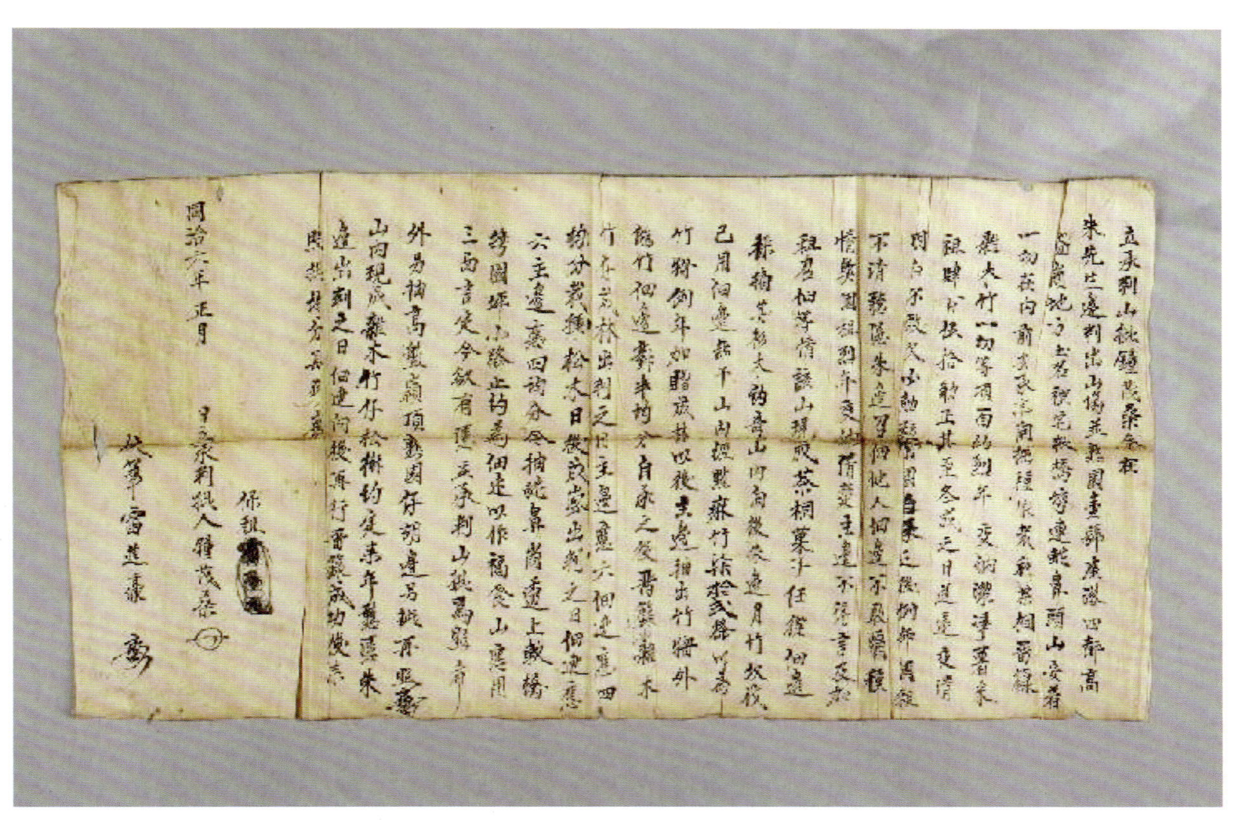

该契约为毛边纸毛笔行书，末租佃山畲族钟茂桑落款，日期为同治六年（1867）正月。历史上畲族人民长期以“刀耕火种”为主要生产方式，早期畲民开垦的是无主山地，明清以后随着山地多被汉族地主或宗族占有，畲民只好与山主签订“承让山契”，约定“种树还山，不交山租”，即租种一块山地，刀耕火种之后，在种植粮食的同时还套种杉、桐、茶等。数年后，地力不宜耕种时，以所育山林抵缴山租。该文物为福建博物院三级馆藏文物。

民国二十二年宁德畲族雷登树典田契

年代：民国二十二年（1933）

质地：纸质物

尺寸：长 10 厘米，宽 5 厘米

现藏于福建博物院。

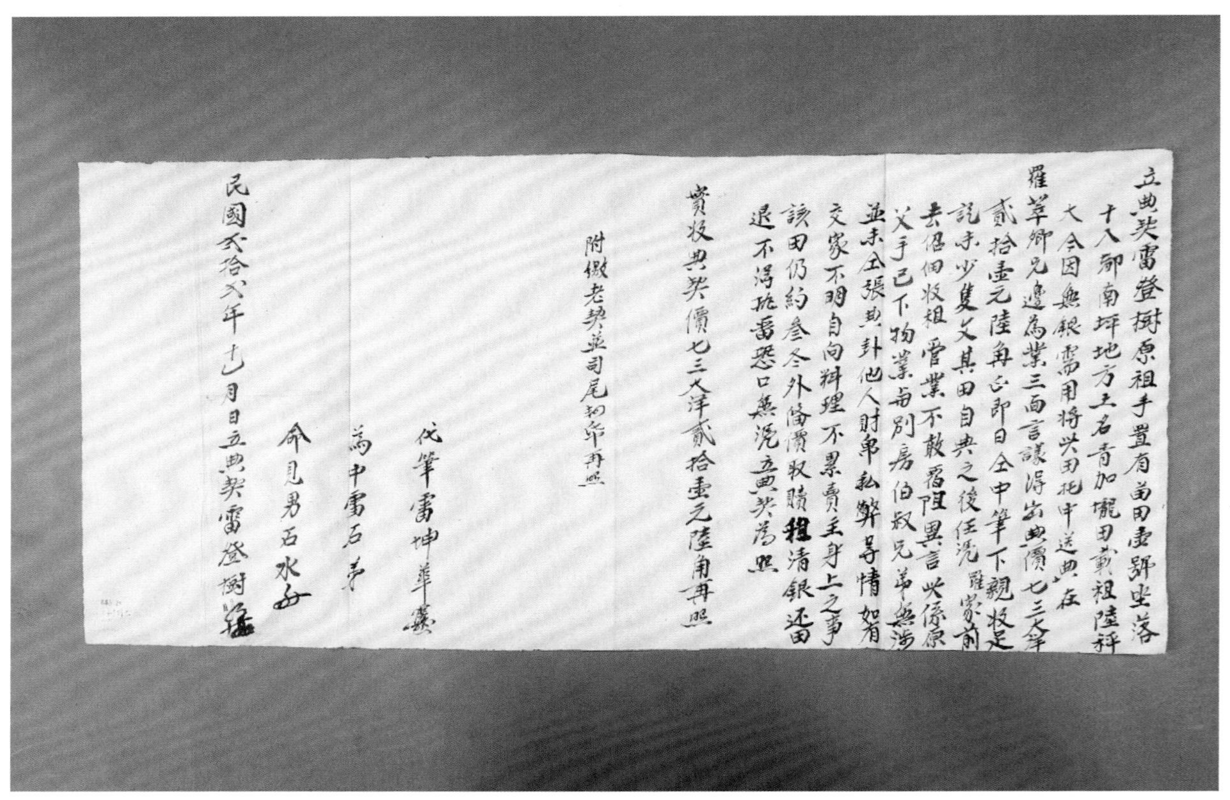

立典契雷登樹原祖手置有苗田壹號坐落
十八都南坪地方土名青加堀田載租陸秤
大今因無銀需用將此田托中送典在
羅笋鄉兄邊為業三面言議得出典價七三大洋
貳拾壹元陸角正即日仝中筆下親收足
訖未少隻文其田自典之後任憑羅家前
去佃收租管業不敢留阻異言此係原
父手己下物業與別房伯叔兄弟無涉
並未重張典卦他人財帛私繁等情如有
交家不明自向料理不累貴主身上之事
該田仍約叁冬外備價取贖程清銀還田
退不得抗留恐口無憑立典契為照
實收典契價七三大洋貳拾壹元陸角再照
附繳老契並司尾扣節再照
代筆雷坤華
為中雷石弟
命見男石水
民國弍拾弍年十一月日立典契雷登樹

近代以来，随着官僚、军阀、地主大量兼并土地，土地高度集中，畲民生活日益艰难，畲民佃户化更为普遍。

该契约为毛边纸毛笔书写，内容为宁德畲族雷登树典田契约，日期为民国二十二年（1933）十一月，为福建博物院三级馆藏文物。

民国二十七年宁德畲族蓝黄宝典山园契

年代：民国二十七年（1938）

质地：纸质物

尺寸：长 25.8 厘米，宽 53 厘米

现藏于福建博物院。

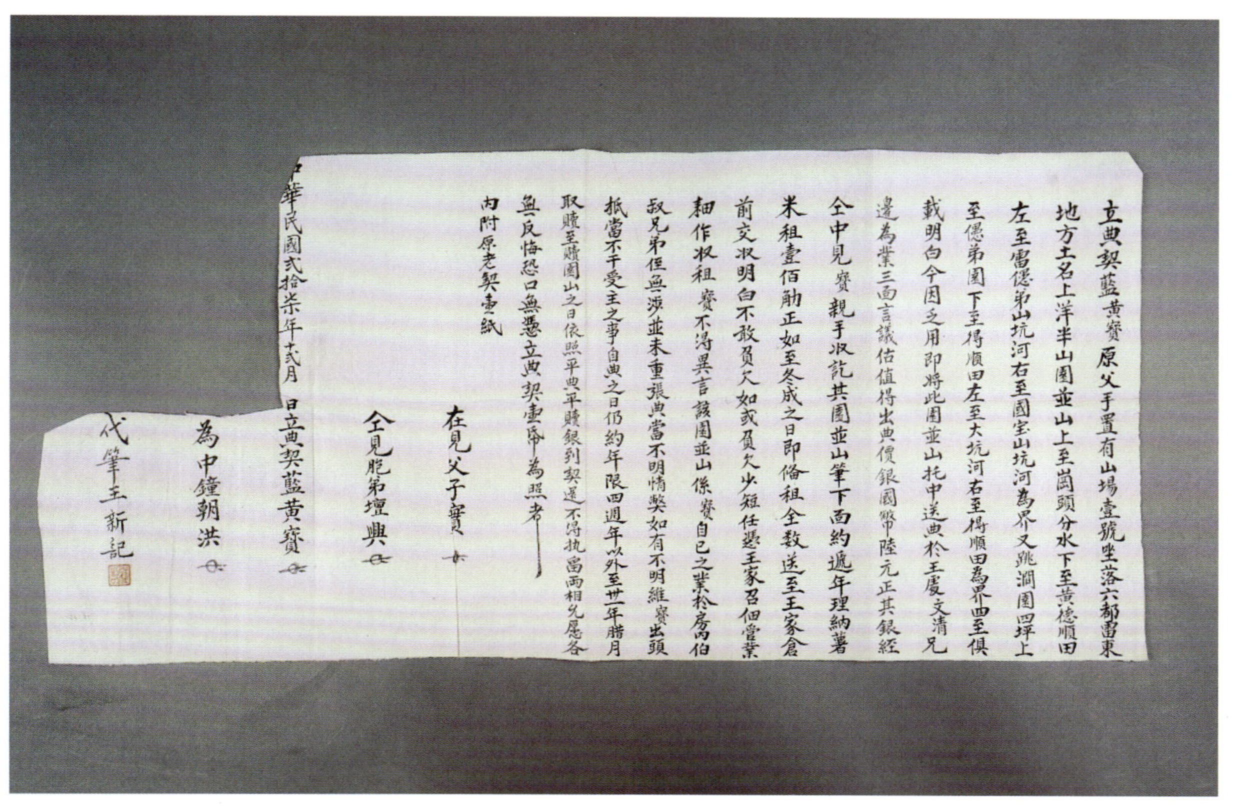

立典契藍黄賓原父手置有山場壹號坐落六都雷東
地方土名上洋半山園並山上至崗頭分水下至黄德順田
左至雷傑弟山坑河右至國宝山坑河為界又跳凋園四坪上
至傑弟園下至得順田左至大坑河右至得順田為界四至俱
載明白今因乏用即將此園並山托中送典於王慶文清兄
邊為業三面言議估值得出典價銀國幣陸元正其銀經
仝中見賓親手收訖其園並山筆下面約遞年理納薯
米租壹佰觔正如至冬成之日即備租全數送至王家倉
前交收明白不敢負欠如或負欠少短任憑王家召佃當業
耕作收租賓不得異言該園並山係賓自己之業於房内伯
叔兄弟侄無涉並未重張典當不明情弊如有不明維賓出頭
抵當不干受主之事自典之日仍約年限四週年以外至卅一年臘月
取贖至贖園山之日依照平典平贖銀到契還不得執留兩相允愿各
無反悔恐口無憑立典契壹紙為照者
内附原老契壹紙

中華民國弍拾柒年十弍月　日立典契藍黄賓

在見父子寶

仝見胞弟壇興

為中鐘朝洪

代筆王新記

该契约为毛边纸毛笔书写，内容为宁德畲族蓝黄宝典山园契约，日期为民国二十七年十二月，为福建博物院三级馆藏文物。

民国霞浦钟兴盛纳粮执照

年代：民国（1916—1931）

质地：纸质物

尺寸：长 22.1 厘米，宽 11 厘米

现藏于福建博物院。

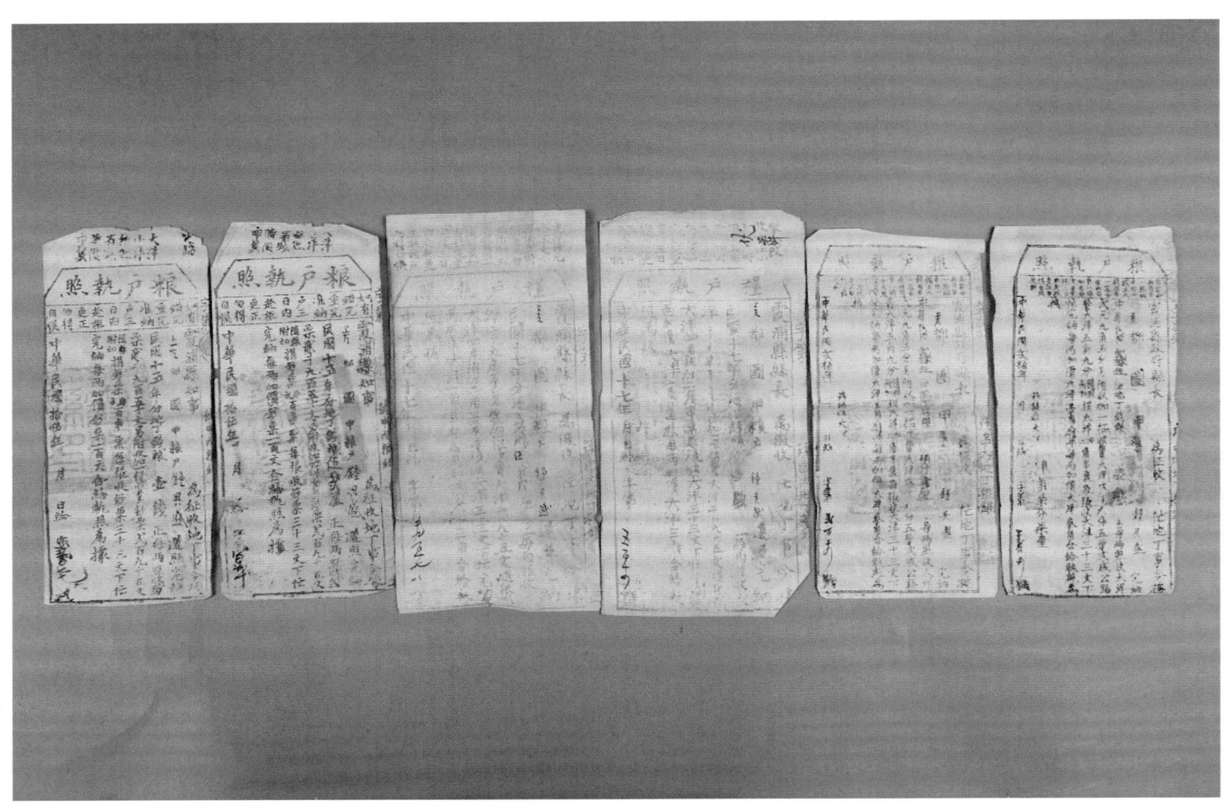

该文物为毛边纸油印“粮户执照”，右边缝有编号，毛笔填写姓名、日期等项，执照盖有多枚公章和私章，为福建博物院三级馆藏文物。

民国九年霞浦县政府发给钟兴盛的屯田收单

年代：民国九年（1920）

质地：纸质物

尺寸：长 24 厘米，宽 16.1 厘米

现藏于福建博物院。

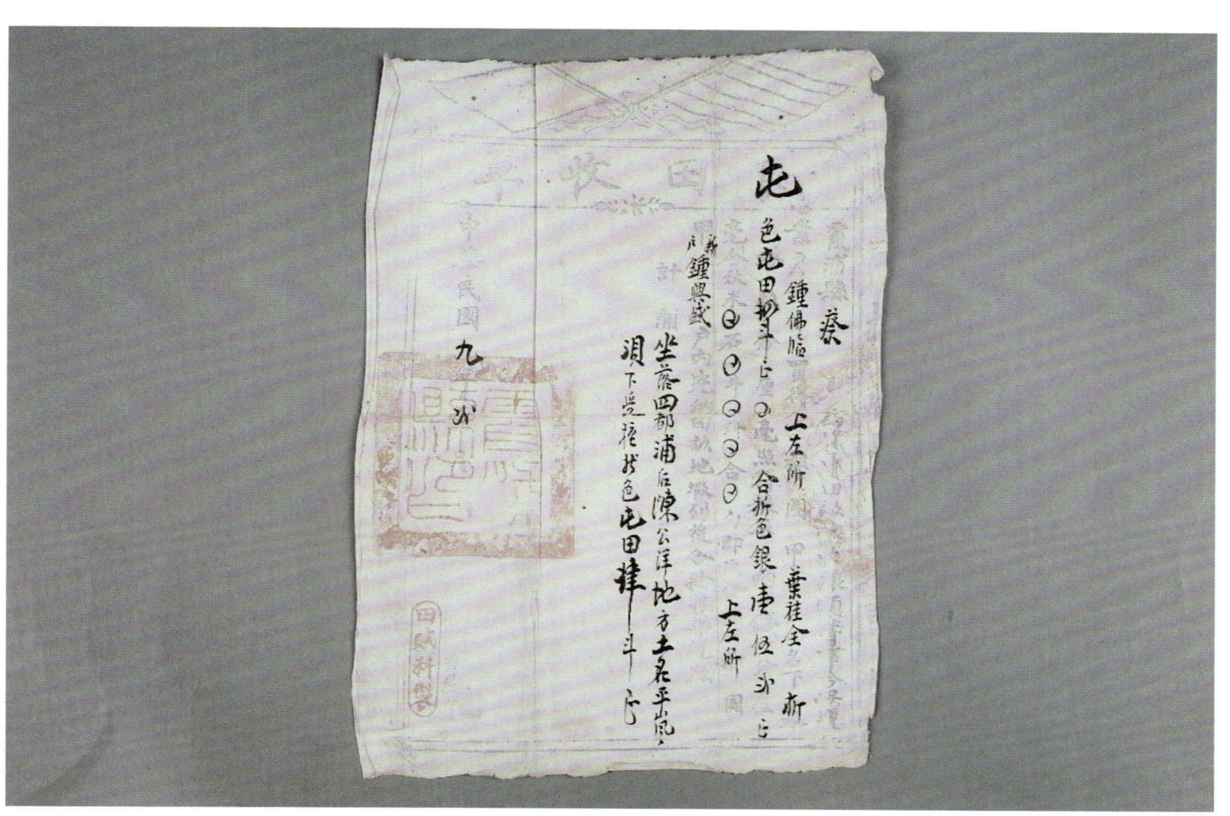

该文物为毛边纸蓝色油印“民田收单”，其中“民”字墨改“屯”，毛笔填写姓名、地点、日期等，加盖“霞浦县印”两方章，为福建博物院三级馆藏文物。

民国霞浦钟兴盛完纳田赋执照

年代：民国（1935—1940）

质地：纸质物

尺寸：长 18.4 厘米，宽 10 厘米

现藏于福建博物院。

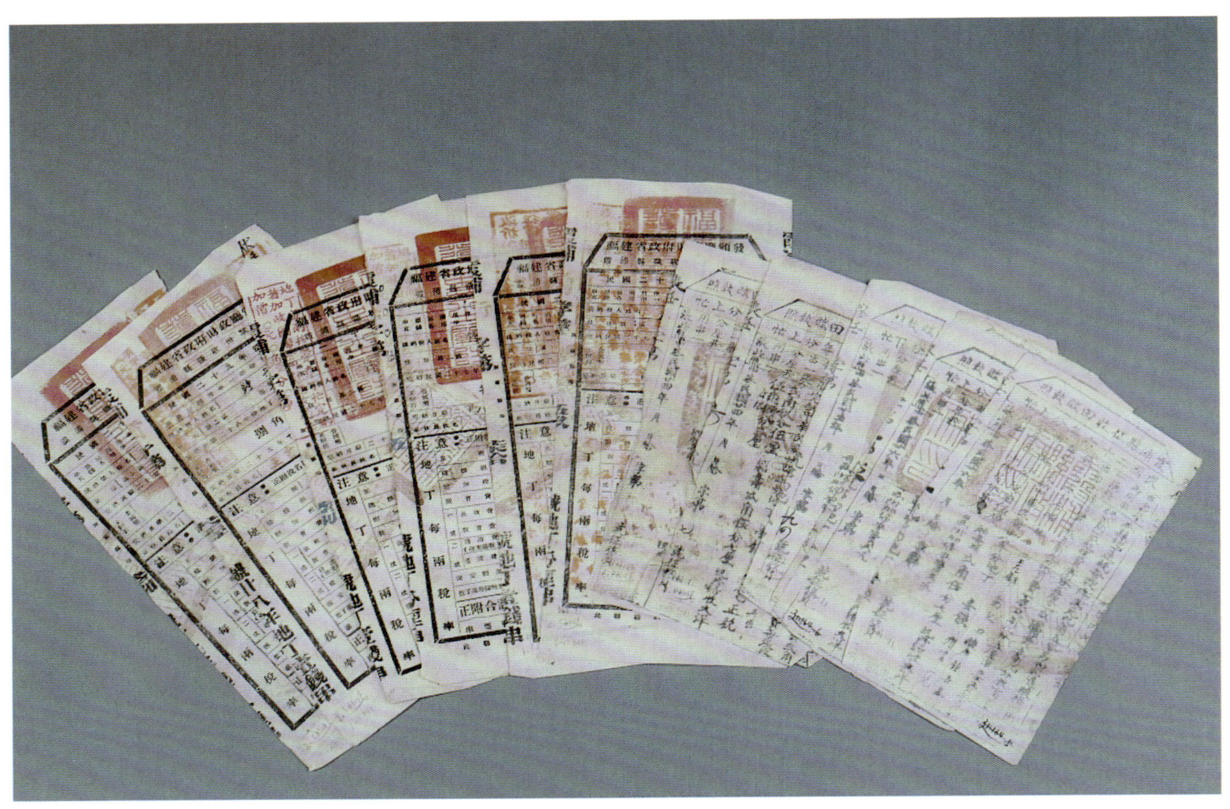

毛边纸油印“霞浦县征收田赋执照”六张，毛笔填写，加盖“霞浦县印”两方章；毛边纸油印“福建省政府财政厅颁发霞浦县征收田赋执照”六张，毛笔填写，加盖三枚公章。该文物为福建博物院三级馆藏文物。

民国十八年霞浦钟伏彝完纳田赋总单

年代：民国十八年（1929）

质地：纸质物

尺寸：长 10.1 厘米，宽 6.4 厘米

现藏于福建博物院。

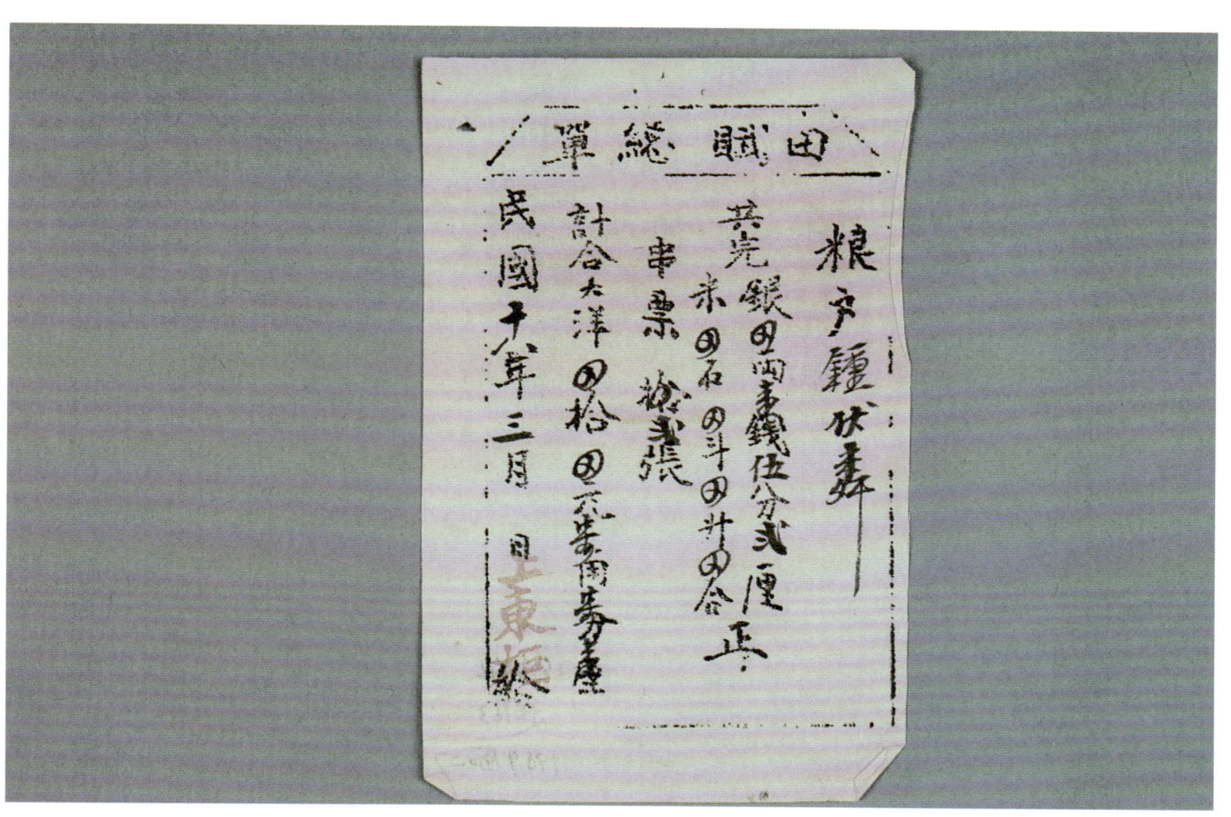

田賦總單

粮户鍾伏彝

共完銀　两　錢伍分弍厘

米　石　斗　升　合正

串票拾弍張

計合大洋　拾

民國十八年三月　日

上東柜

毛边纸油印“田赋总单”，毛笔填写姓名，完纳田赋金额、日期等项，末落款处加盖红色“上东柜”章。该文物为福建博物院三级馆藏文物。

民国霞浦钟廷梅完纳田赋收据

年代：民国（1943—1946）

质地：纸质物

尺寸：长 26.4 厘米，宽 15 厘米

现藏于福建博物院。

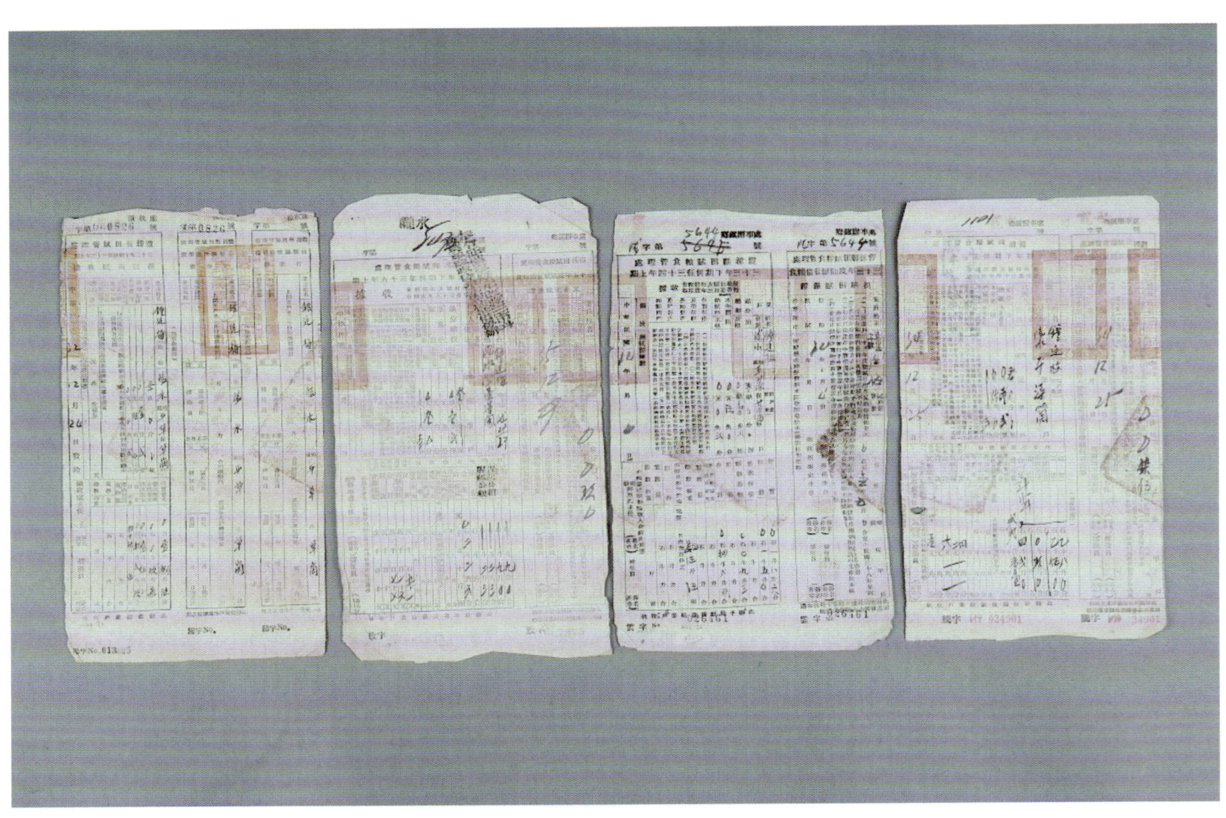

毛边纸“霞浦县田赋粮食管理处收据”，一页两联或一页三联，毛笔填写，各盖有五枚方章。该文物为福建博物院三级馆藏文物。

民国断契单

年代：民国四年（1915）

质地：纸质物

尺寸：长 34 厘米，宽 30 厘米

现藏于闽东畲族博物馆。

斷契單

福建國稅廳籌備處

中華民國四年一月

該文物为民国四年（1915）畲民雷云娥之断契单，福建国税厅筹备处印制。内容如下："福建国税厅筹备处。给发契单事案奉。财政部电行划一契纸章程内开。本章程施行以前成立之不动产、旧契，无论已税契、未税契，均应一律限期呈验。逾限不呈验者，于诉讼时不能作为凭据，一并函知司法机关办理，以为匿验者戒等。因奉此当经拟定分别征收方法。已税之旧契，每张收纸价一元。未税之旧契，每产价百元，收纸价一元。其光复后新契已税者，不收纸价。酌定正限三个月，余限两个月。逾期呈验者，分别加征严罚。经已电奉。财政部核准照办并通饬遵照在案。今据霞浦县业户雷云娥于光绪十九年十二月　日受买钟佛珠田七斗，坐落霞浦县四十六七都半路里，地方东至，南至，西至，北至，坐向，横丈尺，直　丈尺中。证雷洪达原价银壹拾贰两申银元。原契已税，遵章依限呈验，应纳纸价贰元，业已如数收讫。合填契单粘连原契印给收执管业须至契单者。右给业户雷云娥，准此　中华民国四年一月　日给　验字第四万三千四百五十七号。"

1932 年蓝德三的中华苏区革命互济会会员证

年代：1932 年

质地：纸质物

现藏于上杭县博物馆。

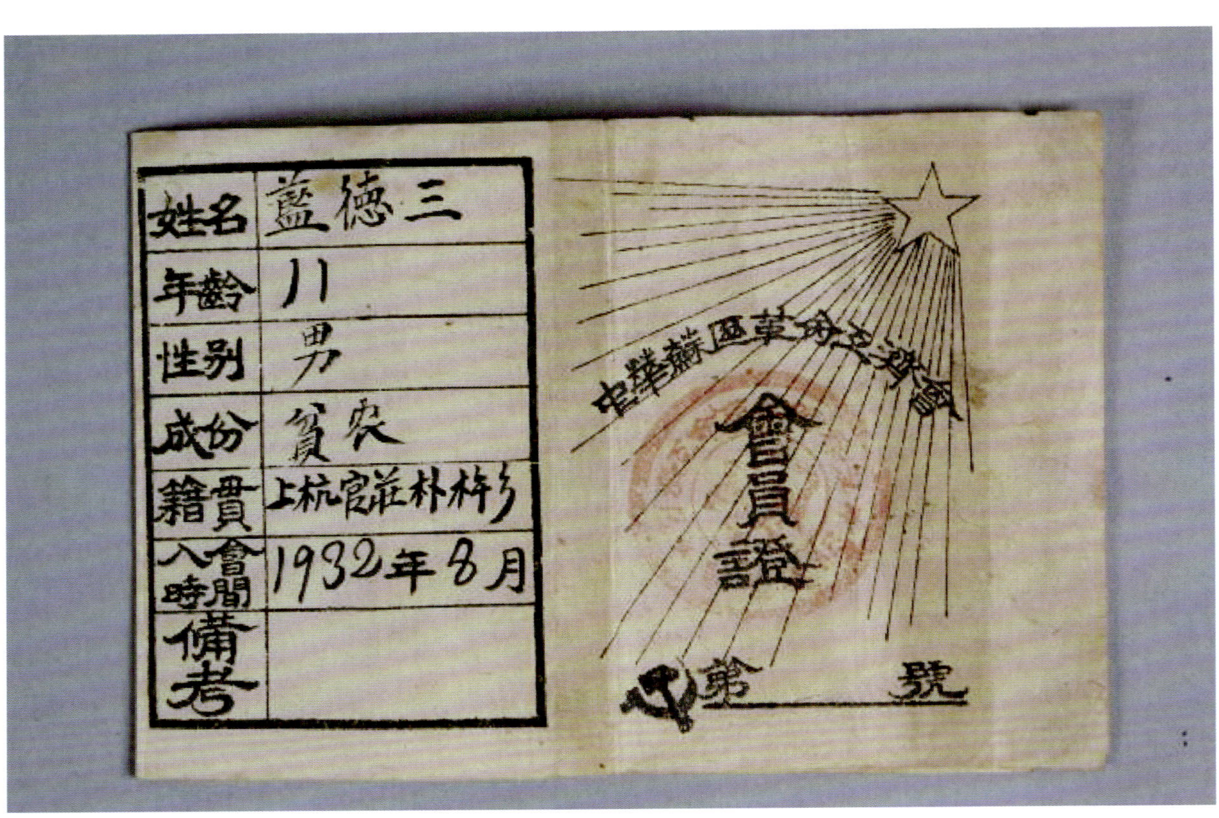

该文物见证了苏区人民对中国共产党的深厚情感，弘扬了革命互济精神，对研究革命历史具有一定价值。

畲族群众是较早参加新民主主义革命的少数民族之一。20 世纪 20 年代后，中国共产党在畲族聚居地活动，发展畲族党员，建立了党支部，开展土地革命。

1929—1935 年，红四军在上杭县畲族聚居地的庐丰、官庄、才溪等乡村共建立了 35 个党支部，发展畲族党员 350 多人。该文物为上杭县博物馆三级馆藏文物。

1928 年 2 月上杭东一区庐丰九堡平民学校开幕纪念合影照片

年代：1928 年

质地：纸质物

现藏于上杭县博物馆。

1927 年七八月间，中共上杭支部书记蓝维仁、蓝为龙等人在庐丰畲族聚居地创办平民学校，宣传革命思想。

该文物见证了上杭东一区庐丰九堡平民学校开幕的历史，是珍贵的影像史料，具有一定的历史和艺术价值。该文物为上杭县博物馆三级馆藏文物。

民国罗源畲族雷良沉布良民证

年代：民国

质地：纸质物

现藏于福建博物院。

此证为长方形白色细棉布，毛边。墨印表格内墨书填写内容，横排从右至左书写“罗源第四区良民证”，右竖写“第一六保第四甲第七户”，左竖写“民国二十四年三月　日给”，中间表格填写姓名雷良沉，年龄32，性别男，职业、住址栏空白。表格上方盖红色方形大印。下行格内保长黄达凤、雷梅火，甲长雷世叙。所有名字旁皆盖红印私章，印文模糊。表格下方横排从右至左书“此证不得转给他人”。背无文。

民国选举权证

年代：民国

质地：纸质物

尺寸：长 8 厘米，宽 6 厘米

现藏于闽东畲族博物馆。

此为霞浦县溪南镇芹洋保半月里的畲民雷国兴和雷钟氏参加 1947 年国民大会代表选举时登记的选举权证。证件上详细记录了选举人的姓名、性别、籍贯、岁数、出生年月、职业、住址等情况。1947 年国民大会代表选举，为中华民国建立以后首次举行的国会议员直接选举。

中华民国国民身份证

年代：民国

质地：纸质物

尺寸：长 10 厘米，宽 8 厘米

现藏于闽东畲族博物馆。

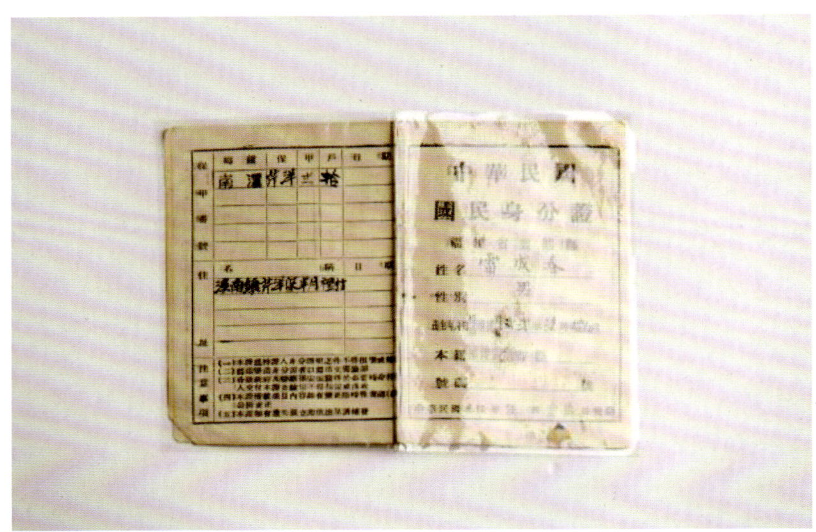

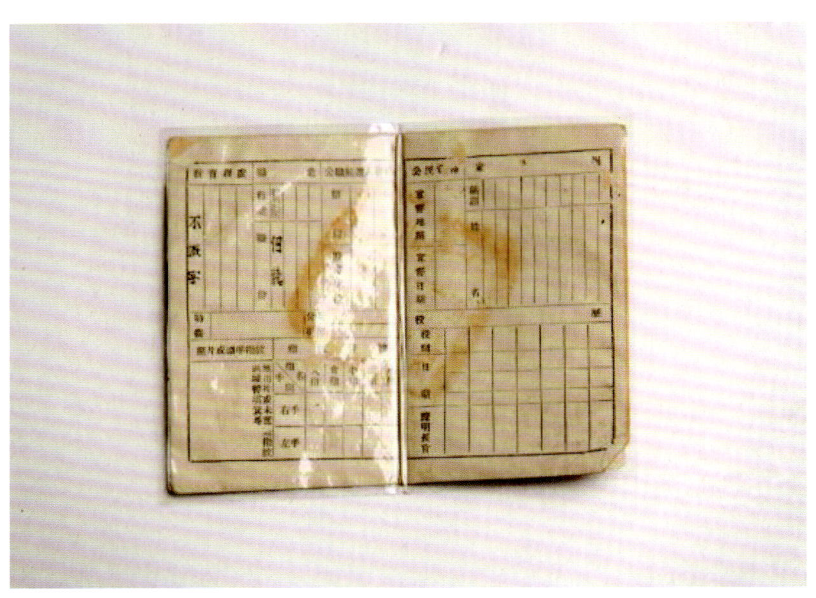

民国时期霞浦县溪南镇芦洋保半月里畲民雷成春的国民身份证，折页，中华民国三十六年（1947）五月三十日发给。

民国《通应灵坛》科书

年代：民国

质地：纸质物

尺寸：长 24 厘米，宽 13 厘米

现藏于闽东畲族博物馆。

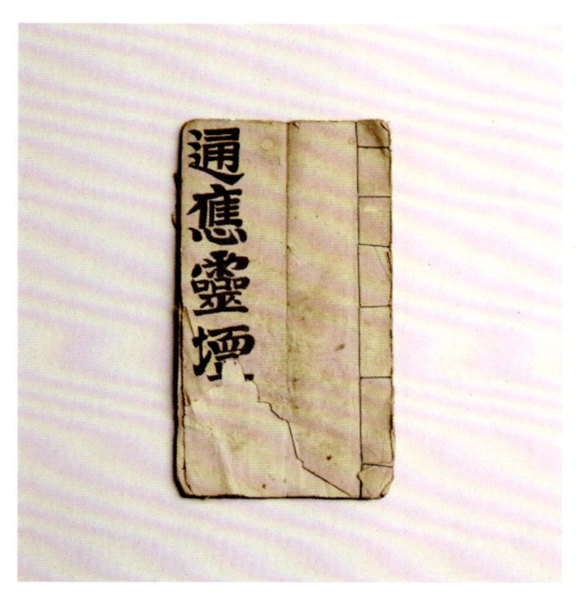

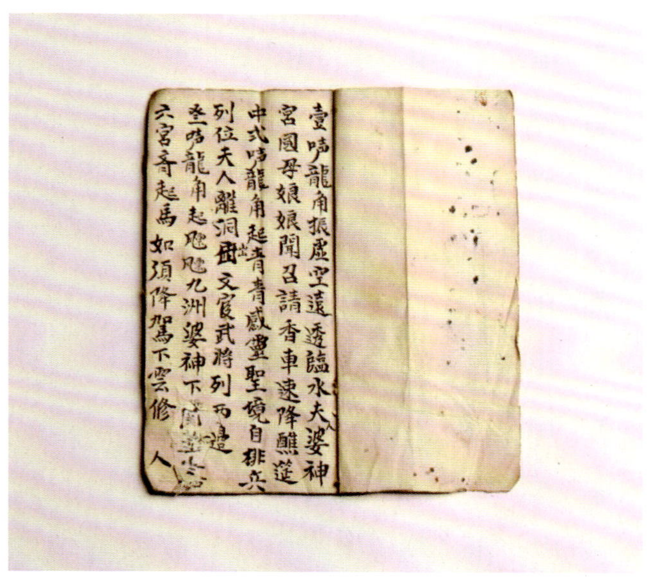

毛边纸线装、墨书。纸微黄，封面左侧墨书“通应灵坛”，左下有缺损。为做醮请神的科书。

民国道教三清像

年代：民国

质地：纸质物

尺寸：长 39 厘米，宽 27 厘米

现藏于闽东畲族博物馆。

该文物一套 3 件，是畲族民众在从事宗教活动时所挂。三清是中国道教最高神，分别是太清道德天尊、玉清元始天尊和上清灵宝天尊。由于传说畲族祖先曾到闾山、茅山学法，故畲民亦十分信奉道教的神祇。

民国十殿图

年代：民国

质地：纸质物

尺寸：长 124 厘米，宽 50 厘米

现藏于闽东畲族博物馆。

十殿图是古代宗教礼法中作为教人从善的工具，不论是道教还是佛教，都用人生轮回、因果报应来希望人们从善。畲族在做法事、功德时悬挂。十殿即十殿阎罗，掌管阴间的十个神，各自有不同的分工。

该文物一套 10 件，分别绘秦广王、楚江王、宋帝王、杵官王、阎罗王、卞城王、泰山王、都市王、平等王、转轮王。

八、服装、织绣物

清康熙织锦奉天诰命

年代：清

质地：布

尺寸：通长 124 厘米，通宽 30.6 厘米

现藏于福建博物院。

征集于福建省文史馆王澧。

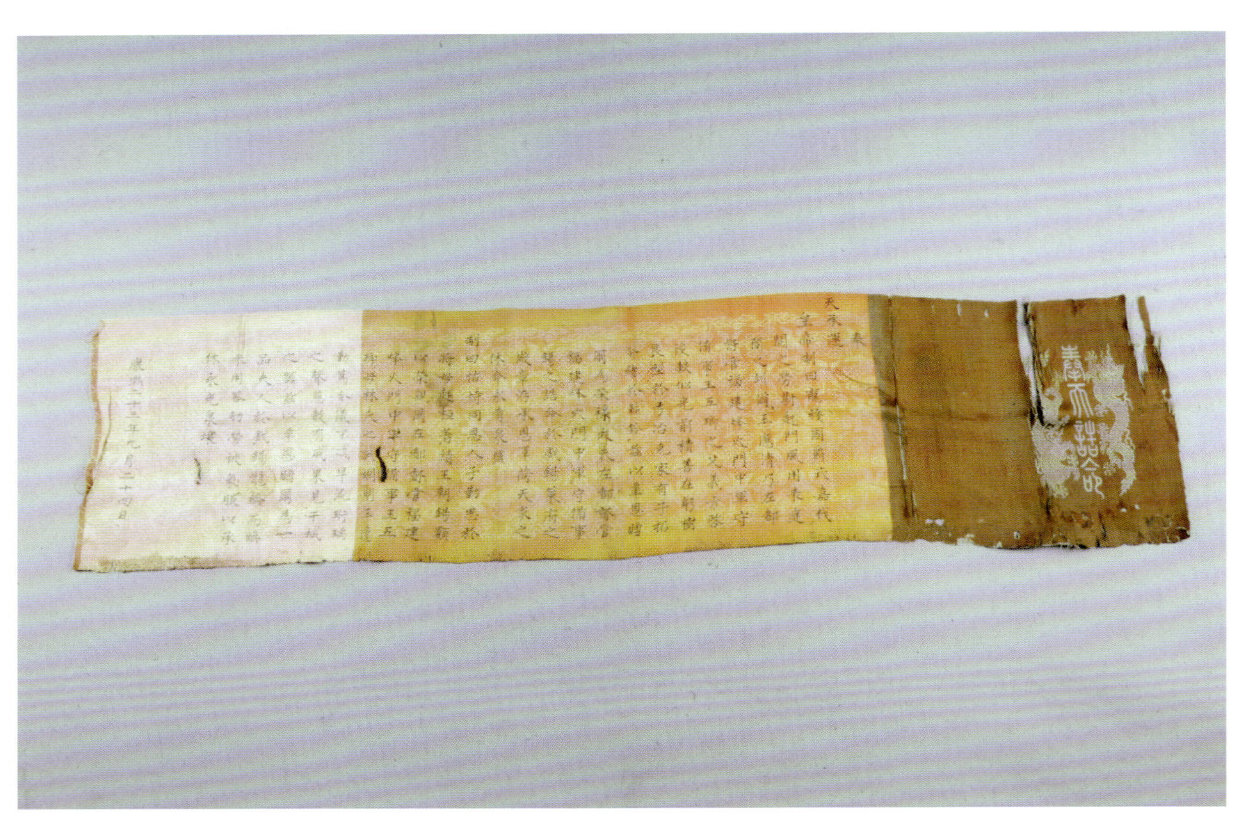

该文物为云纹、飞鹤图案的织锦长条横幅，依次有褐色、橘红、橙黄、浅黄、四种不同颜色块组成，首部褐色上织首尾相对的双龙纹与“奉天诰命”。汉文墨书，共 27 行，落款“康熙二十三年九月二十四日”（1684），内容是康熙皇帝因左都督管福建烽火门中军守备事王五琅有功，赐其父王应清赠荣禄大夫左都督管福建烽火门中军守备事，母林氏为一品夫人的圣旨。该文物的主要材质是宫廷专门用于发布圣旨之用的织锦，汉文内容完整，是反映康熙朝颁发圣旨制度的珍贵实物，为福建博物院三级馆藏文物。

清同治五年赐封李奇川叔父母为奉直大夫、宜人的圣旨

年代：清

质地：绸、麻

现藏于邵武市博物馆。

该圣旨为清同治五年（1866）颁布，绸麻质地，托裱。带卷轴，展开后呈长条形，两侧织绣见双龙纹。采用黑、红、绿三色，满、汉二种文字书写，满文书于左，汉文书于右，中部见满、汉文字红印款识，汉字全文共计 349 个字。纵向楷书，字迹工整。圣旨在福建一带为数不多，该文物增加了清朝圣旨实物研究资料，为研究清朝圣旨文书规范和地方文史提供实物例证，为邵武市博物馆三级馆藏文物。

清同治霞浦畲族绸敕书

年代：清

质地：绸

尺寸：长 221 厘米，宽 106 厘米

现藏于福建博物院。

征集于宁德市霞浦县雷马斌。

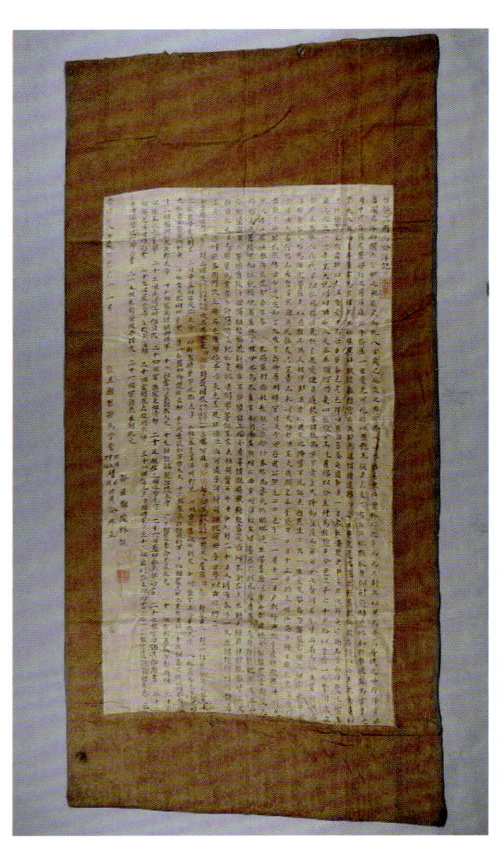

该文物白绸布墨书楷体，外框褐色锦装裱，背面中托褐色绫蓝色边。共 24 行，行满格 55 字，题为《盘瓠王开山公传记》，钤盖朱文引首章。内容述及始祖盘瓠王的生平来历及三子赐姓雷、兰、盘经过和累世先祖所获功名的情况记录，并敕大清州县名阁门设立碑石，凡系盘瓠王子孙永免差役征徭。文为“翰臣郑俊林识”，钤盖郑俊白文与朱文方章。落款“清同治八年岁次己巳十二月　瀫旦继世孙雷　齐玉　世明　世福　积明　积辉世广同修立”。该文物为福建博物院三级馆藏文物。

清八旗正红盔

年代：清

质地：铜

尺寸：通长 25 厘米，通宽 20 厘米，高 57 厘米

现藏于福建博物院。

故宫博物院拨交。

清八旗兵正红旗帽盔。盔薄胎金属上刷腻粉后漆黑色，椭圆形口，直壁，高弧顶上接铜质小平顶，顶上节形小铜管内插红穗缨与扁葫芦形铜矛，前檐口及前后外壁嵌铜饰。帽盔体漆黑色，铜饰件漆金色。盔体下方以铜泡钉固定帽檐，帽檐左右耳分上下两层，下层长于上层，下摆弧形、后片呈如意形，均用红色丝绸面料制作，橘红色细条锦带压条边饰，面子内铺棉花，面上钉满圆形泡铜钉，里为蓝色棉布。左右两片下层开口钉三枚铜纽扣可扣合，后钉条带可牵拉。盔内安红缨顶棉套帽，内钉系带。配一块蓝色棉布作包袱皮。

清八旗正红甲

年代：清

质地：绸

尺寸：衣长 77 厘米，胸围 68 厘米，下摆宽 77 厘米，肩宽 42 厘米

现藏于福建博物院。

故宫博物院拨交。

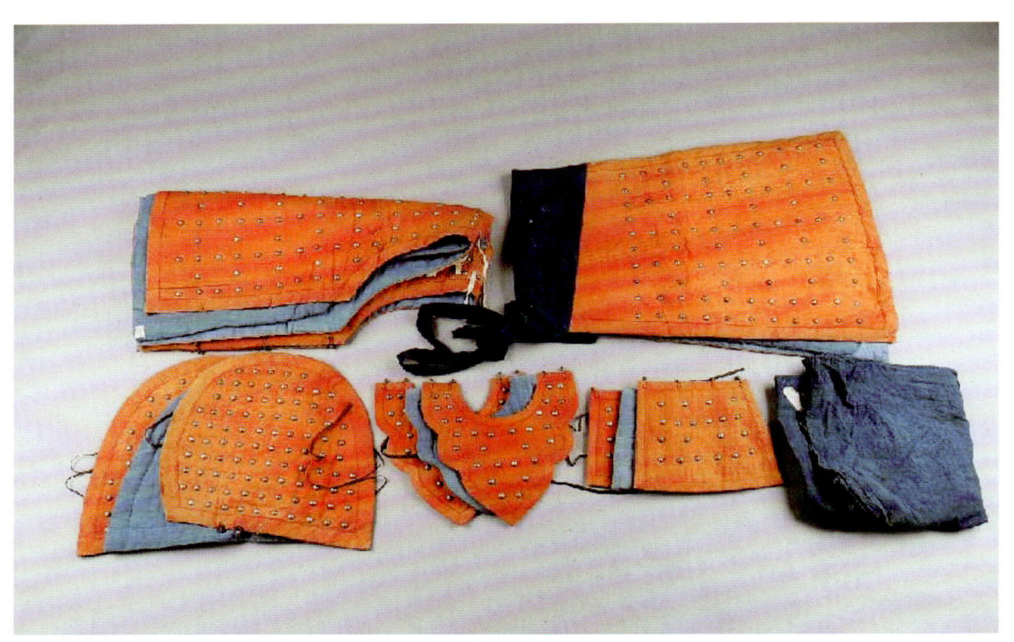

清八旗兵正红旗甲装，由上衣与裤子组成，用橘红色丝绸面料制作，橘红色细条锦带边饰，面子内铺棉花，面上钉满圆形泡铜钉，里为蓝色棉布。上衣呈马甲式，圆领，前片正中开片，钉五枚铜纽扣，前后片分开，腋下钉三枚铜纽扣可扣合，上衣配两片半椭圆形肩袖片，一片梯形前肚片压住前开叉，一片小方片压住左开叉，配如意形领围二片，有铜扣及条带连接，各片与马甲间均有铜纽扣或搭绊联为一体。裤子如裙装，下分左右两片，裙头接蓝色棉布长腰带可以系扎，每片中间部位钉两条带，可以圈扎于腿部即成裤装。一套甲装配一块蓝色棉布作包袱皮，另配五块蓝色棉片作为折叠时保护铜钉的间隔。该文物为福建博物院三级馆藏文物。

清八旗镶红盔

年代：清

质地：铜

尺寸：通长 24.5 厘米，通宽 21 厘米，高 14 厘米

现藏于福建博物院。

故宫博物院拨交。

清八旗兵镶红旗帽盔。盔薄胎金属上刷腻粉后漆黑色，椭圆形口，直壁，高弧顶上接铜质小平顶，前檐口及前后外壁嵌铜饰。帽盔体漆黑色，铜饰件漆金色。盔体下方以铜泡钉固定帽檐，帽檐左右耳分上下两层，下层长于上层，下摆弧形、后片呈如意形，均用白色边镶橘红色丝绸面料制作，橘红色细条锦带压条边饰，面子内铺棉花，面上钉满圆形泡铜钉，里为蓝色棉布。左右两片下层开口钉三枚铜纽扣可扣合，后钉条带可牵拉。盔内安红缨顶棉套帽，内钉系带。配一块蓝色棉布作包袱皮。该文物为福建博物院三级馆藏文物。

清八旗镶红甲

年代：清

质地：绸

尺寸：衣长 75 厘米，胸围 67.5 厘米，下摆宽 77 厘米，肩宽 41 厘米

现藏于福建博物院。

故宫博物院拨交。

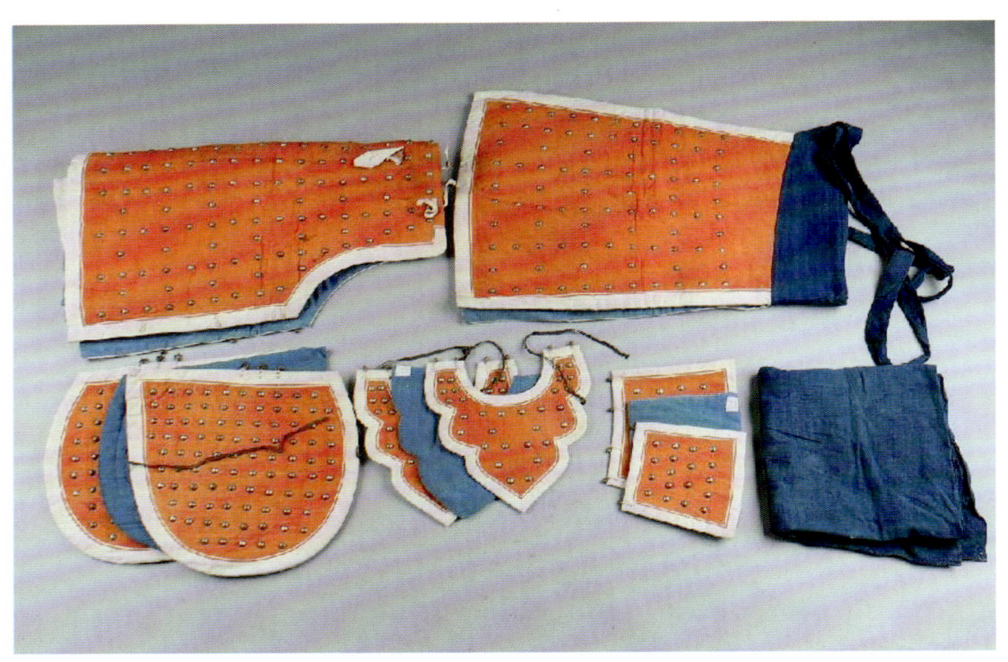

清八旗兵镶红旗甲装，由上衣与裤子组成，用白边镶橘红色丝绸面料制作，橘红色细条锦带压白边，面子内铺棉花，面上钉满圆形泡铜钉，里为蓝色棉布。上衣呈马甲式，圆领，前片正中开片，钉五枚铜纽扣，前后片分开，腋下钉三枚铜纽扣可扣合，上衣配两片半椭圆形肩袖片，一片梯形前肚片压住前开叉，一片小方片压住左开叉，配如意形领围二片，有铜扣及条带连接，各片与马甲间均有铜纽扣或搭绊联为一体。裤子如裙装，下分左右两片，裙头接蓝色棉布长腰带可以系扎，每片中间部位钉两条带，可以圈扎于腿部即成裤装。一套甲装配一块蓝色棉布作包袱皮，另配五块蓝色棉片作为折叠时保护铜钉的间隔。该文物为福建博物院三级馆藏文物。

清八旗正白盔

年代：清

质地：铜

尺寸：通长 24.5 厘米，通宽 21 厘米，高 29 厘米

现藏于福建博物院。

故宫博物院拨交。

清八旗兵正白旗帽盔。盔薄胎金属上刷腻粉后漆黑色，椭圆形口，直壁，高弧顶上接铜质小平顶，顶上节形小铜管，前檐口及前后外壁嵌铜饰。帽盔体漆黑色，铜饰件漆金色。盔体下方以铜泡钉固定帽檐，帽檐左右耳分上下两层，下层长于上层，下摆弧形、后片呈如意形，均用白色丝绸面料制作，白色细条锦带压条边饰，面子内铺棉花，面上钉满圆形泡铜钉，里为蓝色棉布。左右两片下层开口钉三枚铜纽扣可扣合，后钉条带可牵拉。盔内安红缨顶棉套帽，内钉系带。配一块蓝色棉布作包袱皮。该文物为福建博物院三级馆藏文物。

清八旗正白甲

名称：清八旗正白甲

年代：清

质地：绸

尺寸：衣长 75 厘米，胸围 68 厘米，下摆宽 75 厘米，肩宽 43 厘米

现藏于福建博物院。

故宫博物院拨交。

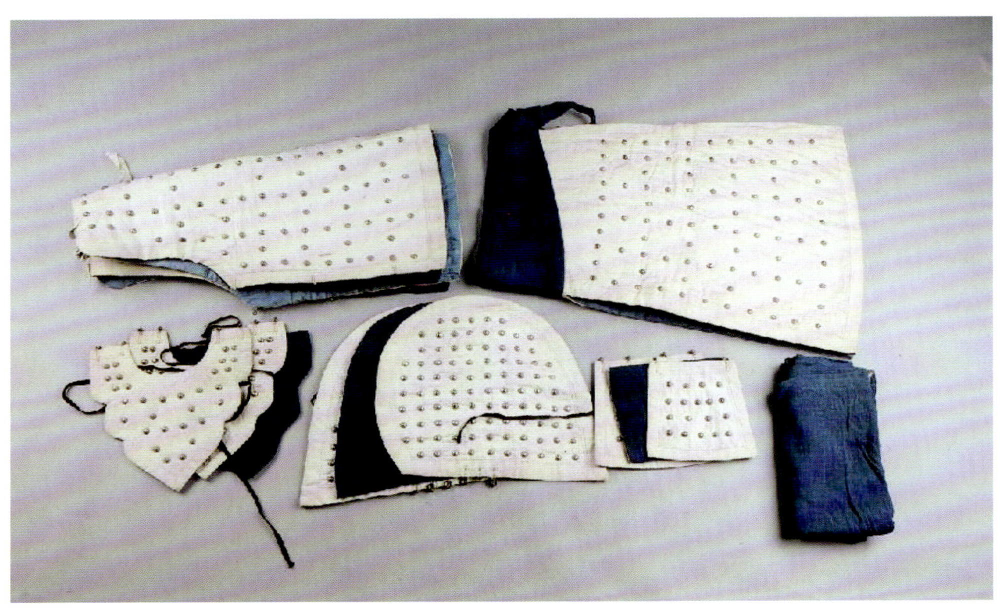

清八旗兵正白旗甲装，由上衣与裤子组成，用白色边镶黄色丝绸面料制作，白色细条锦带压条边饰，面子内铺棉花，面上钉满圆形泡铜钉，里为蓝色棉布。上衣呈马甲式，圆领，前片正中开片，钉五枚铜纽扣，前后片分开，腋下钉三枚铜纽扣可扣合，上衣配两片半椭圆形肩袖片，一片梯形前肚片压住前开叉，一片小方片压住左开叉，配如意形领围二片，有铜扣及条带连接，各片与马甲间均有铜纽扣或搭绊联为一体。裤子如裙装，下分左右两片，裙头接蓝色棉布长腰带可以系扎，每片中间部位钉两条带，可以圈扎于腿部即成裤装。一套甲装配一块蓝色棉布作包袱皮，另配五块蓝色棉片作为折叠时保护铜钉的间隔。该文物为福建博物院三级馆藏文物。

清八旗镶白盔

年代：清

质地：铜

尺寸：通长 25 厘米，通宽 19.5 厘米，高 29.5 厘米

现藏于福建博物院。

故宫博物院拨交。

清八旗兵镶白旗帽盔。盔薄胎金属上刷腻粉后漆黑色，椭圆形口，直壁，高弧顶上接铜质小平顶，顶上节形小铜管，前檐口及前后外壁嵌铜饰。帽盔体漆黑色，铜饰件漆金色。盔体下方以铜泡钉固定帽檐，帽檐左右耳分上下两层，下层长于上层，下摆弧形、后片呈如意形，均用橘红色边镶白色丝绸面料制作，橘红色细条锦带压条边饰，面子内铺棉花，面上钉满圆形泡铜钉，里为蓝色棉布。左右两片下层开口钉三枚铜纽扣可扣合，后钉条带可牵拉。盔内安红缨顶棉套帽，内钉系带。配一块蓝色棉布作包袱皮。该文物为福建博物院三级馆藏文物。

清八旗镶白甲

年代：清

质地：绸

尺寸：衣长 76 厘米，胸围 69 厘米，下摆宽 75 厘米，肩宽 41 厘米

现藏于福建博物院。

故宫博物院拨交。

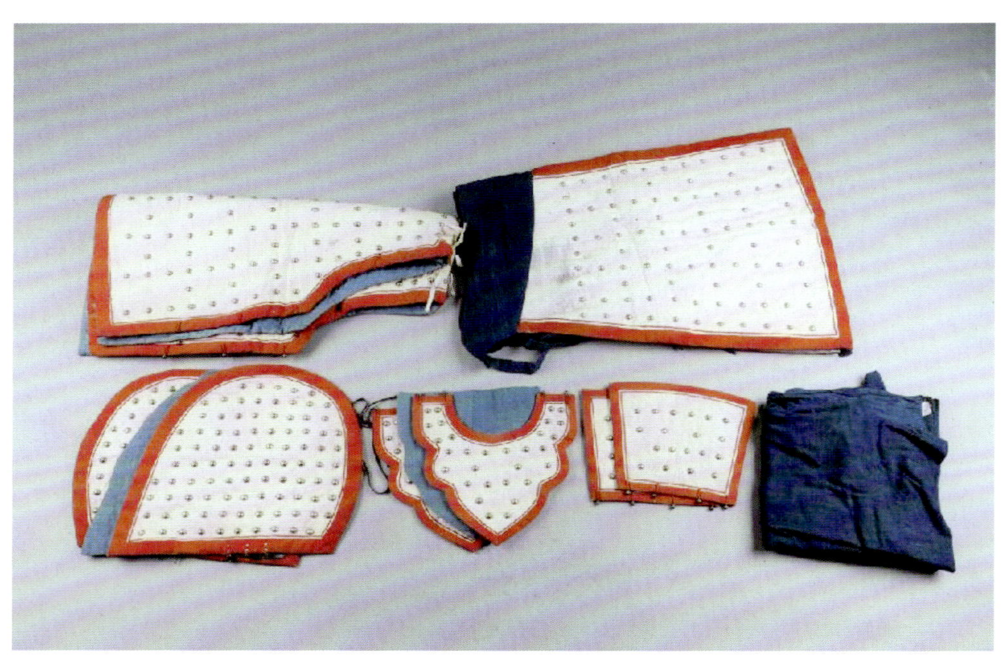

清八旗兵镶白旗甲装，由上衣与裤子组成，用橘红色边镶白色丝绸面料制作，橘红色细条锦带压白色，面子内铺棉花，面上钉满圆形泡铜钉，里为蓝色棉布。上衣呈马甲式，圆领，前片正中开片，钉五枚铜纽扣，前后片分开，腋下钉三枚铜纽扣可扣合，上衣配两片半椭圆形肩袖片，一片梯形前肚片压住前开叉，一片小方片压住左开叉，配如意形领围二片，有铜扣及条带连接，各片与马甲间均有铜纽扣或搭绊联为一体。裤子如裙装，下分左右两片，裙头接蓝色棉布长腰带可以系扎，每片中间部位钉两条带，可以圈扎于腿部即成裤装。一套甲装配一块蓝色棉布作包袱皮，另配五块蓝色棉片作为折叠时保护铜钉的间隔。该文物为福建博物院三级馆藏文物。

清八旗正蓝盔

年代：清

质地：铜

尺寸：通长 24.5 厘米，通宽 19.3 厘米，高 29.5 厘米

现藏于福建博物院。

故宫博物院拨交。

清八旗兵正蓝旗帽盔。盔薄胎金属上刷腻粉后漆黑色，椭圆形口，直壁，高弧顶上接铜质小平顶，顶上节形小铜管，前檐口及前后外壁嵌铜饰。帽盔体漆黑色，铜饰件漆金色。盔体下方以铜泡钉固定帽檐，帽檐左右耳分上下两层，下层长于上层，下摆弧形、后片呈如意形，均用蓝色丝绸面料制作，蓝色细条锦带压条边饰，面子内铺棉花，面上钉满圆形泡铜钉，里为蓝色棉布。左右两片下层开口钉三枚铜纽扣可扣合，后钉条带可牵拉。盔内安红缨顶棉套帽，内钉系带。配一块蓝色棉布作包袱皮。该文物为福建博物院三级馆藏文物。

清八旗正蓝甲

年代：清

质地：绸

尺寸：衣长 74 厘米，胸围 70 厘米，下摆宽 78 厘米，肩宽 43 厘米

现藏于福建博物院。

故宫博物院拨交。

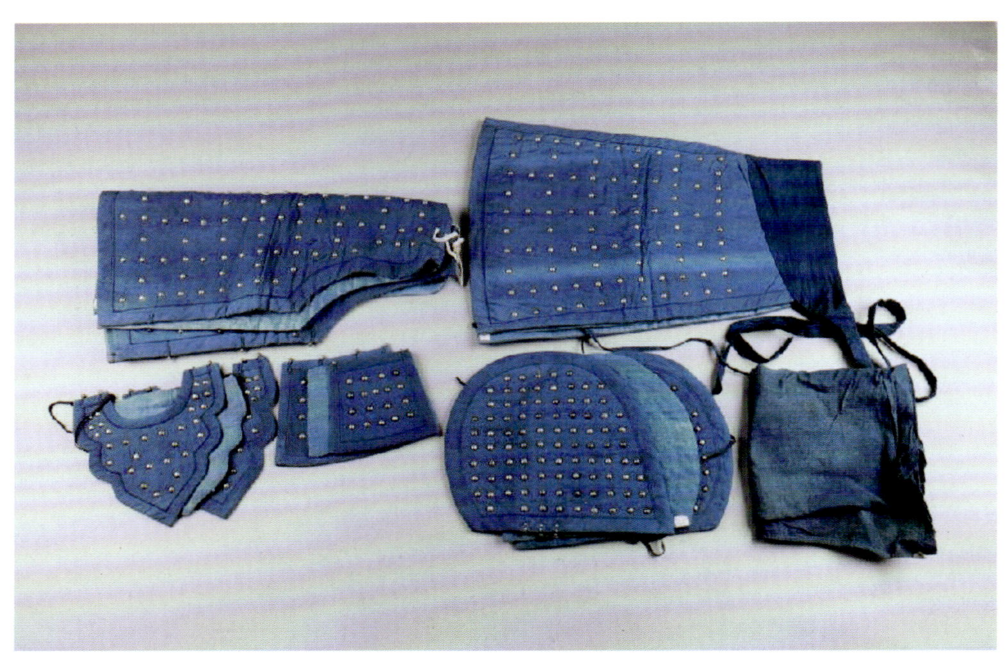

清八旗兵正蓝旗甲装，由上衣与裤子组成，用蓝色丝绸面料制作，蓝色细条锦带压条边饰，面子内铺棉花，面上钉满圆形泡铜钉，里为蓝色棉布。上衣呈马甲式，圆领，前片正中开片，钉五枚铜纽扣，前后片分开，腋下钉三枚铜纽扣可扣合，上衣配两片半椭圆形肩袖片，一片梯形前肚片压住前开叉，一片小方片压住左开叉，配如意形领围二片，有铜扣及条带连接，各片与马甲间均有铜纽扣或搭绊联为一体。裤子如裙装，下分左右两片，裙头接蓝色棉布长腰带可以系扎，每片中间部位钉两条带，可以圈扎于腿部即成裤装。一套甲装配一块蓝色棉布作包袱皮，另配五块蓝色棉片作为折叠时保护铜钉的间隔。该文物为福建博物院三级馆藏文物。

清八旗镶蓝盔

年代：清

质地：铜

尺寸：通长 25 厘米，通宽 19.5 厘米，高 62 厘米

现藏于福建博物院。

故宫博物院拨交。

清八旗兵镶蓝旗帽盔。盔薄胎金属上刷腻粉后漆黑色，椭圆形口，直壁，高弧顶上接铜质小平顶，顶上节形小铜管内插黑穗缨与扁葫芦形铁矛，前檐口及前后外壁嵌铜饰。帽盔体漆黑色，铜饰件漆金色。盔体下方以铜泡钉固定帽檐，帽檐左右耳分上下两层，下层长于上层，下摆弧形、后片呈如意形，均用橘红色边镶蓝色丝绸面料制作，橘红色细条锦带压条边饰，面子内铺棉花，面上钉满圆形泡铜钉，里为蓝色棉布。左右两片下层开口钉三枚铜纽扣可扣合，后钉条带可牵拉。盔内安红缨顶棉套帽，内钉系带。配一块蓝色棉布作包袱皮。该文物为福建博物院三级馆藏文物。

清八旗镶蓝甲

年代：清

质地：绸

尺寸：衣长 76 厘米，胸围 67 厘米，下摆宽 79 厘米，肩宽 43 厘米

现藏于福建博物院。

故宫博物院拨交。

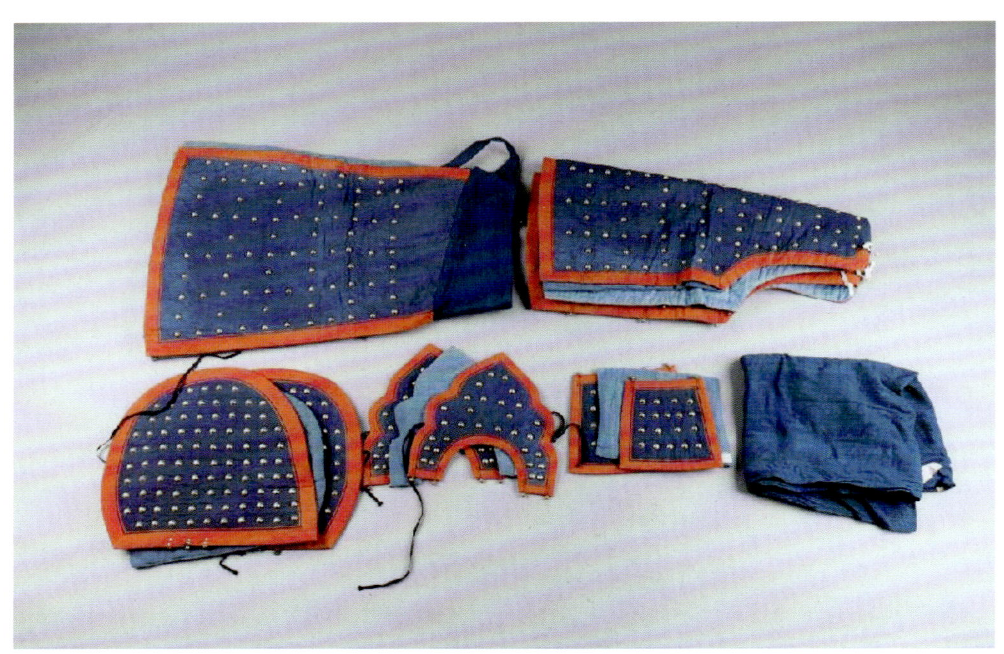

清八旗兵镶蓝旗甲装，由上衣与裤子组成，用橘红色边镶蓝色丝绸面料制作，橘红色细条锦带压条边饰，面子内铺棉花，面上钉满圆形泡铜钉，里为蓝色棉布。上衣呈马甲式，圆领，前片正中开片，钉五枚铜纽扣，前后片分开，腋下钉三枚铜纽扣可扣合，上衣配两片半椭圆形肩袖片，一片梯形前肚片压住前开叉，一片小方片压住左开叉，配如意形领围二片，有铜扣及条带连接，各片与马甲间均有铜纽扣或搭绊联为一体。裤子如裙装，下分左右两片，裙头接蓝色棉布长腰带可以系扎，每片中间部位钉两条带，可以圈扎于腿部即成裤装。一套甲装配一块蓝色棉布作包袱皮，另配五块蓝色棉片作为折叠时保护铜钉的间隔。该文物为福建博物院三级馆藏文物。

清八旗正黄盔

年代：清

质地：铜

尺寸：长 19 厘米，宽 25.5 厘米，高 29.5 厘米

现藏于福建博物院。

故宫博物院拨交。

清八旗兵正黄旗帽盔。盔薄胎金属上刷腻粉后漆黑色，椭圆形口，直壁，高弧顶上接铜质小平顶，顶上节形小铜管，前檐口及前后外壁嵌铜饰。帽盔体漆黑色，铜饰件漆金色。盔体下方以铜泡钉固定帽檐，帽檐左右耳分上下两层，下层长于上层，下摆弧形、后片呈如意形，均用黄色丝绸面料制作，黄色细条锦带压条边饰，面子内铺棉花，面上钉满圆形泡铜钉，里为蓝色棉布。左右两片下层开口钉三枚铜纽扣可扣合，后钉条带可牵拉。盔内安红缨顶棉套帽，内钉系带。配一块蓝色棉布作包袱皮。该文物为福建博物院三级馆藏文物。

清八旗正黄甲

年代：清

质地：绸

尺寸：衣长 77 厘米，胸围 65 厘米，下摆宽 77 厘米，肩宽 36.5 厘米

现藏于福建博物院。

故宫博物院拨交。

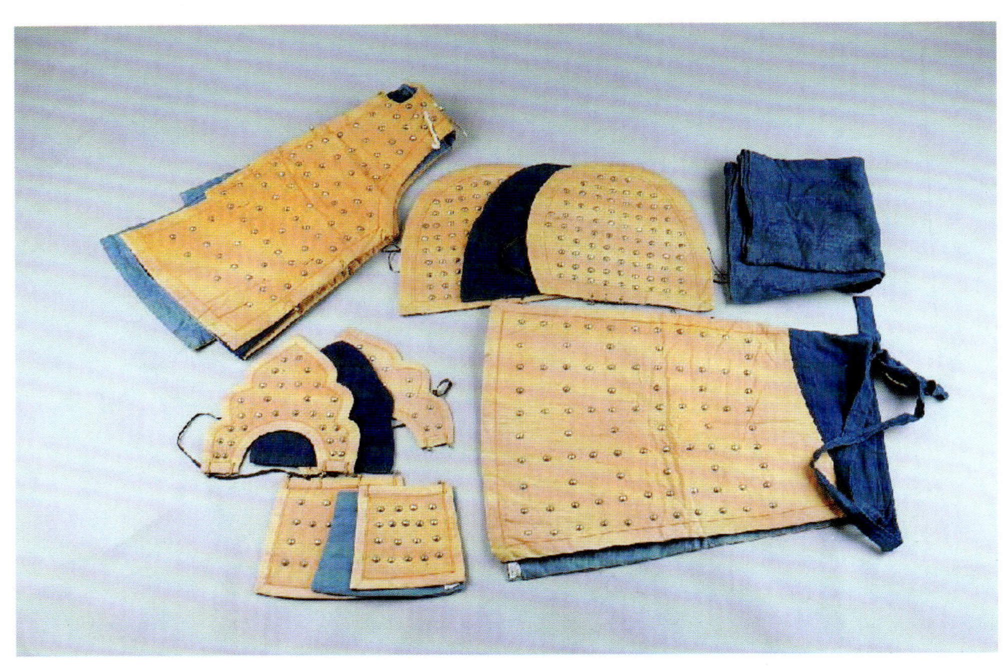

清八旗兵正黄旗甲装，由上衣与裤子组成，用黄色丝绸面料制作，黄色细条锦带压条边饰，面子内铺棉花，面上钉满圆形泡铜钉，里为蓝色棉布。上衣呈马甲式，圆领，前片正中开片，钉五枚铜纽扣，前后片分开，腋下钉三枚铜纽扣可扣合，上衣配两片半椭圆形肩袖片，一片梯形前肚片压住前开叉，一片小方片压住左开叉，配如意形领围二片，有铜扣及条带连接，各片与马甲间均有铜纽扣或搭绊联为一体。裤子如裙装，下分左右两片，裙头接蓝色棉布长腰带可以系扎，每片中间部位钉两条带，可以圈扎于腿部即成裤装。一套甲装配一块蓝色棉布作包袱皮，另配五块蓝色棉片作为折叠时保护铜钉的间隔。该文物为福建博物院三级馆藏文物。

清八旗镶黄盔

年代：清

质地：铜

尺寸：通长 23 厘米，通宽 18.5 厘米，高 29.5 厘米

现藏于福建博物院。

故宫博物院拨交。

清八旗兵镶黄旗帽盔。盔薄胎金属上刷腻粉后漆黑色，椭圆形口，直壁，高弧顶上接铜质小平顶，顶上节形小铜管，前檐口及前后外壁嵌铜饰。帽盔体漆黑色，铜饰件漆金色。盔体下方以铜泡钉固定帽檐，帽檐左右耳分上下两层，下层长于上层，下摆弧形、后片呈如意形，均用橘红色边镶黄色丝绸面料制作，橘红色细条锦带压条边饰，面子内铺棉花，面上钉满圆形泡铜钉，里为蓝色棉布。左右两片下层开口钉三枚铜纽扣可扣合，后钉条带可牵拉。盔内安红缨顶棉套帽，内钉系带。配一块蓝色棉布作包袱皮。该文物为福建博物院三级馆藏文物。

清八旗镶黄甲

年代：清

质地：绸

尺寸：衣长 74 厘米，胸围 66.5 厘米，下摆宽 77 厘米，肩宽 42 厘米

现藏于福建博物院。

故宫博物院拨交。

清八旗兵镶黄旗甲装，由上衣与裤子组成，用橘红色边镶黄色丝绸面料制作，橘红色细条锦带压条边饰，面子内铺棉花，面上钉满圆形泡铜钉，里为蓝色棉布。上衣呈马甲式，圆领，前片正中开片，钉五枚铜纽扣，前后片分开，腋下钉三枚铜纽扣可扣合，上衣配两片半椭圆形肩袖片，一片梯形前肚片压住前开衩，一片小方片压住左开衩，配如意形领围二片，有铜扣及条带连接，各片与马甲间均有铜纽扣或搭绊联为一体。裤子如裙装，下分左右两片，裙头接蓝色棉布长腰带可以系扎，每片中间部位钉两条带，可以圈扎于腿部即成裤装。一套甲装配一块蓝色棉布作包袱皮，另配五块蓝色棉片作为折叠时保护铜钉的间隔。该文物为福建博物院三级馆藏文物。

清纱鹌鹑前补

年代：清

质地：纱

尺寸：长 31.4 厘米，宽 30.6 厘米

现藏于福建博物院。

征集于福州市公安局。

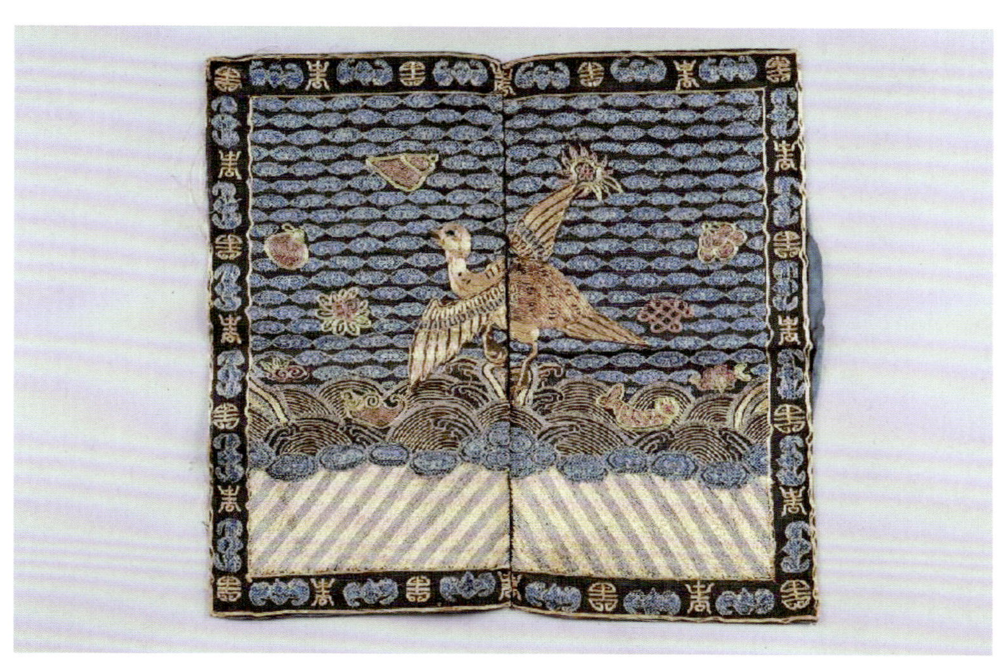

此件方形补子用于前胸，左右可分开。黑地子织锦缎上以五色丝线刺绣图案，以蓝色的蝙蝠与黄色团寿为边饰，下方海水江涯，上方蓝色云纹，间有轮、螺、伞、盖、莲花、鱼、罐、盘缠等纹饰，一只鹌鹑头向左边展翅欲飞。里子天蓝色绸。前后胸各缀有一块补子是清代主要的一种官服，方形补子是区分官职品级的主要标志，绣上不同的飞禽走兽，以表示官职的差别和道德含义，鹌鹑，明清时被规定为八品文官的补子纹样。清潘相《吾学录》卷一载：“补服，文职一品用鹤，二品用锦鸡……八品鹌鹑。”该文物为福建博物院三级馆藏文物。

清缎鹌鹑后补

年代：清

质地：缎

尺寸：长 30.3 厘米，宽 31.8 厘米

现藏于福建博物院。

此件方形补子用于后背。黑地子织锦缎上以五色丝线刺绣图案，以黄色的蝙蝠与寿字为边饰，蓝色“卍”字纹为地子，间有白色、紫色云纹、花卉纹，一只金色鹌鹑头向右边红色的太阳展翅欲飞。里子天蓝色绸。该文物为福建博物院三级馆藏文物。

清缎绣仙鹤补服女花衣

年代：清

质地：缎

尺寸：肩宽 52 厘米，衣长 85 厘米，下摆宽 74 厘米

现藏于福建博物院。

黑缎子圆领对襟马甲，前后片用三条黑色布带连接，领围，襟边及袖笼、下摆均以褐色“卍”字锦滚边，前后裾边成三角，下吊红蓝黄缨穗。如意云肩内绣牡丹，前后胸片贴方形仙鹤补子，黑锦缎上以五色丝线刺绣图案，前片下摆八宝立水，上方左右双龙，团形富贵纹，后背绣正龙，左右绣团形长命纹，间以飞鹤、云纹、蝙蝠等，对襟边钉黑绊带系扎，仙鹤明清时被规定为一品文官的补子纹样。此件马甲应是一品夫人所穿戴。该文物为福建博物院三级馆藏文物。

清缎仙鹤后补

年代：清

质地：缎

尺寸：长 31.6 厘米，宽 29.5 厘米

现藏于福建博物院。

此件方形补子用于后背，黑地子织锦缎上以五色丝线刺绣图案，以黄色的蝙蝠与团寿为边饰，下方海水江涯，上方如意云纹，间有盘缠、莲花、火球等纹饰，一只仙鹤头向左边红太阳展翅欲飞。里子天蓝色绸。该文物为福建博物院三级馆藏文物。

清织锦绣虎女补

年代：清

质地：织锦

尺寸：长 23.5 厘米，宽 22 厘米

现藏于福建博物院。

此件方形补子用于后背。织锦缎上以五色丝线刺绣图案，以金线绣回纹边饰，下方海水江涯，上方绣“卍”字图案地子，站立一只老虎背向左边红太阳，虎的左右绣竹、兰花等。老虎，明清时被规定为四品武官的补子纹样。该文物为福建博物院三级馆藏文物。

清织锦锦鸡圆补

年代：清

质地：织锦

尺寸：直径 23.4 厘米

现藏于福建博物院。

此件圆形补子用于前胸。织锦缎上以五色丝线刺绣图案，边饰绣蝙蝠纹与折枝花卉纹，下方绣海水江涯，上方绣“卍”字图案地子，一只锦鸡头向右边红太阳展翅欲飞，身后左右绣竹子、牡丹。里子天蓝色绸。

前后胸各缀有一块补子是清代主要的一种官服，清朝规定，亲王、郡王、贝勒、贝子等皇帝宗亲用圆形补子，锦鸡，明清时被规定为二品文官的补子纹样。该文物为福建博物院三级馆藏文物。

清常冠

年代：清

质地：绸

尺寸：高 18.5 厘米，直径 30.7 厘米

现藏于福建博物院。

圆形，弧壁，尖顶，帽当中细竹篾编织框架，里外各两层特殊纸张敷设，外罩白色绸布，帽内里红绸，边缘铁线固定后以格子绸包边，帽顶铜鎏金半圆形底座上插蓝色料珠，帽顶下面结一圈像流苏一样红线披住帽外。以白衬红，较为耀眼。该文物为福建博物院三级馆藏文物。

清金雀顶朝冠

年代：清

质地：绸

尺寸：高 25 厘米，直径 31 厘米

现藏于福建博物院。

圆形，弧壁，尖顶，帽当中细竹篾编织框架，里外各两层特殊纸张敷设，外罩白色绸布，帽内里红绸，中安置帽圈与系带，边缘铁线固定后以格子绸包边，帽顶铜鎏金制成圆形托座，座上宝石顶缺，帽顶下面结一圈红丝线盖住帽外壁。白中衬红，极为耀眼。该文物为福建博物院三级馆藏文物。

清黄团花纱袍

年代：清

质地：纱

尺寸：袖口宽 13 厘米，两袖通长 208 厘米，衣长 135 厘米，下摆宽 84 厘米

现藏于福建博物院。

无领右衽箭袖长袍，袍色淡黄，领口滚边，襟中间、左右四开。该文物为福建博物院三级馆藏文物。

清青缎绣花京庄裹男朝裙

年代：清

质地：缎

尺寸：腰围长 178 厘米，宽 14 厘米，裙摆宽 284 厘米，裙长 113 厘米，带长 189 厘米，宽 4 厘米

现藏于福建博物院。

黑缎地面，湖蓝绸里子，中间打褶收腰，下摆宽大，一片式右衽，左在上，腰带穿孔，右边腰带钉长条带从中插入。前摆左右与下边沿镶贴黄色锦带纹，右上方一方形正龙紧贴于腰下，上排双行龙，中间团龙八、裙摆八宝立水，双行龙，间以花卉、云蝠。后摆上排三行龙，中间团龙九、裙摆八宝立水，三行龙，间以花卉、云蝠。以粉红、浅红、蓝、白色等色丝线绣制，色彩艳丽。该文物为福建博物院三级馆藏文物。

清青宁绸绣花京庄裹男朝裙

年代：清

质地：绸

尺寸：裙摆 344 厘米，裙腰长 178 厘米，宽 15 厘米，裙长 88 厘米

现藏于福建博物院。

黑褐色缎面，湖蓝绸里子，腰部抽细折，下摆宽大，一片式右衽，穿时左在上右在下。前后腰带绣双龙戏珠，间以花卉、云蝠，前后摆左右与下边沿镶贴褐色锦带纹，右上方一方形正龙紧贴于腰下，中间团龙八、裙摆八宝立水，双行龙，间以团寿、云蝠、纹章。以红、浅红、黄、蓝、白色等色丝线绣制。该文物为福建博物院三级馆藏文物。

清黑绉纱袍

年代：清

质地：纱

尺寸：袖口宽 38 厘米，两袖通长 186 厘米，衣长 130 厘米，下摆宽 104 厘米

现藏于福建博物院。

黑绉纱提花团纹制作对襟宽袖袍。矮领，前胸左右襟、后背贴方形补子，连续回纹边，黑地金黄色线绣飞禽及佛手、寿桃，下方八宝立水，对襟钉五粒盘扣，铜扣头。该文物为福建博物院三级馆藏文物。

清黑缎绣花京庄裹女朝服

年代：清

质地：缎

尺寸：袖口宽 27 厘米，两袖通长 136 厘米，衣长 95 厘米，下摆宽 77 厘米

现藏于福建博物院。

圆立领，通袖，对襟，下摆宽大，两旁开衩，领口钉纽扣，补子下系带。前胸左右襟、后背以红、黄绿、蓝、白、紫等各色丝线绣方形补子，补子方框不规则回纹，补子内下沿绣海水江涯、其上绣华虫（雉）、日，间以五色云。下摆左右绣螺旋纹。黑色缎子面，天蓝色袖口锈花卉纹。里子蓝色绸制作。该文物为福建博物院三级馆藏文物。

清缎绣花裙

年代：清

质地：缎

尺寸：裙腰长 104 厘米，宽 19 厘米，裙长 100 厘米，下摆宽 196 厘米

现藏于福建博物院。

浅灰蓝色缎子绣花，褶裙，后开片展开如扇形，水红色裙腰，两端布绊扣，未系带。裙前后左右四大片褶，其余间褶各两小片共八小片。以红、白、蓝彩色丝线刺绣图案，褶裙下摆绣八宝立水，四大片之上绣正龙，八小片之上绣立凤，均间以云纹、花卉。每片褶子边沿褐色“卍”字锦滚边。该文物为福建博物院三级馆藏文物。

清缎粉红绉京庄裏女夹袄

年代：清

质地：缎

尺寸：袖口宽 40 厘米，两袖通长 158 厘米，衣长 94 厘米，下摆宽 99 厘米

现藏于福建博物院。

粉红色提花绉纱右衽宽袖镶边夹袄，矮立领，领子、领围、襟边及袖口、下摆镶黑边作云纹，黑色边外贴湖蓝色地绣飞禽、折枝花卉纹锦带，两襟角剔地镂空一只飞鹤。领口、襟边钉五粒布扣，铜扣头。湖蓝色绸里子。该文物为福建博物院三级馆藏文物。

清粉红缎绣京庄裹花裙

年代：清

质地：缎

尺寸：其一，裙长 89 厘米，裙腰长 66 厘米，宽 7.8 厘米，裙摆宽 98 厘米；

其二，裙长 89 厘米，裙腰长 67 厘米，宽 8 厘米，裙摆宽 99 厘米

现藏于福建博物院。

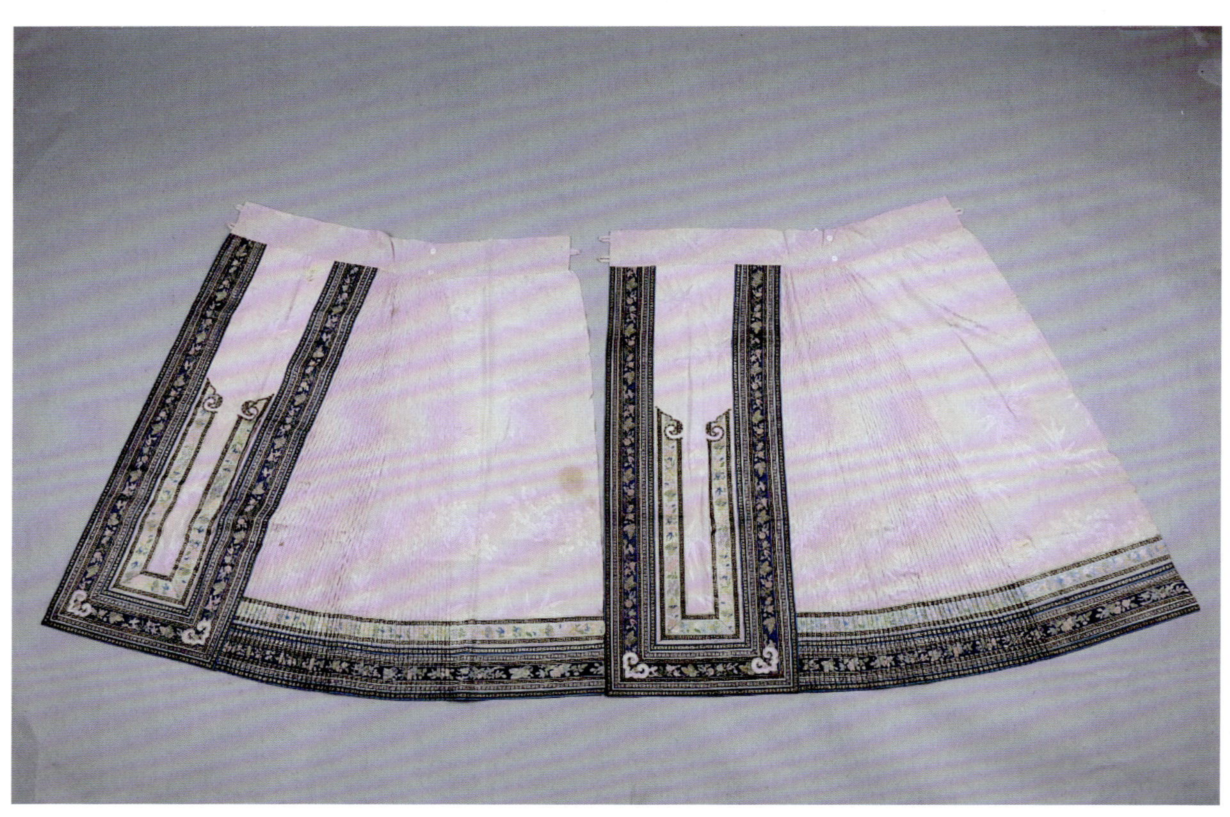

粉红色提花缎褶裙，左右开片，裙腰搭绊扣，局部抽细褶。两片均在下摆贴多层锦带，两片右侧贴“U”形多层花边。该文物为福建博物院三级馆藏文物。

清黑缎绣花京庄裹女短衣

年代：清

质地：缎

尺寸：袖口宽 119 厘米，两袖通长 27 厘米，衣长 62 厘米，下摆宽 62 厘米

现藏于福建博物院。

黑缎绣花对襟女短衣，衣的胸、背、两肩及两腰前后各绣一组圆形图案，周环芦花穗子，中间一只丹顶鹤衔牡丹花，袖口、衣下摆绣海水江涯及花卉，矮领上绣折枝花，领口、胸前绣盘扣，胸前吊两条长飘带。白色绸里子。该文物为福建博物院三级馆藏文物。

清红缎绣龙凤女袄

年代：清

质地：缎

尺寸：袖口宽 26 厘米，两袖通长 138 厘米，衣长 87 厘米，下摆宽 77 厘米

现藏于福建博物院。

红缎绣花右衽宽袖女短袄，白色绸子矮领，袄的胸、背绣正龙，双肩绣行龙，两腰前后、两袖口各绣一对飞凤，间以云纹、花卉、蝙蝠，衣下摆绣海水江涯。襟边钉五组红绸绊带。中絮薄棉，水红色布里子。该文物为福建博物院三级馆藏文物。

清红绉纱绿布裹近身袄

年代：清

质地：纱

尺寸：袖口宽 42 厘米，两袖通长 162 厘米，衣长 89 厘米，下摆宽 91 厘米

现藏于福建博物院。

红绉纱提花，右衽宽袖女短袄，无领，袖口、襟边镶黑色与黑底色织锦带，领口，襟边钉五粒盘扣，内里绿色。该文物为福建博物院三级馆藏文物。

清蓝绉纱女夏衣

年代：清

质地：纱

尺寸：袖口宽 50 厘米，两袖通长 139 厘米，衣长 90 厘米，下摆宽 103 厘米

现藏于福建博物院。

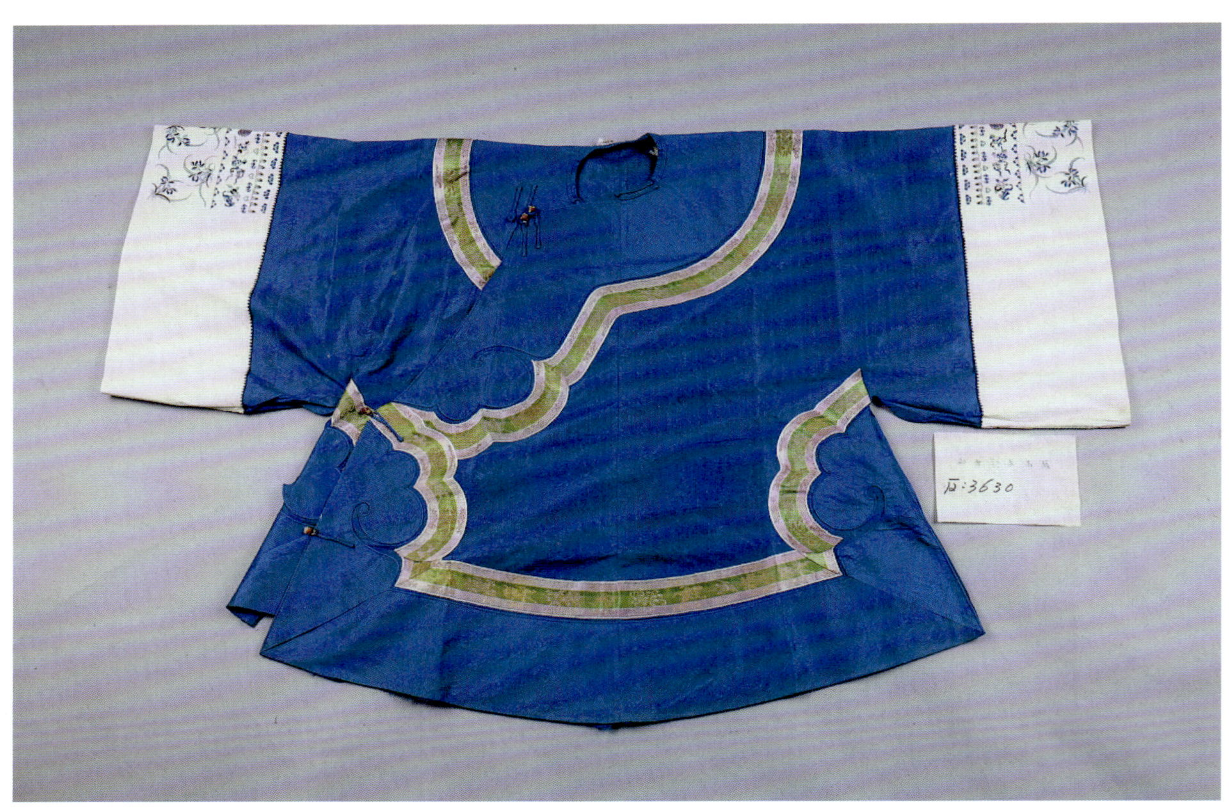

湖蓝色提花绉纱，右衽宽袖女短袄，无领，白色袖口上方蓝、白丝线绣折枝花卉与花边，前后领围与前大小襟贴浅红镶浅绿花边一圈。领口，襟边钉五粒盘扣。该文物为福建博物院三级馆藏文物。

清缎绣牡丹花裙

年代：清

质地：缎

尺寸：裙长 89 厘米，裙腰长 34 厘米；宽 9.5 厘米，裙摆宽 77 厘米

现藏于福建博物院。

红缎绣牡丹花褶裙，水红色裙腰右边开口，宽下摆，腰间打细褶，仅正面左边留一大褶，大褶边及裙摆贴白底花卉纹花边，用红、白、灰、褐、紫等五色丝线在大褶上绣一折枝牡丹，细褶上绣小牡丹花。该文物为福建博物院三级馆藏文物。

清水红绸绣女花裤

年代：清

质地：绸

尺寸：裤长 100 厘米，裤腰长 62 厘米，裤腰宽 13 厘米，裤腿宽 37 厘米，裤裆深 58 厘米

现藏于福建博物院。

水红绸提花平脚裤。蓝色裤腰系带，裤脚贴蓝色绣花宽边，夹黑边。该文物为福建博物院三级馆藏文物。

清布绣童帽

年代：清

质地：布

尺寸：长 23 厘米，宽 16 厘米，带长 41 厘米，宽 4 厘米

现藏于福建博物院。

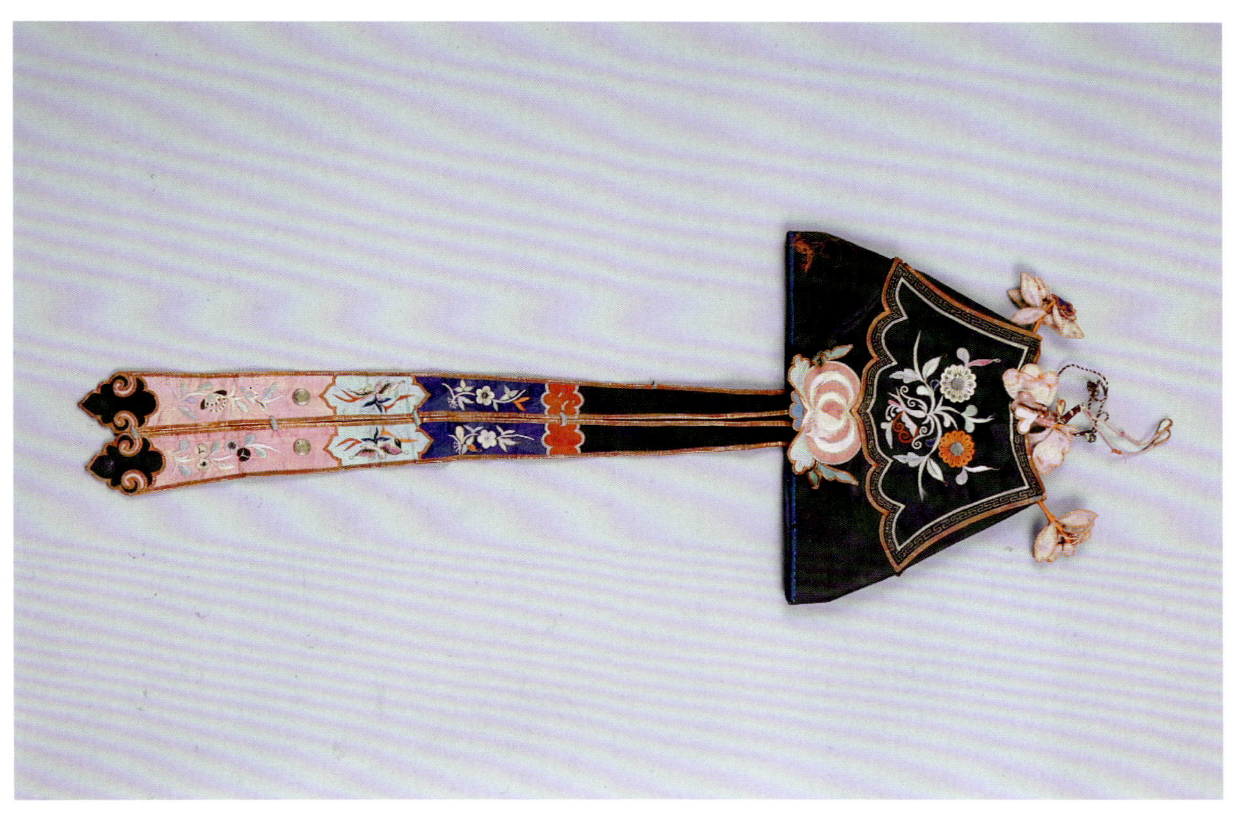

黑色布，前后梯形扁帽，帽顶绣立体插枝花，前后帽口加贴扇形黑布绣黄色滚边，内用红、白、蓝、灰等五色丝线绣花卉，前帽口绣三朵立体插枝花，后帽口绣一朵折枝花，带两条如意头长飘带，黑底绣红、蓝、绿、水色与折枝花卉。该文物为福建博物院三级馆藏文物。

清诏安缎绣花袄

年代：清

质地：缎

尺寸：衣长 111 厘米，两袖通长 178 厘米，袖口宽 28 厘米，下摆宽 94 厘米

现藏于福建博物院。

白缎绣花右衽长袖女短衣，红绸里。矮领，领围，襟边镶贴锦带花边，袖口镶贴五条不同色织锦带花边，白缎衣上通体以红、黄、绿、蓝等色丝线绣凤、缠枝牡丹、佛手等花卉。色彩搭配明快。领口，襟边钉五粒盘扣，带铜扣头。该文物为福建博物院三级馆藏文物。

清诏安缎绣花裙

年代：清

质地：缎

尺寸：长 99 厘米，腰长 73 厘米，宽 14 厘米，裙摆宽 135 厘米

现藏于福建博物院。

提花水红缎与白色缎相拼，白缎细褶，下摆绣花卉，白布做腰，左右开口。该文物为福建博物院三级馆藏文物。

清缎八蟒五爪龙袍

年代：清

质地：缎

尺寸：袖口宽 16 厘米，两袖通长 193 厘米，衣长 137 厘米，下摆宽 87 厘米

现藏于福建博物院。

无领右衽箭袖长袍，袍色用石蓝。领、袖皆用石青带条纹，片金缘，领口、襟滚边。领前后正龙各一，左右肩及前后交襟处左右行龙各一，里襟行龙一，袖端正龙各一，下端八宝立水。领围、襟边绣正龙及行龙。龙纹间绣日、月、星、龙、山、华虫、火、宗彝、藻、粉米、黼、黻，间以五色云。襟中间、左右四开。箭袖，又称马蹄袖，袖身窄小，紧裹于臂，袖端裁微弧形，上可覆手，平时朝上翻起，行礼时则放下。该文物为福建博物院三级馆藏文物。

清八蟒五爪纱袍

年代：清

质地：纱

尺寸：两袖通长 139 厘米，衣长 132 厘米，下摆宽 108 厘米

现藏于福建博物院。

无领右衽宽袖长袍，袍色用石青。领口、襟滚边。衣的胸、背、两肩及两膝前后各绣一组图案，于团内绣织蟒、列九章（龙、山、华虫、火、宗彝、藻、粉米、黼、黻），间以五色云。下端八宝立水。中间、左右四开衩。该文物为福建博物院三级馆藏文物。

民国罗源式畲族妇女传统服饰

年代：民国

质地：布

现藏于闽东畲族博物馆。

该服饰流行于今罗源、连江等县及与罗源交界的宁德市飞鸾镇。藏青棉布料，手工缝制。上衣为右衽式，衣长至膝，袖短窄。领、袷、袖等部位用白、红、黑、蓝、绿、黄等色布缝“捆只颜”和花边。裤子较宽大，长至小腿，俗称“半长裤”。围裙为四角形，裙头为白布沿缝制，三面缝“捆只颜”，四角绣大朵云图案。彩带又称凤凰带，为凤凰装的配套饰品，黑色竖条纹，长 130 厘米，宽 15 厘米，两端留穗，垂于两侧衣衩。

民国福安式畲族妇女传统服饰

年代：民国

质地：布

现藏于闽东畲族博物馆。

该服饰流行于福安市和蕉城区的部分地区。藏青棉布料，手工缝制。上衣为右开襟大裾衫，窄立领。纹饰较简单。领口上用水红、黄、大绿等有色花线绣虎牙花纹。左襟从左领口处向右平行横出后拐斜下弧形至腋下，形成服斗。沿服斗边向内镶滚宽红、黄、桃红、绿、白、红五色彩边。服斗至腋下襟边处缝有一块三角形的红布，内绣花卉图案，边镶五色锯齿纹两重，五色彩边各一道。袖口缝有一道红布边。

民国霞浦式畲族妇女传统服饰

年代：民国

质地：布

现藏于闽东畲族博物馆。

该服饰流行于霞浦县西部和松罗等部分地区，又称福宁西路装或西路式。藏青棉布料，手工缝制。古典右衽大襟小袖。窄立领。襟角为斜角。服斗、领口、衩角分别袖有图案或花边，色彩鲜艳。右衽角至腋下以布条制琵琶带系结。两侧衣衩内缘和袖口内有滚镶添条，袖口卷折外露。

清福鼎畲族布女裙

年代：清

质地：布

现藏于福建博物院。

裙子展开一片式，两侧微弧收打折，窄腰带，两端钉布扣可穿带，前开口可叠压，蓝色土织布缝制，腰带布的色泽微有区别。裙子下摆红绿色丝线绣织条带花边及三直线与锯齿纹相间装饰。该文物为福建博物院三级馆藏文物。

清福鼎畲族凤冠

年代：清

质地：布

现藏于福建博物院。

形状似截顶牛角，冠身用笋壳编成，外蒙蓝色苎麻布，正面镶两块长方形银片，上有连续回纹、连珠纹边饰，内锤鍱各种花卉纹饰，冠顶往下垂挂六根白色料珠，末端吊银片，冠身上罩一小块白、蓝及白、红相间的条纹粗布，滚红边、后部成一脊，尾垂两条细飘带，尾吊长银链条及圆头錾刻团花的银簪。该文物为福建博物院三级馆藏文物。

民国罗源畲族布女花衣

年代：民国

质地：布

尺寸：衣长 83 厘米，两袖通长 131 厘米，下摆 67 厘米，胸围 49 厘米，袖口宽 15 厘米

现藏于福建博物院。

征集于福州市罗源县雷世而。

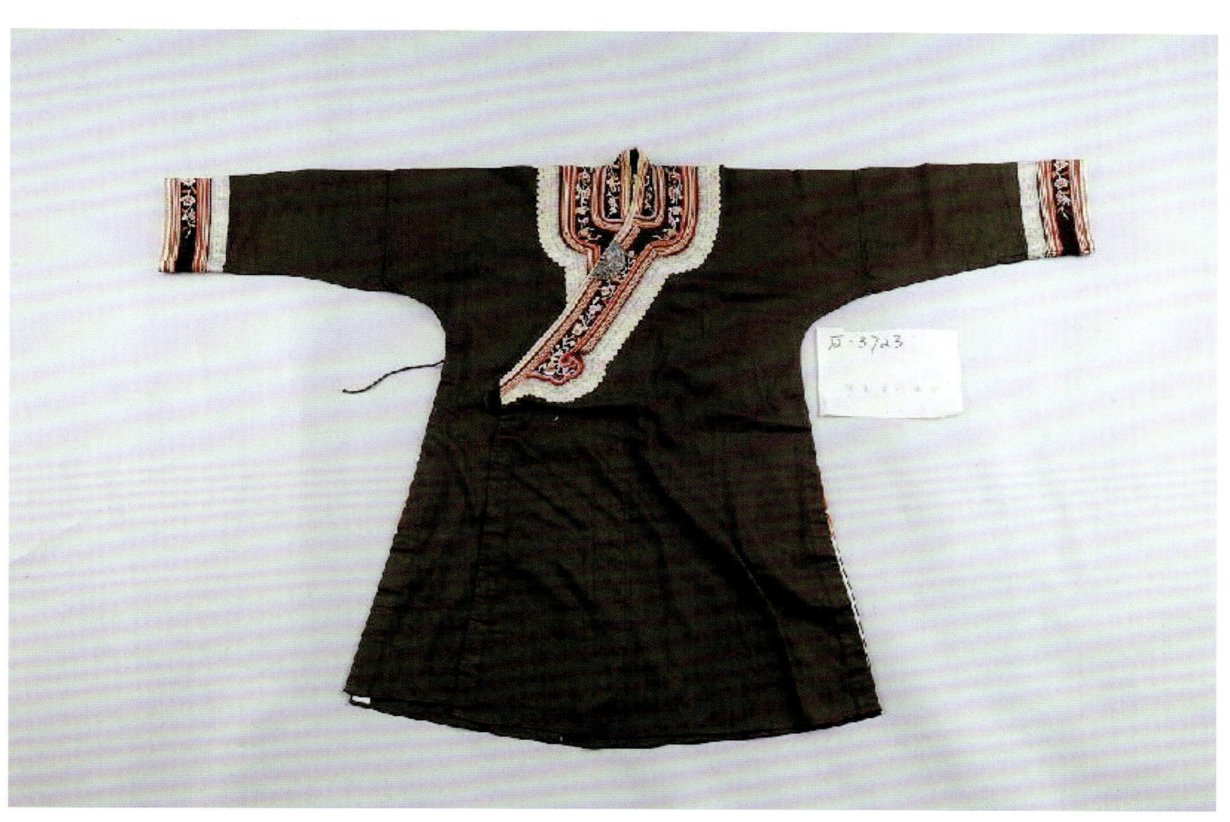

黑色大襟交领式，两旁深开叉，后裾长于前裾，衣衩内缘滚白边，通身无扣，仅在右衽襟角有两条白色系带。胸部左右两襟各有一块半圆形装饰用的银扁扣，上锤鍱凤纹。前后领口、两襟、袖端饰宽大的花边，由内到外各色机织锦带、黑地各色丝线绣缠枝花卉，宽大的白色蕾丝花边，装饰的花边为黑衣增添绚丽的色彩。该文物为福建博物院三级馆藏文物。

民国罗源畲族布女短裤

年代：民国

质地：布

尺寸：裤长 57 厘米，裤腰长 51.5 厘米，宽 12 厘米，裤裆深 41 厘米，裤腿宽 26 厘米

现藏于福建博物院。

征集于福州市罗源县钟瑞连。

黑色平脚宽腿短裤，蓝色宽裤腰与裤身同宽， 左右不开缝，仅在中间有裁剪缝制线痕。该文物为福建博物院三级馆藏文物。

民国罗源畲族布女裙

年代：民国

质地：布

尺寸：长 59 厘米，裙腰长 96.3 厘米，宽 5 厘米，裙摆宽 108 厘米

现藏于福建博物院。

征集于福州市罗源县雷有金。

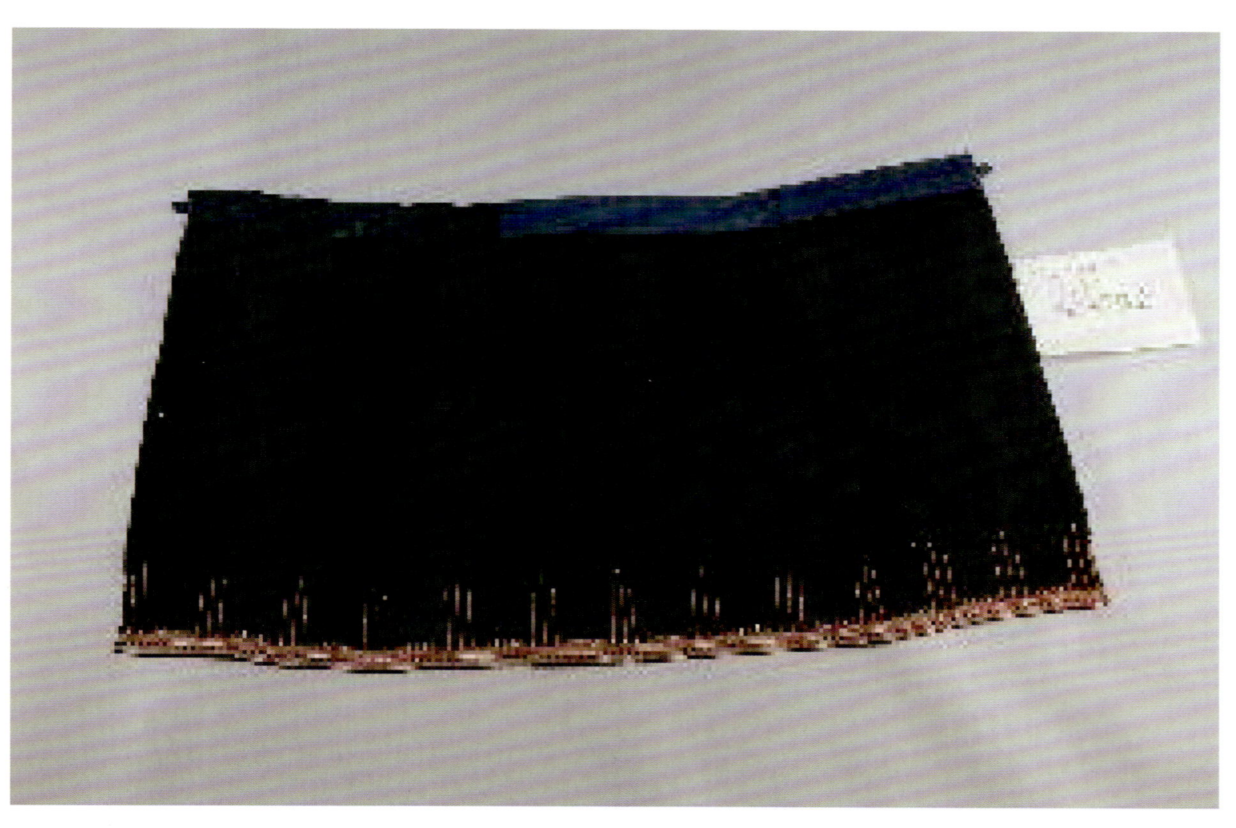

该裙为展开一片式，两侧微弧收打折，窄腰带，两端钉布扣可穿带，前开口可叠压，蓝色土织布缝制，腰带布的色泽微有区别。裙子下摆红绿色丝线绣织条带花边及三直线与锯齿纹相间装饰。该文物为福建博物院三级馆藏文物。

民国罗源畲族布女围裙

年代：民国

质地：布

尺寸：长 34.8 厘米，腰长 44.5 厘米，宽 5.7 厘米，下摆宽 42.6 厘米，带长 58—60.5 厘米，宽 7.8 厘米

现藏于福建博物院。

征集于福州市罗源县雷兴桂。

围兜又称围身裙，长方形，两端系有丝织腰带。围兜中间黑色，四周镶白边，兜边滚缀三组直线纹，中间下方成委角，贴两种不同颜色机织宽花边，上方两角绣成扇形，内绣花卉，外边缘绣如意头图案。两端丝织腰带为金黄色夹黑白条纹，尾端深褐色挂缨穗。该文物为福建博物院三级馆藏文物。

民国罗源畲族麻腰带

年代：民国

质地：麻

尺寸：长 242 厘米，宽 15.6 厘米

现藏于福建博物院。

征集于福州市罗源县蓝翠吉。

该腰带为家用织布机织成。两头金黄色夹一小段咖啡与白相间的条纹色织布，中间大部分咖啡与白的条纹色织布，两端挂金黄色丝絮。该文物为福建博物院三级馆藏文物。

民国罗源畲族布脚绑之一

年代：民国

质地：布

尺寸：通长 36.5 厘米，通宽 25.5 厘米

现藏于福建博物院。

征集于福州市罗源县蓝瑞连。

该脚绑为梯形，双面黑色布，两直角钉圈形扣眼，穿细丝带，锐角上亦钉结细丝带。该文物为福建博物院三级馆藏文物。

民国罗源畲族布脚绑之二

年代：民国

质地：布

现藏于福建博物院。

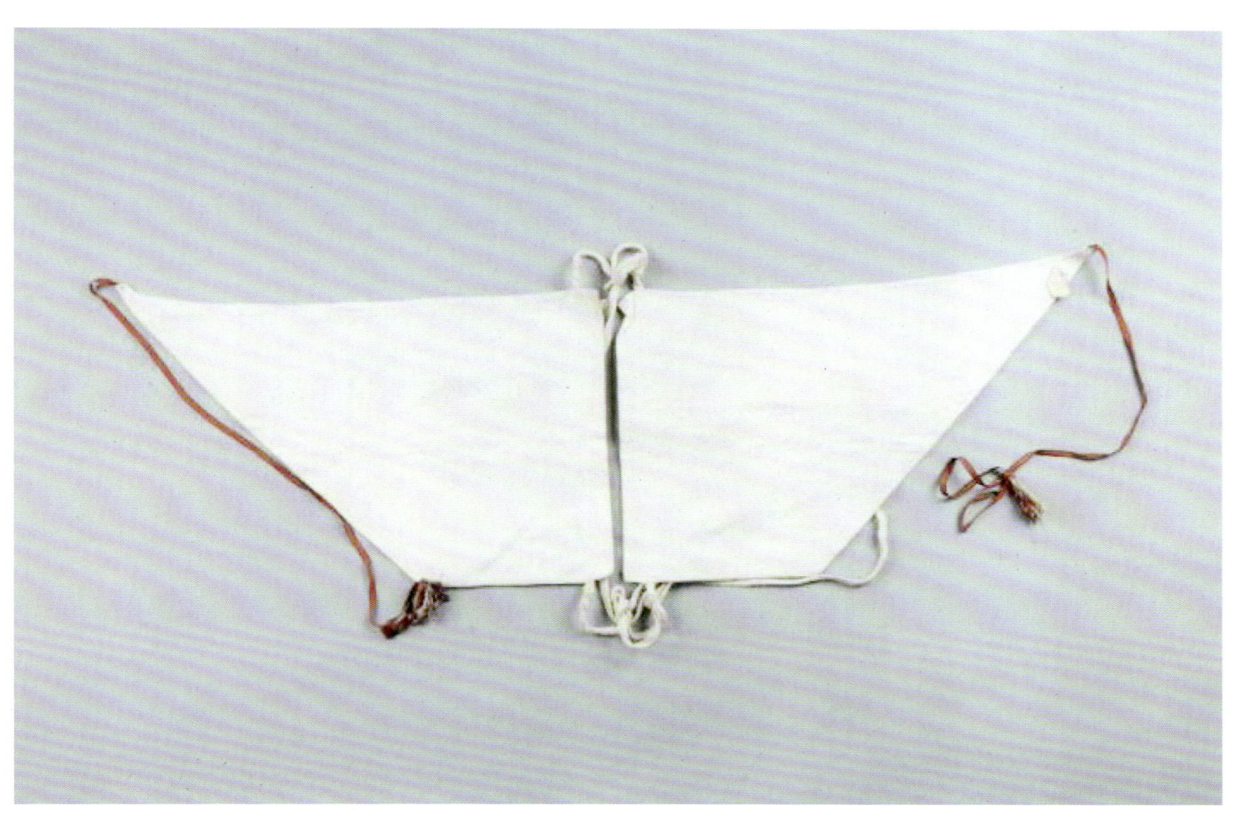

该脚绑梯形，双面白色布，两直角钉圈形扣眼，穿细丝带，锐角上亦钉结细丝带。

民国罗源畲族布女花鞋

年代：民国

质地：布

尺寸：通长 24.5 厘米，通宽 8 厘米

现藏于福建博物院。

征集于福州市罗源县雷春香。

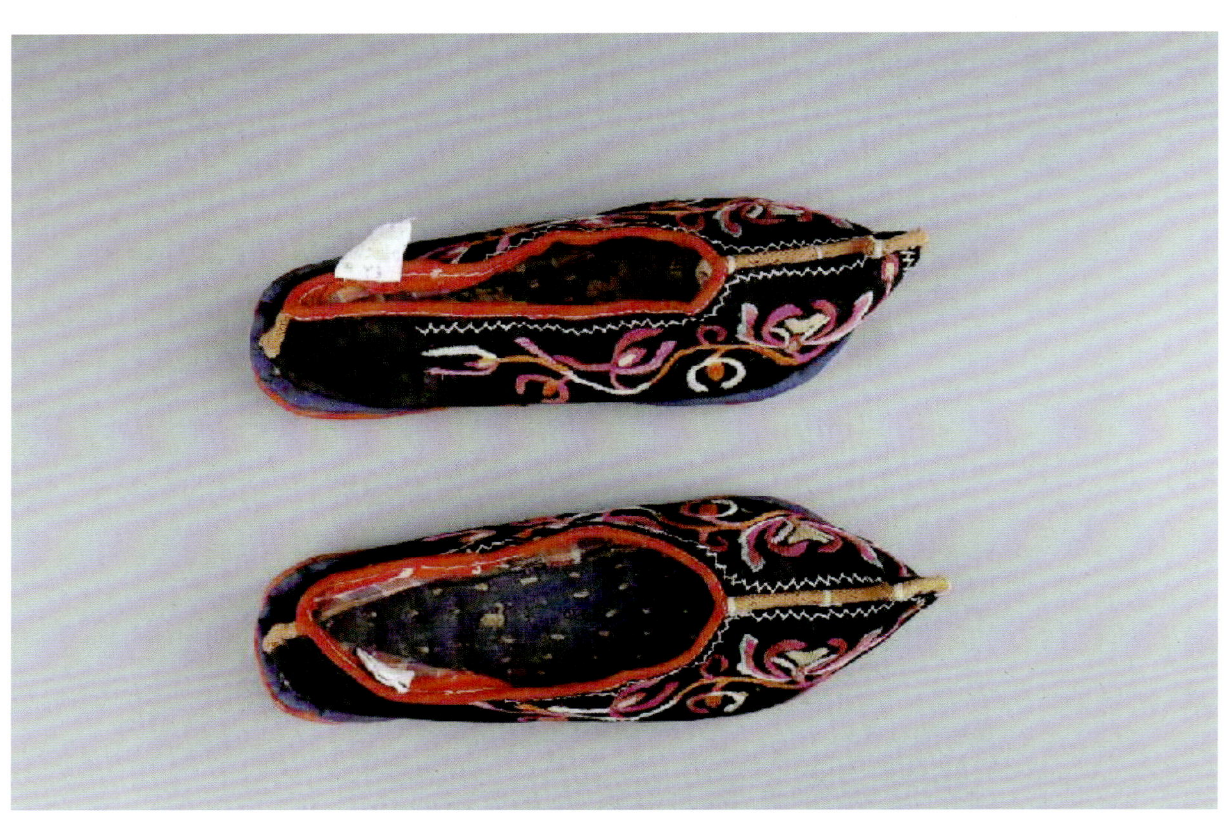

该鞋为黑色面蓝苎布底平头鞋，鞋面上有一中脊绣金黄色，脊顶尖勾如鸟喙，两侧红、黄、白丝线绣折枝花，红色滚边，底外侧亦包红布。该文物为福建博物院三级馆藏文物。

清福安畲族布女花衣

年代：清

质地：布

尺寸：衣长 78—81 厘米，两袖通长 129 厘米，袖口宽 19.5 厘米，下摆宽 60 厘米

现藏于福建博物院。

征集于原福建省文化局。

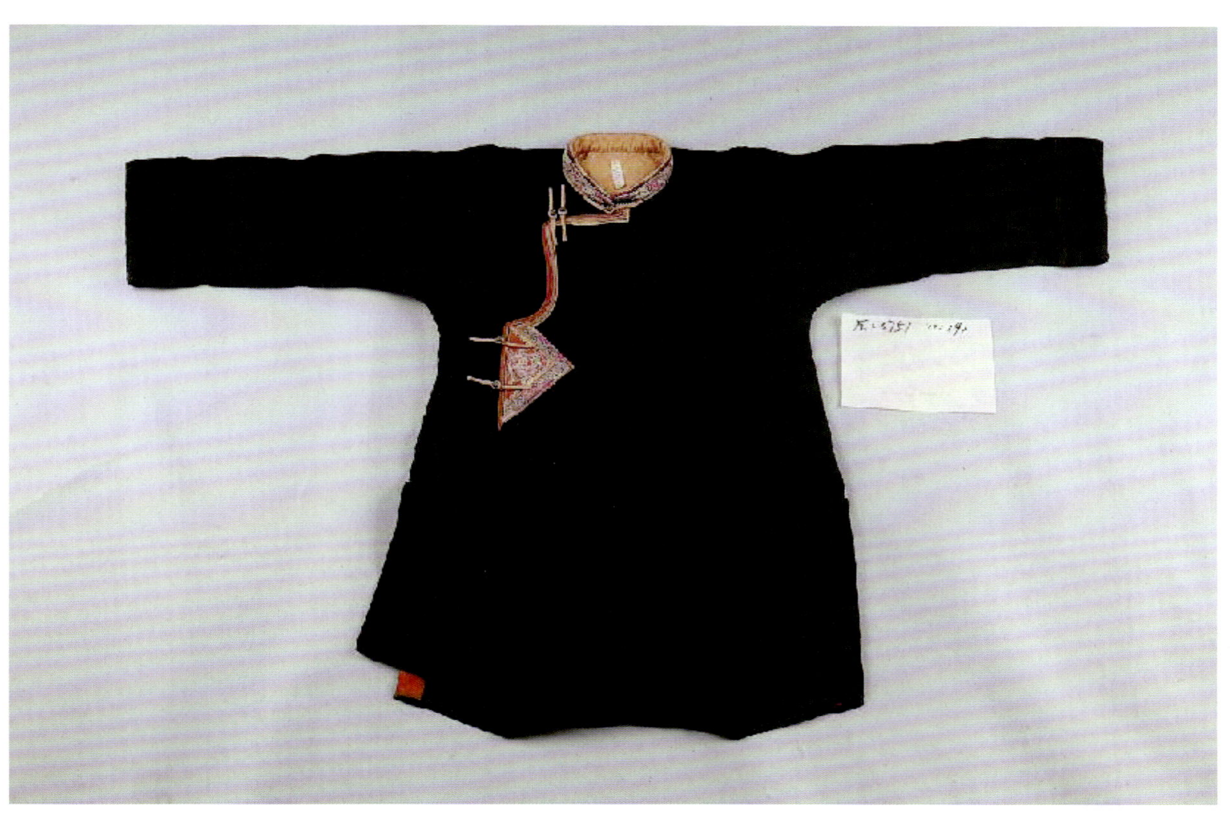

凤凰装以闽东诸县最有特色，一般为大襟衫。其共同特点是上衣多刺绣，尤其是女上装在衣领、大襟、服斗甚至袖口上都有各色刺绣花纹图案和花鸟龙凤图案。该文物为福建博物院三级馆藏文物。

民国福安畲族绸腰巾

年代：民国

质地：布

尺寸：通长 138 厘米，通宽 23 厘米

征集自宁德市福安市坂中畲族乡仙岩村。

该文物为家用织布机织成。丝织长条幅，湖蓝色，福建博物院三级馆藏文物。

清福安畲族男布钱褡

年代：清

质地：布

尺寸：衣长 63.5 厘米，肩宽 38 厘米，下摆宽 64 厘米

现藏于福建博物院。

征集自宁德市福安市金斗洋村雷长鲜。

蓝色土织布面背心，白布里子，对襟，无领，圆弧形下摆。对襟钉六粒布盘扣，圆形铜扣头。钱褡即背心的前后下摆均为双层，分割缝成九个口袋，前面四个口袋钉布盘口，扣头圆形铜扣。襟、领、袖笼及袋口所缝制的线脚均为双线锯齿纹装饰。该文物为福建博物院三级馆藏文物。

清福安畲族男木底鞋

年代：清

质地：布

尺寸：通长 27 厘米，通宽 9 厘米

现藏于福建博物院。

宁德市福安市凤洋村钟瑞三捐赠。

此木底鞋为双鼻鞋，鞋面折有两道中脊，鞋子为黑色面，鞋口边缘为蓝丝线绣绣成，福建博物院三级馆藏文物。

清缎福鼎畲族花衣绣布

年代：清

质地：缎

尺寸：通长 33 厘米，通宽 23.5 厘米

现藏于福建博物院。

征集于原福建省文化局。

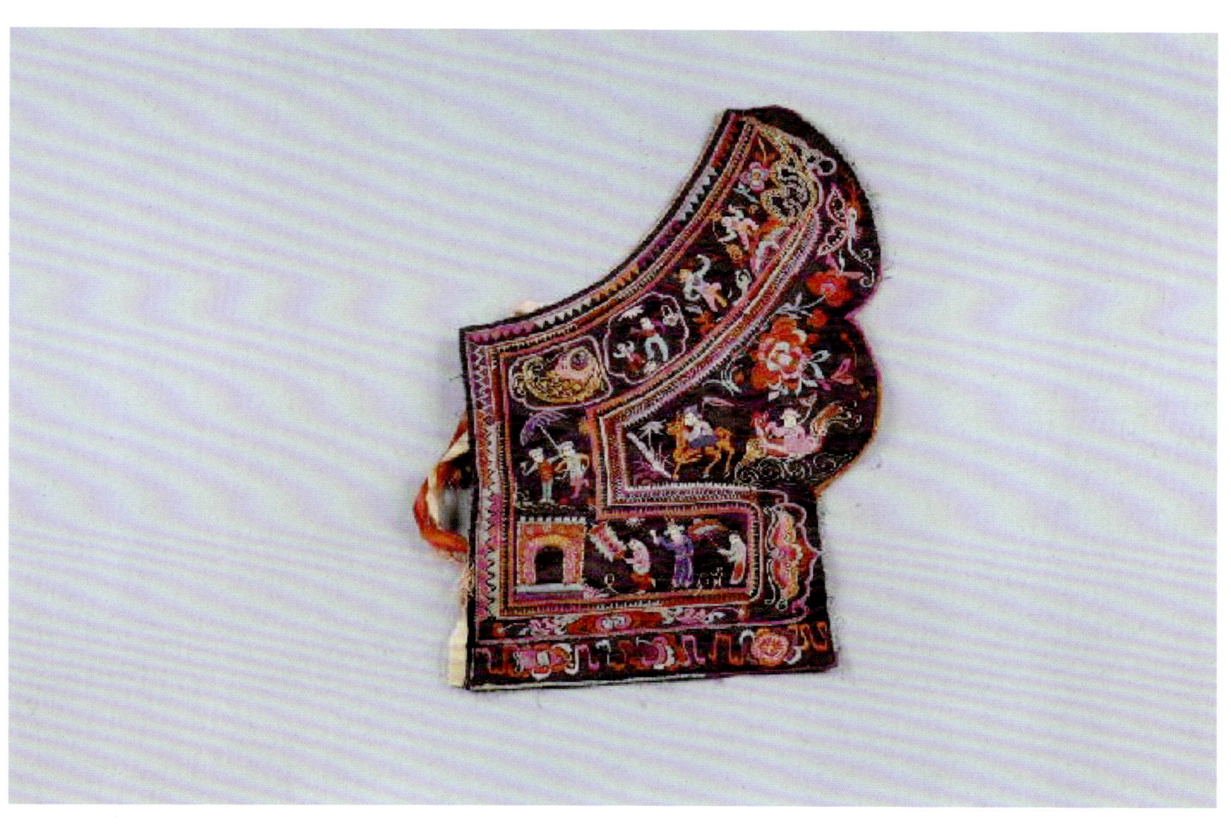

畲族妇女花衣左前襟装饰绣片，上内弧，左侧与下部直边，右边外连弧。黑缎地，多重锯齿纹界分内外两组纹饰，绣寓意吉祥的人物故事，如“麒麟送子”“吹箫引凤”“年年有余”“加官进爵”等，以及牡丹花卉、蝴蝶、葫芦等图案。绣品采用大红、紫、黄、松石绿、蓝等多种颜色丝线，运用各种传统针法绣制而成。背面贴湖绿色布双重绣制，无里子。该文物为福建博物院三级馆藏文物。

民国福安畲族纱蒙面巾之一

年代：民国

质地：纱

现藏于福建博物院。

该文物为福建博物院三级馆藏文物。

民国福安畲族纱蒙面巾之二

年代：民国

质地：纱

尺寸：长 53.2 厘米，宽 55.7 厘米

现藏于福建博物院。

征集自宁德市福安市坂中畲族乡仙岩村蓝明生。

印花方形面巾，机织细白布上以红、蓝、紫色单面印花，外围三方框从外到内分别为寿字，小花，折枝佛手、桃、石榴花卉等。正中方框佛手、蝴蝶、花卉等为地子，四角圆形开光，印三孩儿共捧大寿桃，中间圆形开光，印一组古装戏曲人物。该文物为福建博物院三级馆藏文物。

清霞浦畲族布围身裙

年代：清

质地：布

尺寸：长 45.7 厘米，腰长 39.5 厘米，宽 13 厘米，下摆宽 67.5 厘米

现藏于福建博物院。

征集于宁德市霞浦县青皎生产队。

该围裙为黑色围兜，呈长方形，腰与两侧镶蓝色，下摆较宽，兜身有折，黑色兜身两边及上缘缀红绿黄多色彩边，上缘、两侧以红绿丝线绣两层花纹，内层上缘双狮戏球，两侧双龙抢珠，外层上缘双凤对花，两侧杂宝、双龙舟图案，腰上两端扣袢，缺腰带。该文物为福建博物院三级馆藏文物。

民国霞浦畲族布围身裙

年代：民国

质地：布

尺寸：长 45 厘米，腰长 33.7 厘米，宽 11 厘米，下摆宽 57 厘米

现藏于福建博物院。

宁德市霞浦县鲤鱼山钟妹孙捐赠。

黑色围兜长方形，腰与两侧镶蓝色，下摆较宽，兜身有折，黑色兜身两边及上缘缀红绿黄多色彩边，上缘、两侧以红绿丝线绣两层花纹，内层上缘为双狮戏球，两侧“必定如意”等杂宝图案，外层上缘双凤对花，两侧福禄寿三星与瓶花图案，腰上两端扣袢，缺腰带。该文物为福建博物院三级馆藏文物。

民国霞浦畲族布脚绑

年代：20 世纪初

质地：布

尺寸：通长 40.6 厘米，通宽 26 厘米

现藏于福建博物院。

征集于宁德市霞浦县。

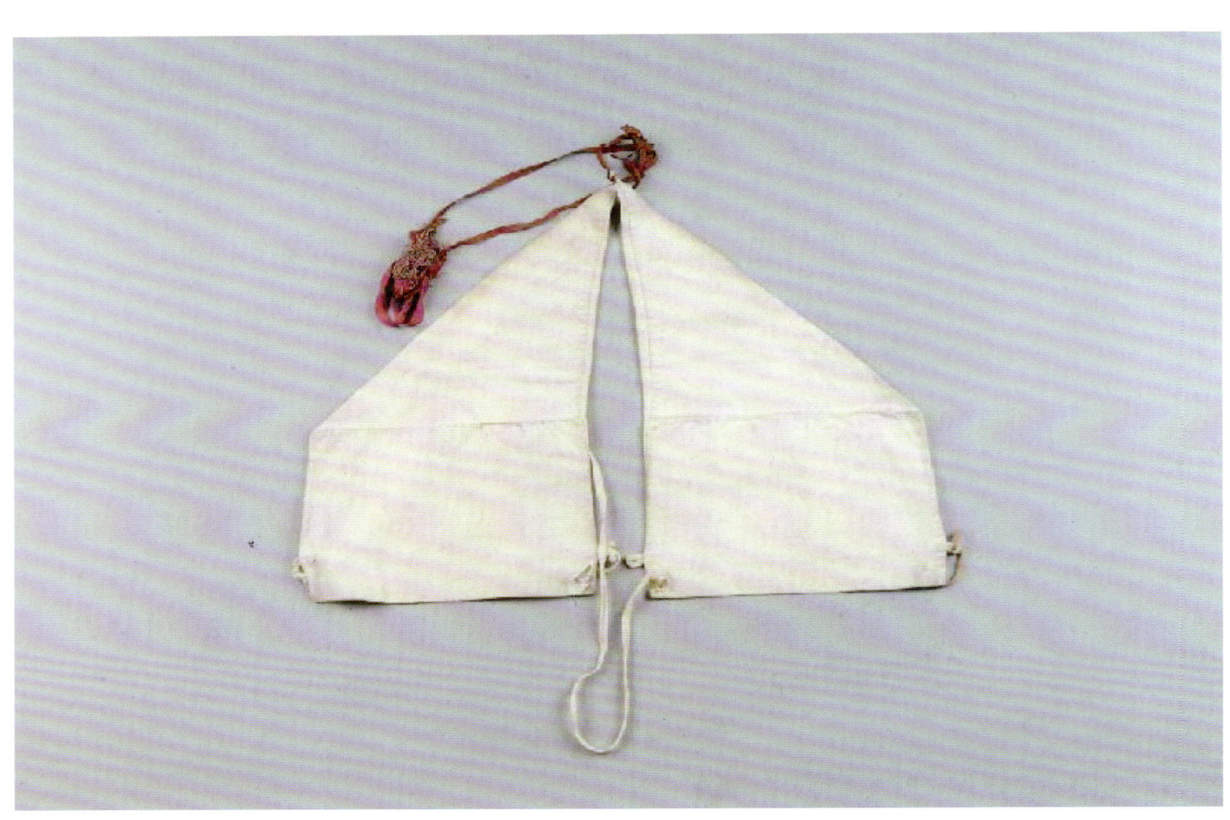

该脚绑为梯形，双面白色布，两直角钉圈形扣眼，穿细丝带，锐角上亦钉结细丝带，福建博物院三级馆藏文物。

民国霞浦畲族绸腰巾

年代：民国

质地：绸

尺寸：长 247 厘米，宽 42 厘米

现藏于福建博物院。

征集于宁德市霞浦县鲤鱼山蓝石相。

该腰巾为家用织布机织成，丝织，呈长条幅，湖蓝色，福建博物院三级馆藏文物。

民国霞浦畲族布男马褂

年代：民国

质地：布

尺寸：衣长 50 厘米，两袖通长 145 厘米，袖口宽 21 厘米，下摆宽 61.5 厘米

现藏于福建博物院。

征集于宁德市霞浦县雷大渠。

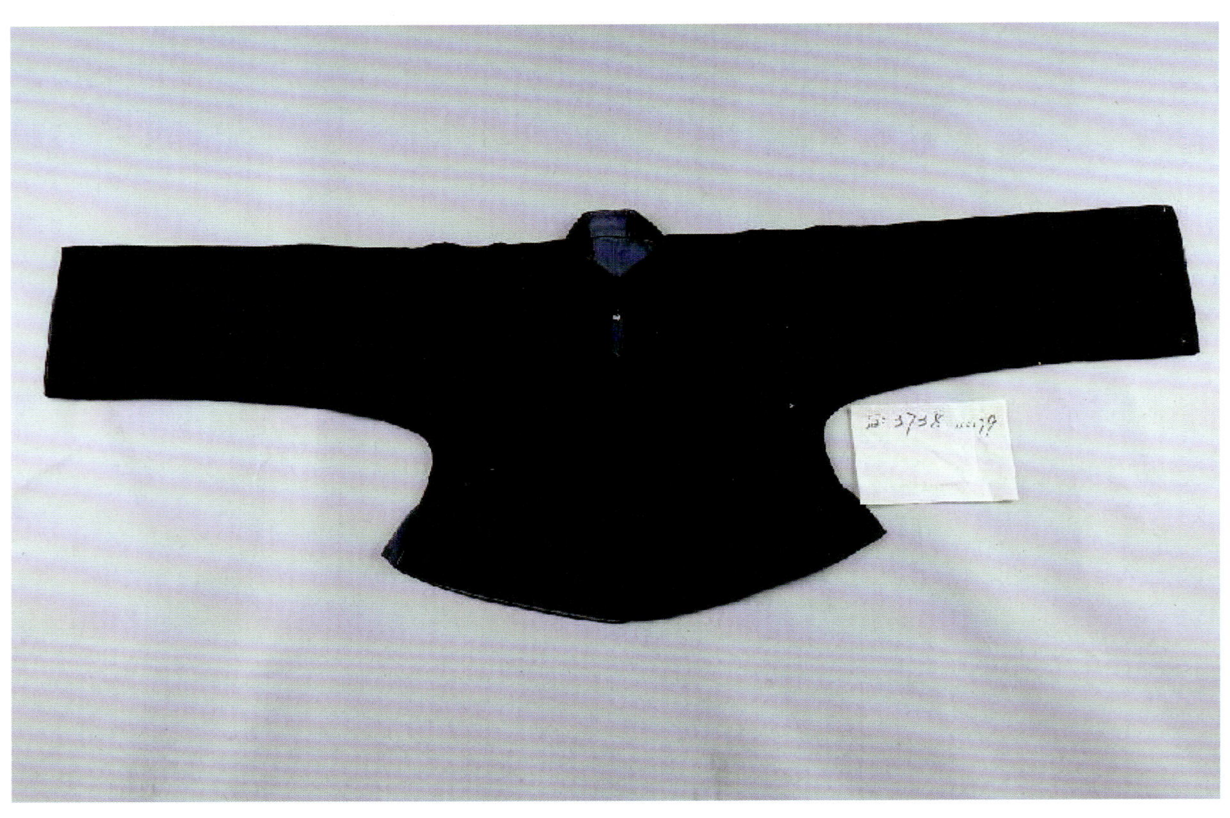

该马褂为黑色对襟长袖，小立领，五粒盘扣，前后裾等长，圆弧下摆，蓝色里子，福建博物院三级馆藏文物。

民国霞浦畲族布男婚衣

年代：民国

质地：布

尺寸：衣长 123 厘米，两袖通长 179 厘米，袖口宽 17 厘米，下摆宽 82 厘米

现藏于福建博物院。

征集于宁德市霞浦县鲤鱼山蓝石相。

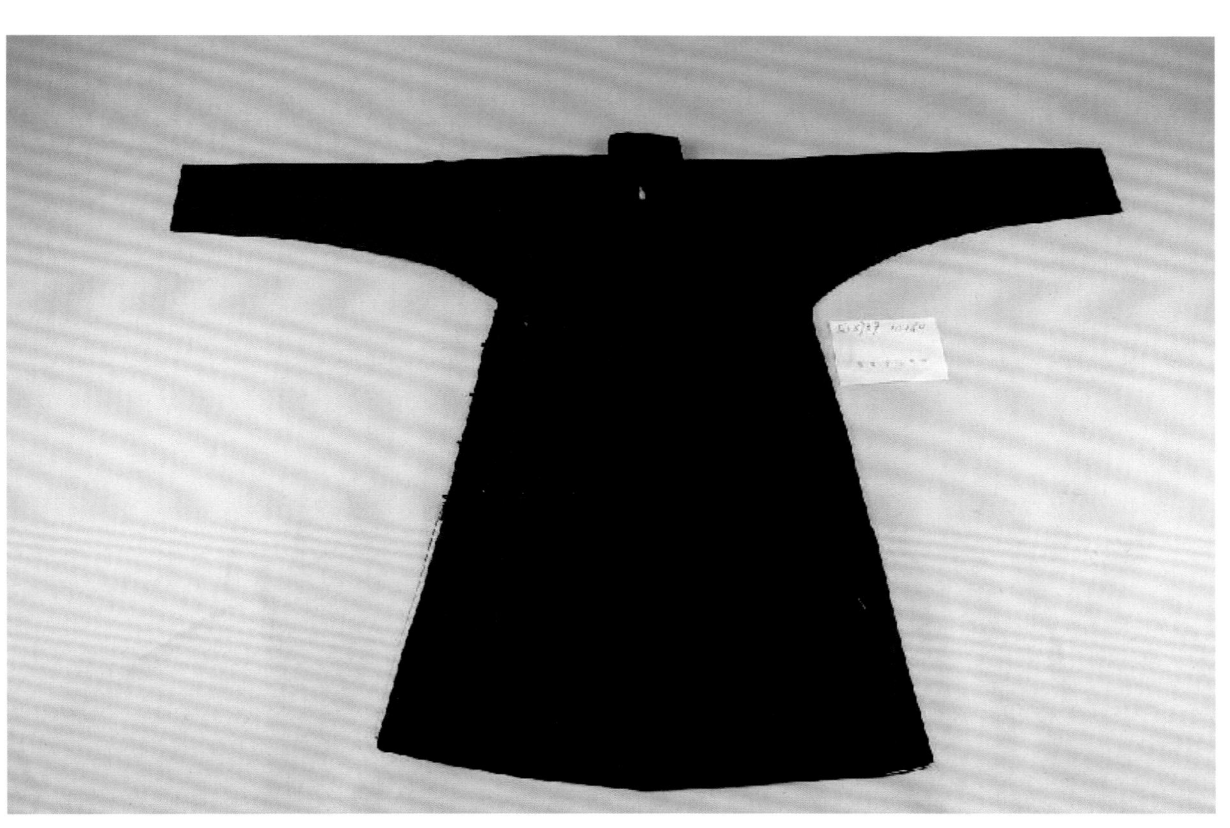

该婚衣为黑色右衽大襟长褂，窄长袖，小立领，领口有扣，斜式襟角，襟有五粒盘扣，两旁深开衩，前后裾等长，里子湖蓝色，福建博物院三级馆藏文物。

民国霞浦畲族布女鞋

年代：20 世纪初

质地：布

尺寸：通长 24.5 厘米，通宽 9.3 厘米

现藏于福建博物院。

征集于宁德市霞浦县雷雄和。

该鞋子为黑色面蓝苎布底平头鞋，鞋面上有一中脊绣一点红，当时称为“丹鼻鞋”，鞋口两侧钉锦带与红、绿短针，装饰较简单，福建博物院三级馆藏文物。

1958 年霞浦畲族布女围身裙

年代：1958 年

质地：布

尺寸：长 41 厘米，腰长 37.5 厘米，宽 6.3 厘米，下摆宽 66 厘米，带长 86 厘米，宽 4.5 厘米

现藏于福建博物院。

征集于宁德市霞浦县鲤鱼山蓝阿彦。

该围裙为黑色围兜，呈长方形，腰与两侧镶蓝色，下摆较宽，兜身有折，黑色兜身两边及上缘缀红绿多色彩边，两侧绣对称花篮盆花图案，腰带结于围兜袢上，作为系带使用，带为白色。该文物为福建博物院三级馆藏文物。

1958 年霞浦畲族布女花衣

年代：1958 年

质地：布

尺寸：衣长 79 厘米，两袖通长 130 厘米，胸围 46 厘米，下摆宽 66.5 厘米，袖口宽 16 厘米

现藏于福建博物院。

征集于宁德市霞浦县鲤鱼山蓝阿彦。

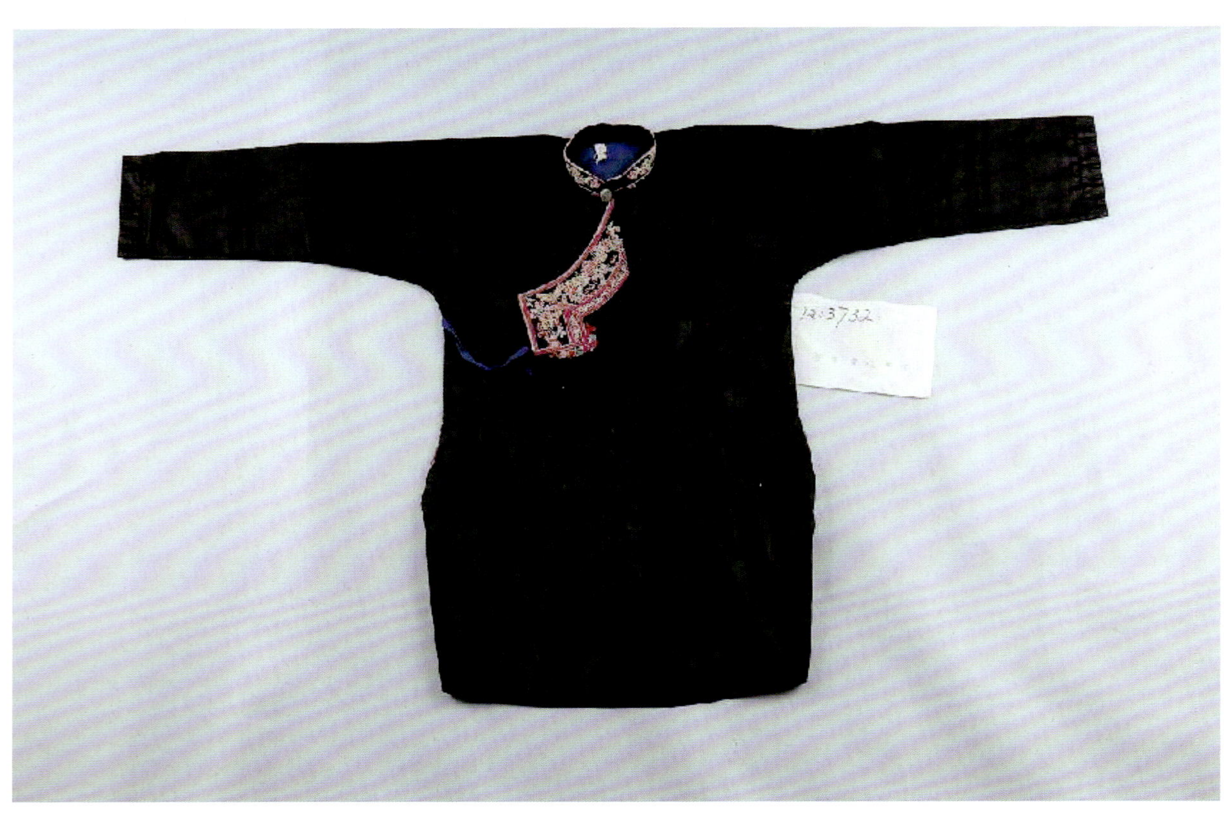

该花衣为黑色右衽大襟，小立领式，领口有扣，斜式襟角，襟角稍下方有系带，两旁深开衩，前后裾等长，衣衫袖口及两侧衣衩内缘均滚蓝边，襟角花纹图案未超出前襟中线，图案纹饰均绣于红色并行线间隙内，用色以深红与绿色为主，由弧形纹、圆点纹等构成双鱼跃龙门及双鸾、花卉等，领子一圈为普通花卉纹。该文物为福建博物院三级馆藏文物。

20 世纪福安畲族线织花带之一

年代：20 世纪

质地：布

尺寸：通长 72.6 厘米，通宽 6.1 厘米

现藏于福建博物院。

征集自宁德市福安市。

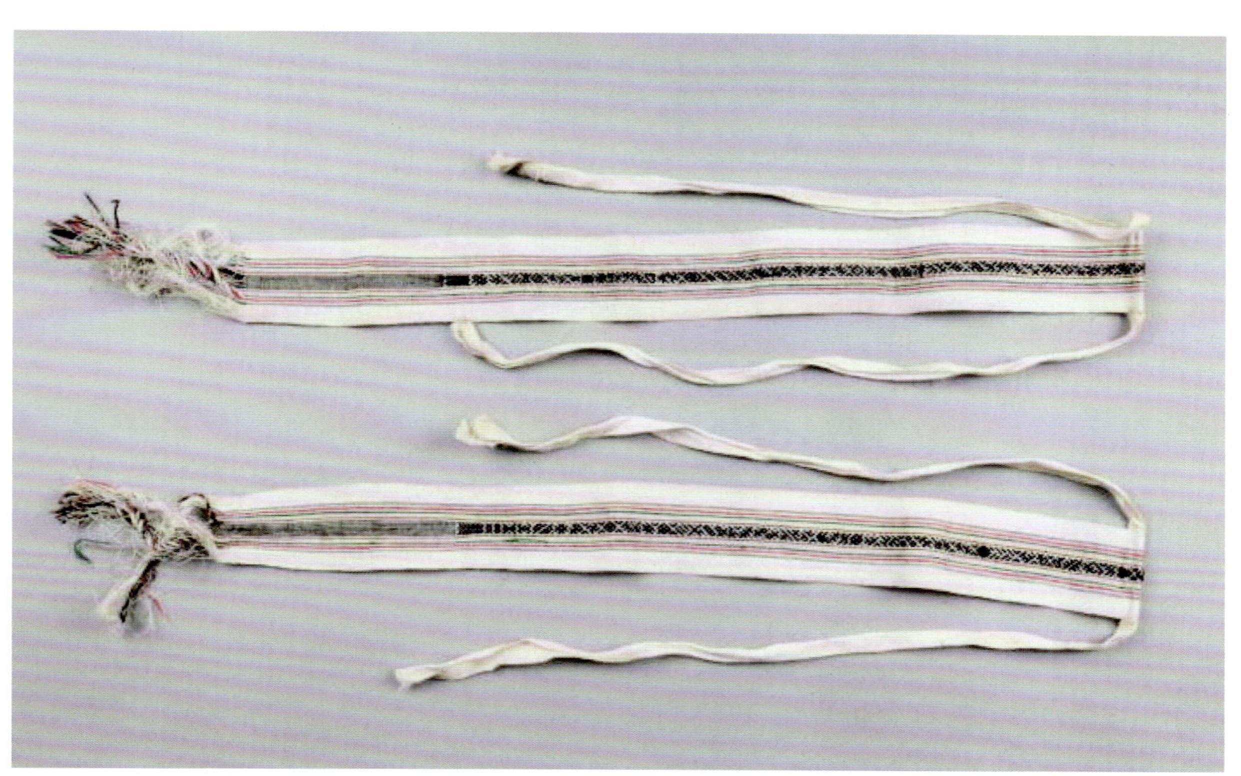

二条细长带子，留白边，以红黑白三色织出几何纹饰，一端缝边，穿白色带子，另一端飘絮状。畲族花带，亦称“山哈带”，又称“花带”“字带”，为畲族吉祥物，承载着古时畲族先民的祈福信号，保留着最原始的“意符文字”，成为最生动形象地代表着畲族民族文化的“活化石”，具有福安畲族人民独特的艺术风格。花带用途很广，一般作为装饰物，束在腰间，也是男女定情和定亲的礼物；还可用来捆扎衣物或作包袱，并视为吉祥物。畲族花带是畲族民间工艺品中最具有民族特色、最主要的一种民间工艺品。该文物为福建博物院三级馆藏文物。

20 世纪福安畲族线织花带之二

年代：20 世纪

质地：布

尺寸：通长 164 厘米，通宽 6.1 厘米

现藏于福建博物院。

征集自宁德市福安市仙岩村雷生弟。

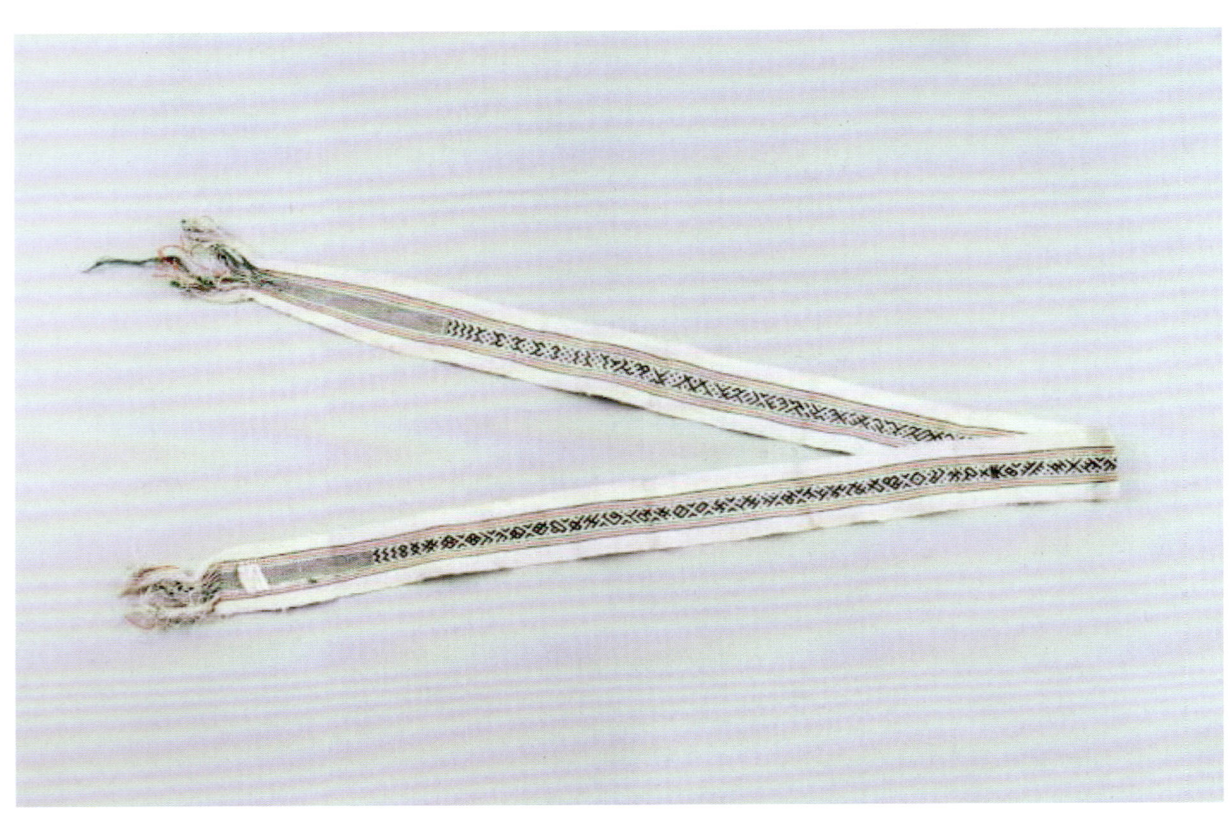

细长条带子，留白边，以红黑白三色织出几何纹饰，两端飘絮状。该文物为福建博物院三级馆藏文物。

20世纪福鼎畲族线织花带之一

年代：20 世纪

质地：布

尺寸：通长 109 厘米，通宽 3.7 厘米

现藏于福建博物院。

宁德市福鼎市浮柳村蓝美莲捐赠。

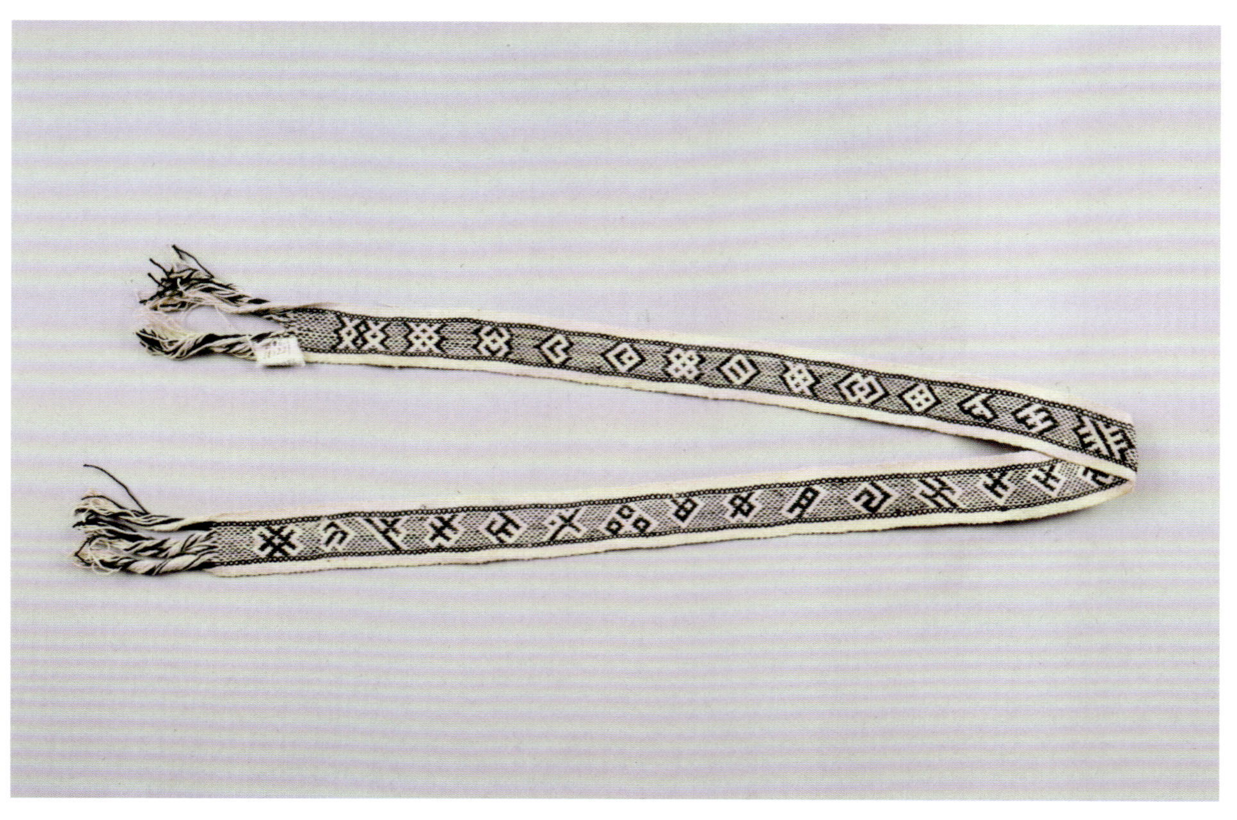

细长条带子，留白边，以黑白颜色织出方胜纹、菱形纹及其他几何纹，两端飘絮状。该文物为福建博物院三级馆藏文物。

20 世纪福鼎畲族线织花带之二

年代：20 世纪

质地：布

尺寸：通长 168—198.6 厘米，通宽 1.3—4.6 厘米

现藏于福建博物院。

征集自宁德市福鼎市佳阳畲族乡双华村李春花。

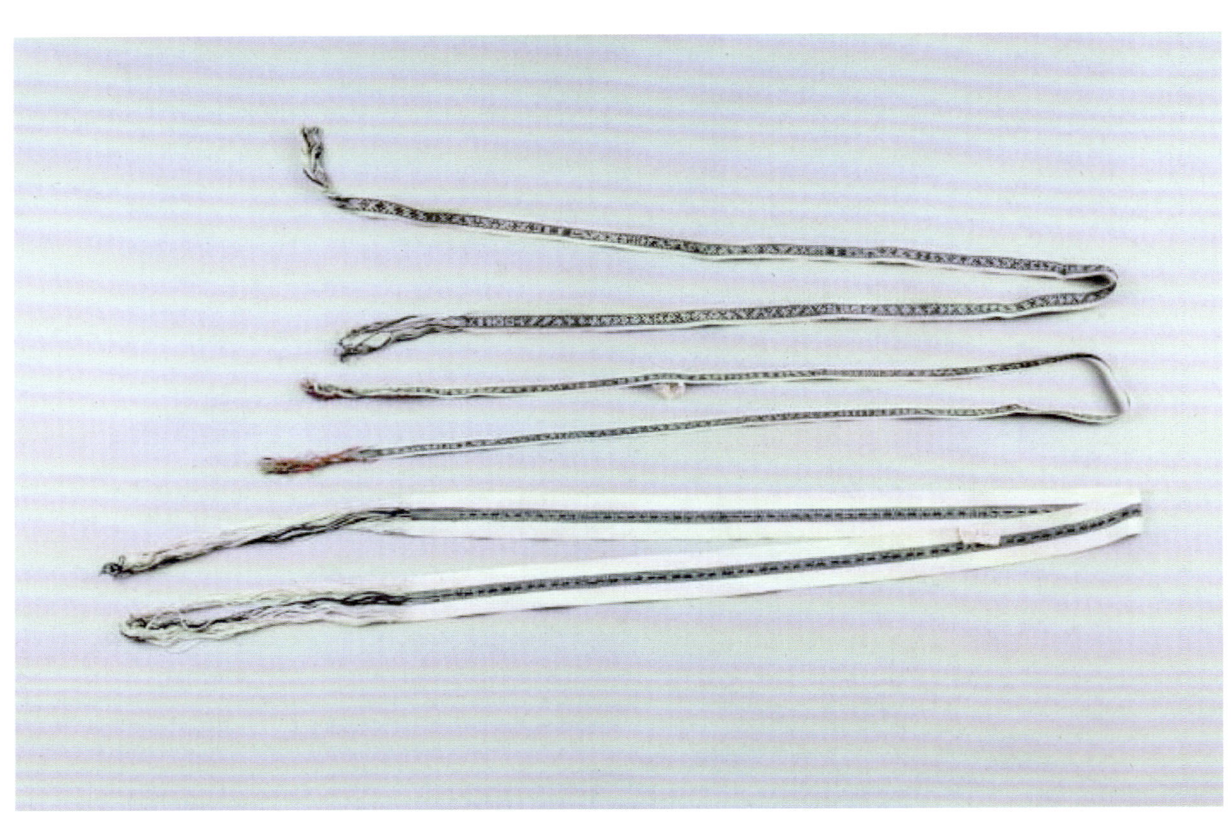

细长条带子，留白边，三条图案不同，边的宽窄不一，以黑白颜色织出不同的黑白图案，有方胜纹、菱形纹及其他几何纹，两端飘絮状。该文物为福建博物院三级馆藏文物。

20 世纪宁德畲族线织花带

年代：20 世纪

质地：布

尺寸：通长 142 厘米，通宽 5.9 厘米

现藏于福建博物院。

征集自宁德市雷东村雷庆为。

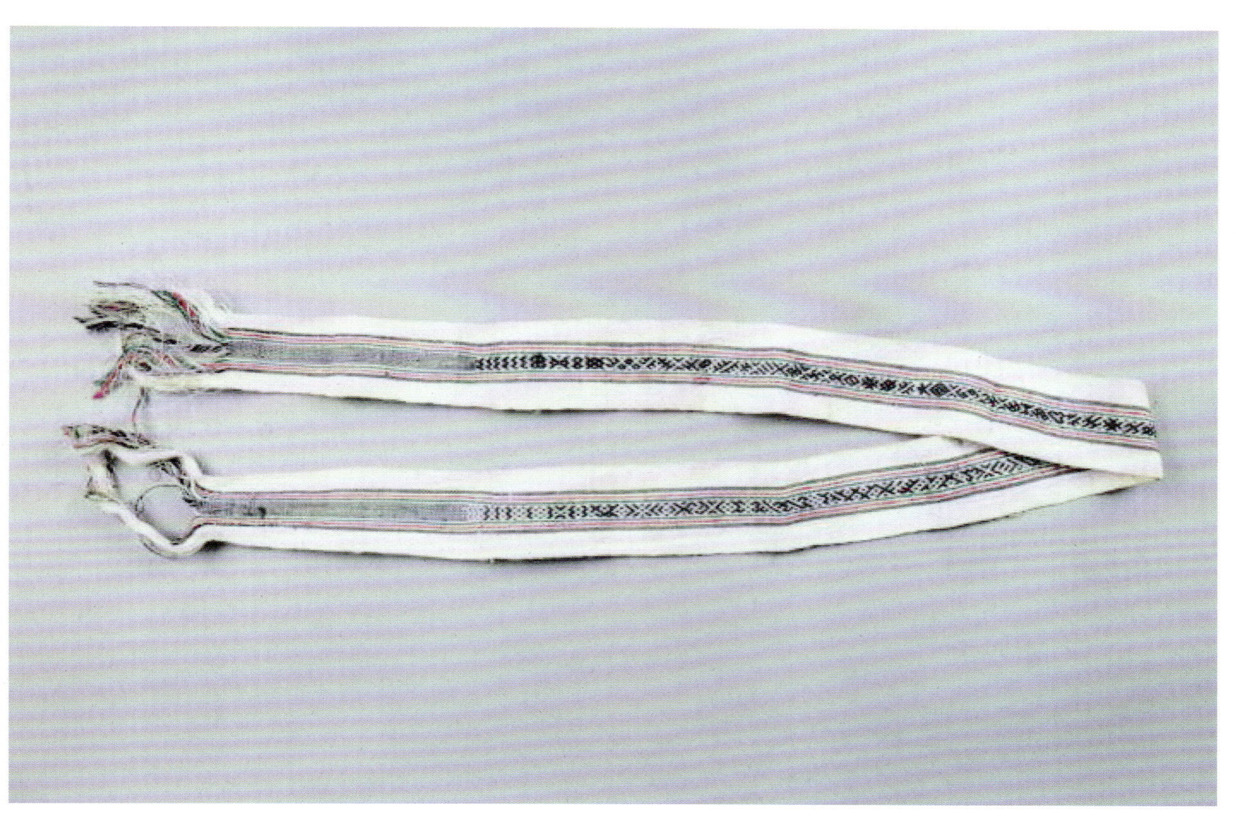

细长条带子，留白边，以红黑白三色织出几何纹饰，两端飘缨絮。该文物为福建博物院三级馆藏文物。

20 世纪霞浦畲族线织花带

年代：20 世纪

质地：布

尺寸：通长 70.2 厘米，通宽 6.5 厘米

现藏于福建博物院。

宁德市霞浦县雷瑶姐捐赠。

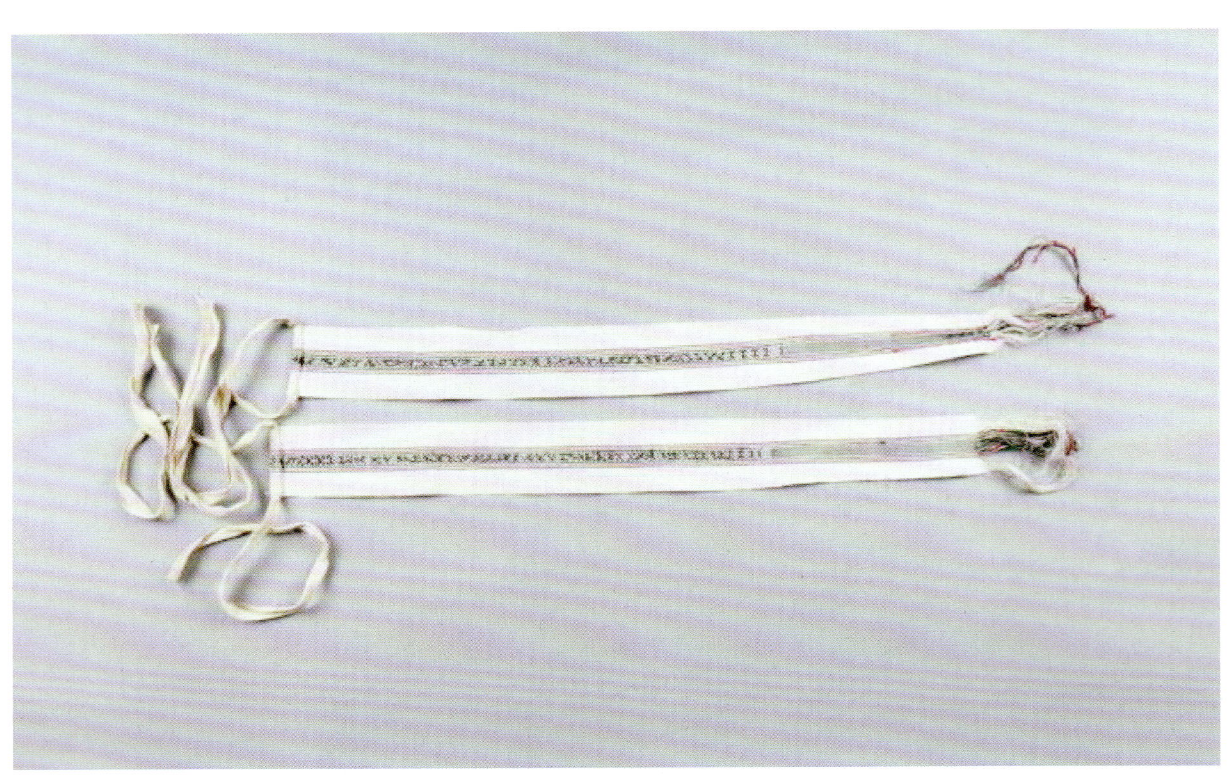

二条细长带子，留白边，以红黑白三色织出几何纹饰，一端缝边，穿白色带子，另一端飘絮状。该文物为福建博物院三级馆藏文物。

清光泽畲族布女衣

年代：清

质地：布

尺寸：衣长 88 厘米，两袖通长 148 厘米，袖口宽 21 厘米，下摆宽 65 厘米

现藏于福建博物院。

征集于南平市光泽县东山村枫树垅。

该女衣为蓝色土布右衽大襟，小矮领，斜角式襟角，两旁深开衩，前后裾正中弧折，袖口、大襟角边沿滚白边，领口、襟边共有五粒布扣，福建博物院三级馆藏文物。

民国光泽畲族布女裙

年代：民国

质地：布

尺寸：裙长 84 厘米，裙腰长 53.5 厘米，宽 9.2 厘米，裙摆宽 69 厘米

现藏于福建博物院。

征集于南平市光泽县东山村枫树垅。

该女裙为黑色布制作，白色裙腰旁钉扣绊，右裙角开叉，裙摆用红白格子斜条贴饰一圈高低不一如城垛式装饰，福建博物院三级馆藏文物。

民国光泽畲族布女腰带

年代：民国

质地：布

尺寸：长 220.5 厘米，宽 7.2 厘米

现藏于福建博物院。

征集于南平市光泽县儒州村。

该腰带为蓝色苎麻编织细长条，双层，两头用黄绿色线钉细密的针脚，福建博物院三级馆藏文物。

民国光泽畲族布脚绑

年代：民国

质地：布

尺寸：长 38.6 厘米，宽 37.5 厘米

现藏于福建博物院。

征集于南平市光泽县白石村。

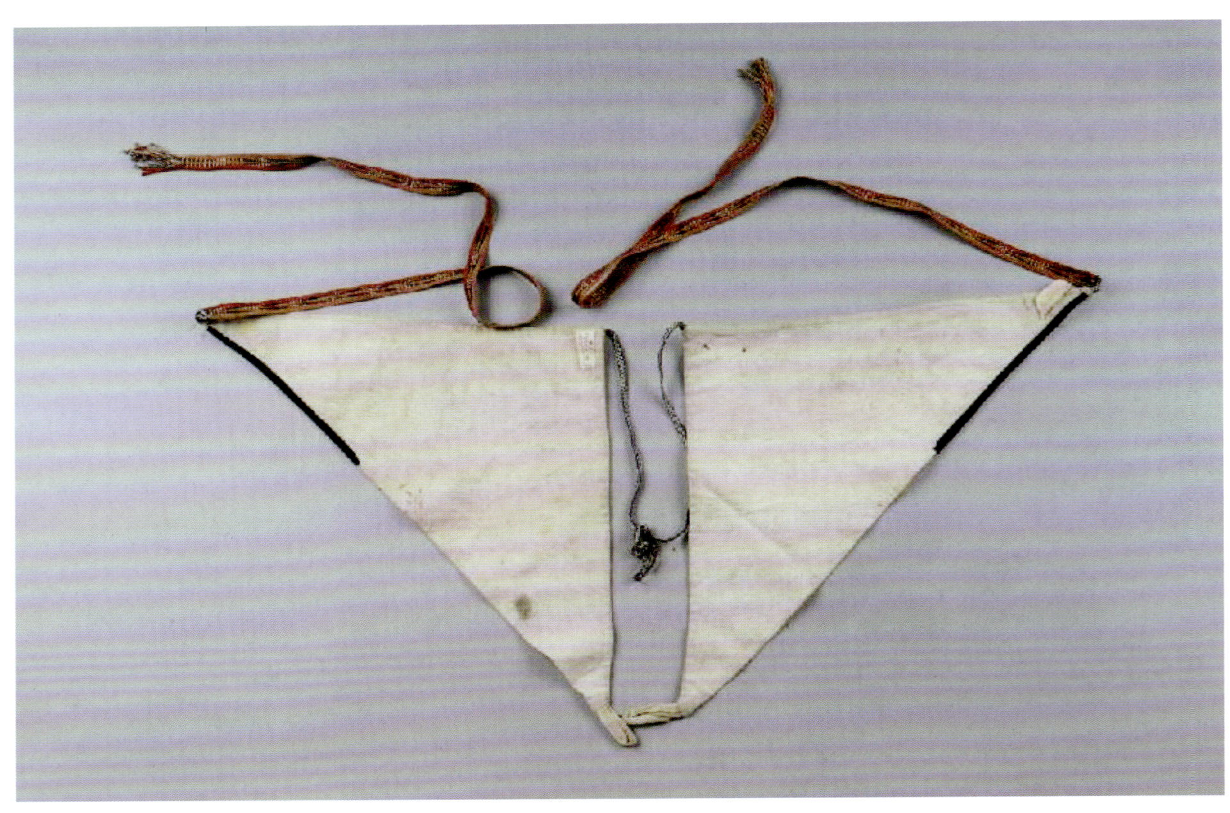

该脚绑为三角形，双面白色布，一斜边上镶一段蓝色，一锐角钉圈形扣眼，其他两角上钉两种不同颜色的细丝带，福建博物院三级馆藏文物。

民国光泽畲族布女花鞋

年代：民国

质地：布

尺寸：通长 25 厘米，通宽 7 厘米

现藏于福建博物院。

征集于南平市光泽县白石村。

该鞋子为黑色面白布底尖头鞋，鞋面尖头上有一中脊，脊顶尖勾，两侧红、黄、绿丝线绣折枝花，金黄色布滚边，后跟鞋面未封口，福建博物院三级馆藏文物。

民国男坎肩

年代：民国

质地：布

现藏于闽东畲族博物馆。

男短褂，加穿于大襟长衫之外。对襟，无领，以蓝楷布（窄门厚土布）缝制，正胸直排铜扣（或布纽）5 枚，前后衣片以黑布厚添（5 厘米 ×10 厘米）共有 10 片左右，相连于腋下，相连处刺绣图案或花边。

民国女坎肩

年代：民国

质地：布

现藏于闽东畲族博物馆。

女短褂，对襟，有领。以黑粗麻布缝制，正面领口处直排一铜扣，中、下各有双排铜扣，共 5 枚，铜扣形似硬币，直径 1 厘米，面有錾花。前后衣片无以布厚添，两侧开裂口大，仅在腰处以一小片布相连，穿着便于哺妇喂奶。领口及襟处刺绣许多图案和花边。

民国裙带

年代：民国

质地：布

尺寸：长 90 厘米，宽 3 厘米

现藏于闽东畲族博物馆。

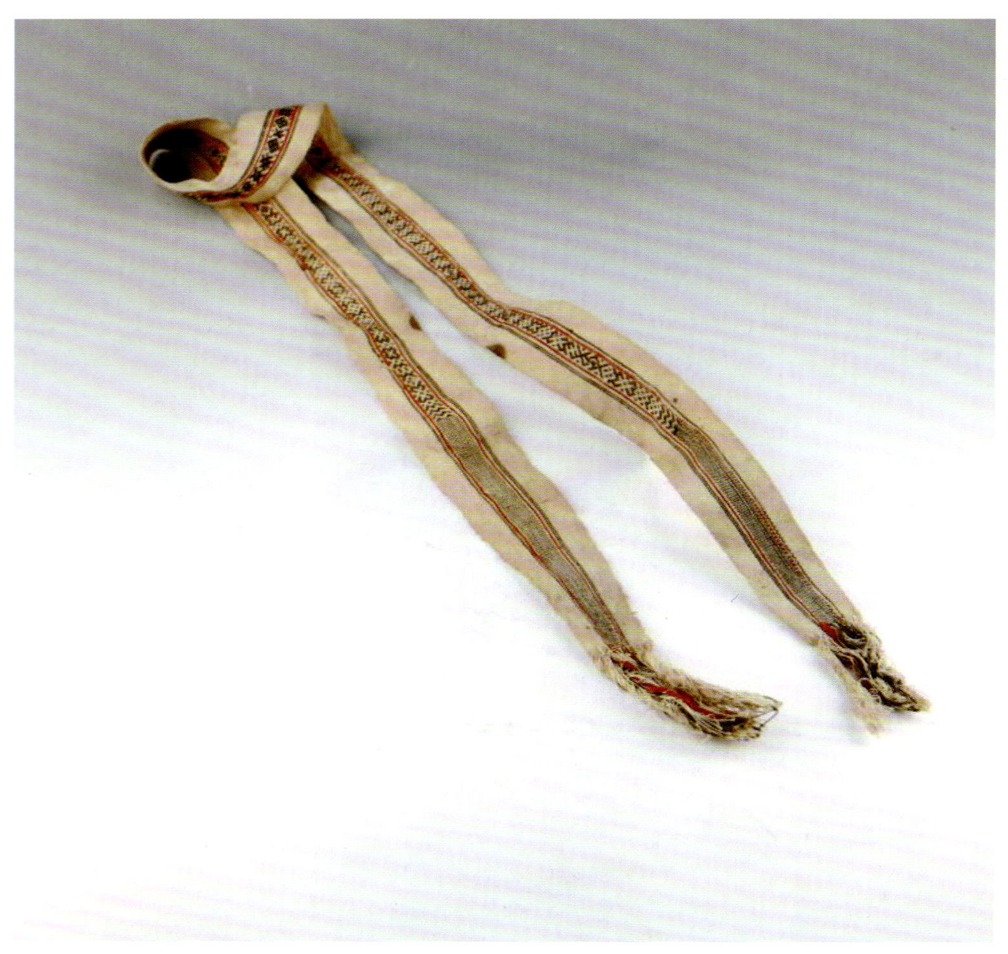

该裙带用各种颜色的丝线手工编织而成，色彩多样有蓝底红花、绿底白花、白底黑字纹饰多种，且织有“田、由、甲、申”字样和双菱几何纹样。花样集中于带子的中部，宽约 1.5 厘米。编织裙带是畲族妇女的基本功，畲族姑娘通常七八岁就开始学织带。

民国宽布带

年代：民国

质地：布

尺寸：长 260 厘米，宽 40 厘米

现藏于闽东畲族博物馆。

布带，一般色彩为蓝色，是畲族妇女劳动时系在腰部的“护身带”。布带也是畲族妇女节日时的装饰品，色彩鲜艳，布面为蓝色花格，两头绣有 10 厘米的五色花边，两端系腰后伸出一大截，如凤凰的尾巴。

民国新娘腰带

年代：民国

质地：布

尺寸：长 200 厘米，宽 4.5—6 厘米

现藏于闽东畲族博物馆。

该腰带由白色素面棉线织成。两端呈须穗状，系时，裙带先往后围再转前围，在腰部正前打结，剩余部分垂于围裙正中央。相传此象征宫服之“围带”。黑白分明，与两侧绣花相映，显得格外秀美庄重。

民国香袋

年代：民国

质地：布

尺寸：长 11 厘米，宽 3—8 厘米

现藏于闽东畲族博物馆。

香袋是畲族姑娘送给男方的定情物，用各色棉布或丝绸经手工精心刺绣而成。袋下宽 8 厘米，上宽 3 厘米，长 11 厘米，呈梯形状。袋口两旁各系有长 40 厘米的带子，且配有红色或紫色的缨珞。袋表面刺绣各种图案，一般以花卉为主，也有人物和传说故事。袋内装香料（当地山上采的草药配制），挂于床楣处，以避邪和驱蚊，也有装烟丝，系在腰间充当烟袋。

民国凤凰冠

年代：民国

质地：布、银、竹

现藏于闽东畲族博物馆。

畲家凤凰冠，福安畲族称之为“圣疏”，意为皇上钦赐的圣物，是畲族少女出嫁时所必戴的。它是一个用竹壳外包红布缝成平顶长方形的头冠，上贴一片片四四方方的錾有凤鸟图案的银牌，轻薄如纸，再缀上红线穿起的一小串一小串的五色料珠，挂在头冠的四周，冠的正面系有七至九条的银链，链上再系大大小小数不清的凤鸟、蝴蝶图案的银牌和小铃铛。戴时这些链牌就能垂到胸前，遮住脸部，摇来晃去，叮当作响，意为“凤凰带子又带孙”煞是好看。

民国新郎帽

年代：民国

质地：布

现藏于闽东畲族博物馆。

男子结婚礼帽，为黑缎官帽，整体表黑，宽沿外敞，顶缀以 2 厘米大的红布球或铜质圆珠，球顶下垂以红丝线编成的缨穗，故又称“红缨帽”或“红包帽”。民国以来逐渐改为圆沿礼帽（高帽）。

霞浦畲族妇女花鞋

质地：布

现藏于闽东畲族博物馆。

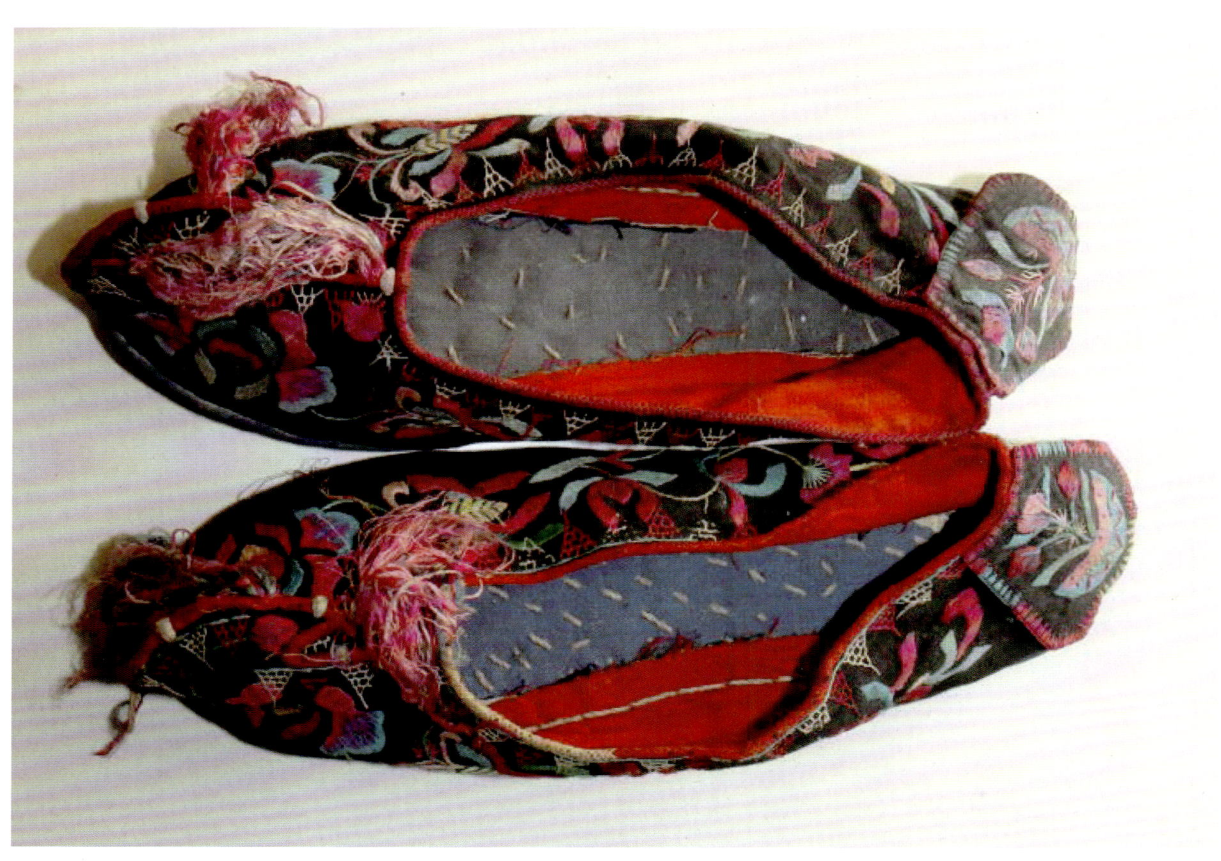

霞浦妇女花鞋，为圆口黑布厚底，有鼻鞋，前有突出的中脊，称“单鼻鞋”，鞋中边缘以红、黄、绿诸色线镶制。鞋头、鞋底皆有乡花或花边，还用金色丝增其华丽。

巫师袍

质地：布

尺寸：衣长 125 厘米，连袖宽 216 厘米

现藏于闽东畲族博物馆。

该袍为对襟、无领、宽袖。上绘 4 条四爪腾龙。袖口、下摆、门襟为黑色底，上绘云纹、勾连纹，以及道教图案、文字，法师做功德或法事时所穿。

清福安畲族布法帽

年代：清

质地：布

尺寸：高 13 厘米，直径 15 厘米

现藏于福建博物院。

征集自宁德市福安市穆阳村。

方形黑色帽。以尖角朝前戴于头，帽顶无纹饰，前左右两侧四角绣如意纹，中间绣团形寿字，后左右两侧双重可翻开，外层四角绣如意纹，中间为“S”纹，有如太极。帽里为烟色，黄色绸。

清霞浦畲族皮法帽

年代：清

质地：皮

尺寸：高 17.2 厘米，宽 33 厘米

现藏于福建博物院。

征集自宁德市霞浦县盐田畲族乡。

冠帽顶部装饰，纸板上色呈扇形，两端云纹，三组圆形间锯齿纹，中间圆形上画符箓，左右书“日”“月”，扇形面上画锯齿纹与菱形纹。下方以白带子缝制，左右留长条可以捆绑于脑袋。该文物为福建博物院三级馆藏文物。

民国福安畲族麻法师裙

年代：民国

质地：麻

尺寸：裙长 88 厘米，腰长 46 厘米，宽 13 厘米，裙摆宽 138 厘米

现藏于福建博物院。

征集于宁德市福安市穆阳村。

此裙为苎麻布缝制，宽下摆，腰间抽细折，裙子为烟色，腰部及下摆为蓝色；腰带钉布绊扣，穿带系扎。该文物为福建博物院三级馆藏文物。

1953 年福安县畲族仙岩乡自治区人民政府赠给互助先锋的锦旗

年代：1953 年

质地：布

尺寸：长 55 厘米，宽 86 厘米

现藏于福建博物院。

此锦旗系福安县畲族仙岩乡自治区人民政府赠给互助先锋的锦旗，白布头、齿状边，红布嵌白字。该文物为福建博物院三级馆藏文物。

九、玺印符牌

元八思巴文扁柄方形铜印

年代：元

质地：铜

尺寸：边长 6.5 厘米，柄高 4.72 厘米，通高 6.58 厘米

现藏于漳州市平和县博物馆。

1986 年征集于漳州市平和县。

铜印为方形，印面为平沿，印柄为长方形扁柄，柄端残损，表面漫锈，平沿内阳刻八思巴文。印文八思巴文是元朝忽必烈时期由“国师”八思巴创制的蒙古文字，世称“八思巴蒙古新字”，它的创制推广在一定程度上推进了蒙古人社会的文明进程。该文物为平和县博物馆二级馆藏文物。

元八思巴文管军把总扁柄方形铜印

年代：元

质地：铜

尺寸：边长 6.5 厘米，柄高 4.2 厘米，通高 6.5 厘米

现藏于漳州市平和县博物馆。

1986 年征集于漳州市平和县。

铜印为方形，印面为平沿，印柄为长方形扁柄，平沿内阳刻八思巴文印文。

该方铜印是元代重要的实物见证，对研究元代文化有一定的价值。八思巴文是元朝创立的官方文字，主要用于官方文书、旨书、牌符、官印等。八思巴文印不仅是对元代文化的继承，还有助于对元代的政治、经济、军事等进行研究。该文物为平和县博物馆二级馆藏文物。

清阴文蓝国威印寿山石方章

年代：清

质地：寿山石

尺寸：边长 1.8 厘米，高 5.5 厘米

现藏于漳浦县博物馆。

1990 年 7 月出土于漳州市漳浦县赤岭畲族乡前园村蓝国威墓。

清阴文“蓝国威印”寿山石方章，为墓主蓝国威陪葬品，是同墓出土的三枚寿山石章之一。该文物为漳浦县博物馆三级馆藏文物。

清蓝国威朱文护封寿山石方章

年代：清

质地：寿山石

尺寸：边长 1.7 厘米，高 4.3 厘米

现藏于漳浦县博物馆。

1990 年 7 月出土于漳州市漳浦县赤岭畲族乡前园村蓝国威墓。

清蓝国威朱文“护封”寿山石方章，是同墓出土的三枚寿山石章之一。该文物为漳浦县博物馆三级馆藏文物。

清蓝国威朱文“赤山”寿山石椭圆形章

年代：清

质地：寿山石

尺寸：长 2.4 厘米，宽 1.3 厘米，高 6.0 厘米

现藏于漳浦县博物馆。

1990 年 7 月出土于漳州市漳浦县赤岭畲族乡前园村蓝国威墓。

清蓝国威朱文“赤山”寿山石椭圆形章，是同墓出土的三枚寿山石章之一。该文物为漳浦县博物馆三级馆藏文物。

民国寿山石萨镇冰方章

年代：20 世纪初

质地：寿山石

尺寸：其一，高 13 厘米，长 3.6 厘米，宽 3.7 厘米；

其二，高 13 厘米，长 3.6 厘米，宽 3.7 厘米

现藏于福建博物院。

寿山高山桃花石，顶部随形，清末薄意雕山水通景，一方形印章白文“萨镇冰”，边款“乙丑花朝挺生凝汉铸印”，另一方白文篆书“肃威将军章”，边款“鼎公省长大前辈鉴存，晚陈建谨篆”。该文物为福建博物院三级馆藏文物。

第二次国内革命战争时期“上杭县庐丰区互济会”木长方印章

年代：20 世纪 20—30 年代

质地：木

现藏于上杭县博物馆。

1928 年 1 月，中共上杭临时县委在庐丰畲族聚居地成立；3 月，中共上杭县委正式成立，机关设在庐丰；5 月，畲民蓝鸿翔担任中共上杭县委书记。该文物见证了第二次国内革命战争时期上杭县庐丰区安乡武装割据正式形成，对研究革命历史具有一定价值。该文物为上杭县博物馆三级馆藏文物。

第二次国内革命战争时期"上杭县庐丰区安乡苏维埃政府"木长方印章

年代：20 世纪 20—30 年代

质地：木

现藏于上杭县博物馆。

1934 年 2 月，闽东苏维埃政府下辖 9 个县级苏维埃政府，42 个区级苏维埃政府，其中有 3 个区级苏维埃政府设在畲族聚居地。同年，畲族聚居地先后建立了乡级苏维埃政府 21 个，90% 的畲族村建立了苏维埃政府，担任村苏维埃主要干部的畲民有 500 余人。

该文物见证了第二次国内革命战争时期上杭县庐丰区安乡武装割据正式形成，对研究革命历史具有一定价值，为上杭县博物馆三级馆藏文物。

第二次国内革命战争时期“上杭官庄区拥护红军委员会”布证章

年代：20 世纪 20—30 年代

质地：布

现藏于上杭县博物馆。

该文物是红军深受人民拥护的见证，是弘扬红色文化最直观、最有效的载体，对研究革命历史具有一定价值，为上杭县博物馆三级馆藏文物。

福安市上南柏柱苏区公章

年代：民国

质地：木

尺寸：长 45 厘米，宽 2.8 厘米，厚 4 厘米

现藏于闽东畲族博物馆。

该公章用柚木制作。上刻楷体“福安上南柏柱区苏维埃政府布告第 号”，每字 3 厘米 ×2.5 厘米，保留红印泥。1934 年福安上南柏柱区苏维埃政府的布告专用章。革命低潮时期，福安仙人迹村畲族钟迪波冒着生命危险把它保藏下来。

20世纪50年代“福安县王溪畲族乡人民委员会”印

年代：20 世纪 50 年代

质地：木

尺寸：通高 8.2 厘米，印面直径 3.9 厘米

现藏于福建博物院。

征集于宁德市原福安县王溪大队。

该印章为木质，圆形，印面刻阳文“福安县王溪畲族乡人民委员会”。中华人民共和国成立之后，中央人民政府在畲族人口较多的畲族村建立了畲族行政机构，包括畲族乡、畲族大队等，此为 20 世纪 50 年代时福安县王溪畲族乡成立后的见证。该文物为福建博物院三级馆藏文物。

20世纪50年代“福鼎县浮柳畲族乡人民委员会”圆印

年代：20 世纪 50 年代

质地：木

尺寸：通高 7 厘米，印面直径 3.9 厘米

现藏于福建博物院。

征集于原福鼎县浮柳畲族乡人民委员会。

该印章为木质，圆形，印面刻阳文“福鼎县浮柳畲族乡人民委员会”，此为20 世纪 50 年代时福鼎县浮柳畲族乡成立后的见证。该文物为福建博物院三级馆藏文物。

20世纪50年代“福安县燕洋畲族乡人民委员会”圆印

年代：20 世纪 50 年代

质地：木

尺寸：通高 8.2 厘米，印面直径 3.9 厘米

现藏于福建博物院。

征集于原福安县燕洋畲族乡人民委员会。

该印章为木质，圆形，印面刻阳文“福安县燕洋畲族乡人民委员会”，此为20 世纪 50 年代时福安县燕洋畲族乡成立后的见证。该文物为福建博物院三级馆藏文物。

20 世纪 50 年代畲族女运动员吴依妹所获奖章

年代：20 世纪 50 年代

质地：铜

尺寸：直径 4.8 厘米，通长 5.3 厘米，奖章面长 3.5 厘米，奖章面宽 3.8 厘米

现藏于福建博物院。

奖章为圆形，正面图案以红色射线为地上浅浮雕麦穗及运动员投掷标枪图案，顶端系活环连接长方形牌，牌上刻“福建省第一届人民体育运动大会优胜”；背面刻“首届大会奖　第 1 名”。该文物为福建博物院三级馆藏文物。

十、书法、绘画作品

1943 年萨镇冰楷书轴

年代：1943 年

质地：纸质物

尺寸：本纵 86 厘米，本横 25 厘米，裱纵 180 厘米，裱横 39.5 厘米

现藏于福建博物院。

隴上驅車道路長秋高鸞旆過邊疆村稀却喜民
風樸野曠惟憑馬力強度漠連朝無水草入關每
邑有林場左公一舉天山定使我邦人壽且康
文掊女士雅正
癸未初冬薩鎮冰

萨镇冰的祖先是元代南下的蒙古族。他出生在书香门第，在福州长大。萨镇冰的楷书细腻、温婉，有着不带火气的沉稳。观其书法，笔笔工整细洁，勾划之间体现了扎实、深厚的功底。该文物为福建博物院三级馆藏文物。

十一、乐器、法器

清福安畲族法师锡净盂

年代：清

质地：锡

尺寸：通高 5 厘米，底径 4.5 厘米，直径 5.2 厘米

现藏于福建博物院。

征集于宁德市福安市穆阳村。

该净盂为敞口，内敛，深腹，底有托座，托座花瓣形，底内凹平浮雕花卉，为畲族法师在祭祀上所用的法器。畲家的祭祀仪式包括祭祖、请祖、奏名传法、招兵等。该文物为福建博物院三级馆藏文物。

清福鼎畲族龙杖

年代：清

质地：木

尺寸：长 122 厘米

现藏于福建博物院。

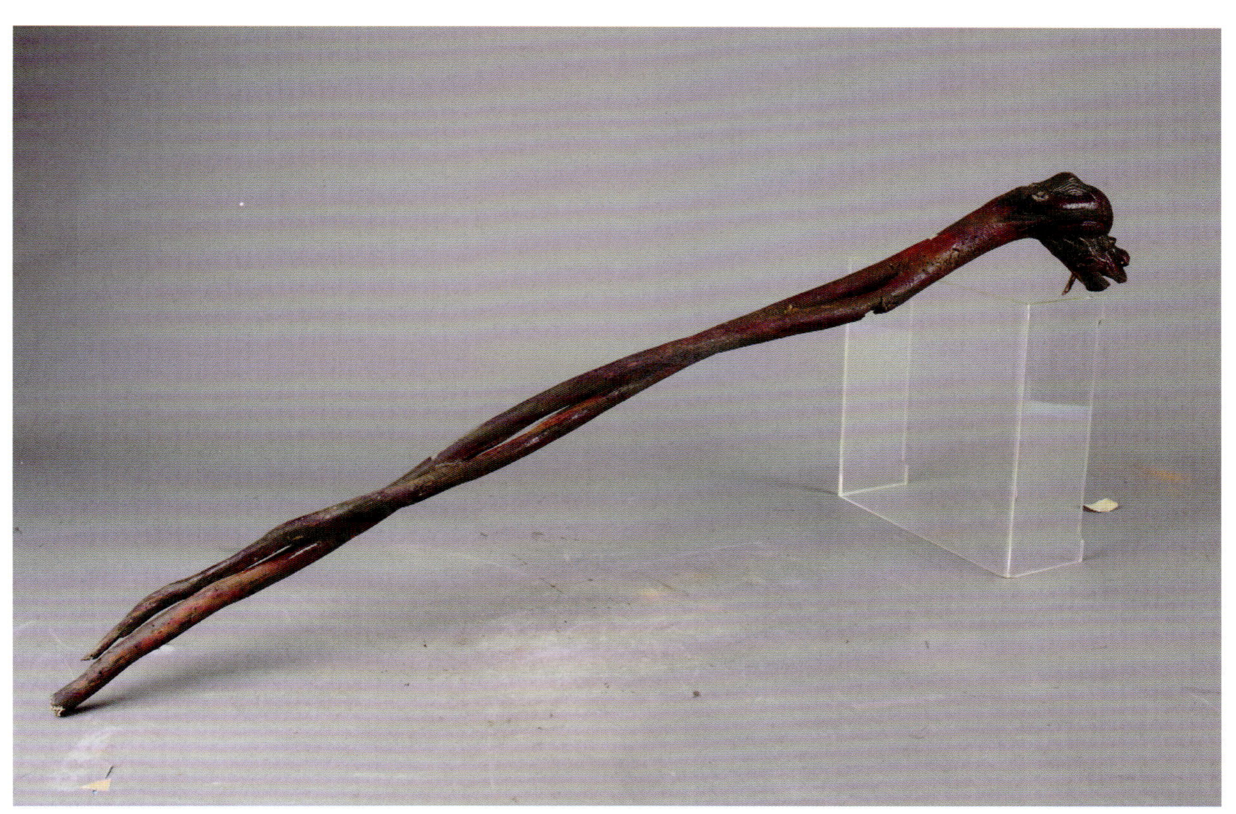

该龙杖为天然树根雕刻，杖由两树根绞合一体且不平，杖头粗大，雕刻龙头，张嘴，高鼻梁，突眼，光头，须发后拂，外表上红漆，略有虫蛀洞。该文物为福建博物院三级馆藏文物。

民国宁德畲族龙杖

年代：民国

质地：木

尺寸：长 164 厘米

现藏于福建博物院。

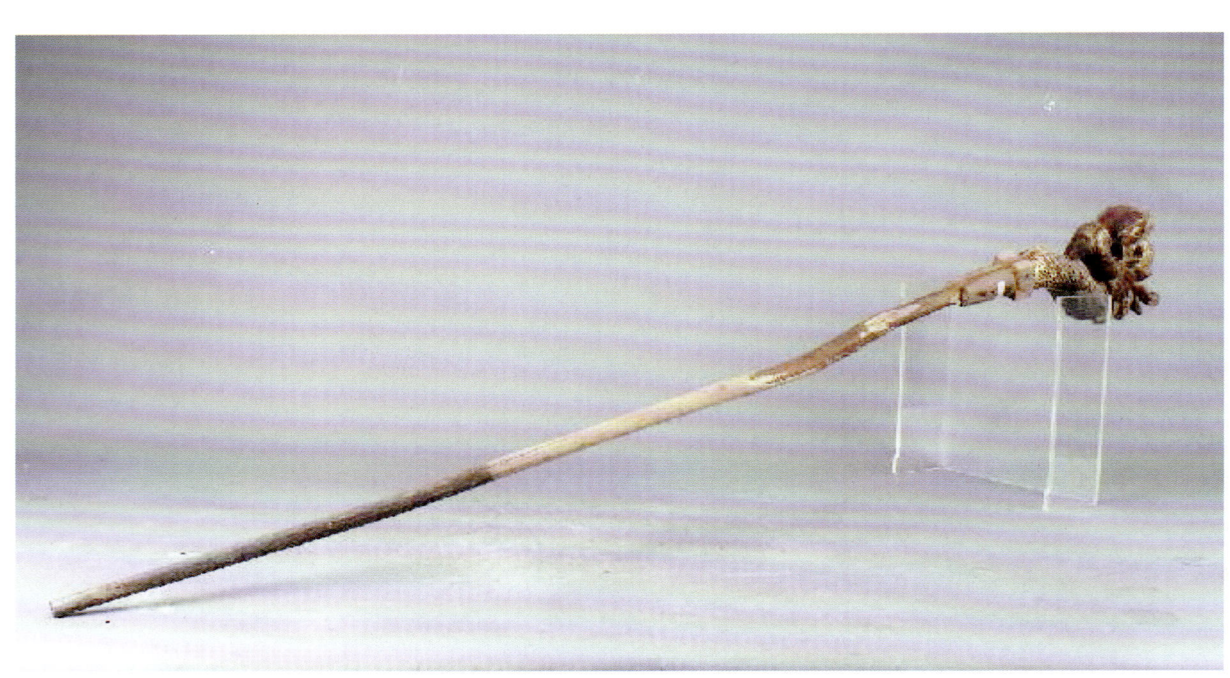

祖杖又称“龙杖”“龙头杖”“法杖”，上面雕有龙头，是畲家显示远祖权威的象征物。祖杖有长、短两种，长的有 4 尺多，藏于祠堂；短的 2 尺余，置于祖箱内。该文物为福建博物院三级馆藏文物。

民国福安畲族法师龙角

年代：民国

质地：木

尺寸：长 53 厘米，宽 4 厘米，高 21.3 厘米

现藏于福建博物院。

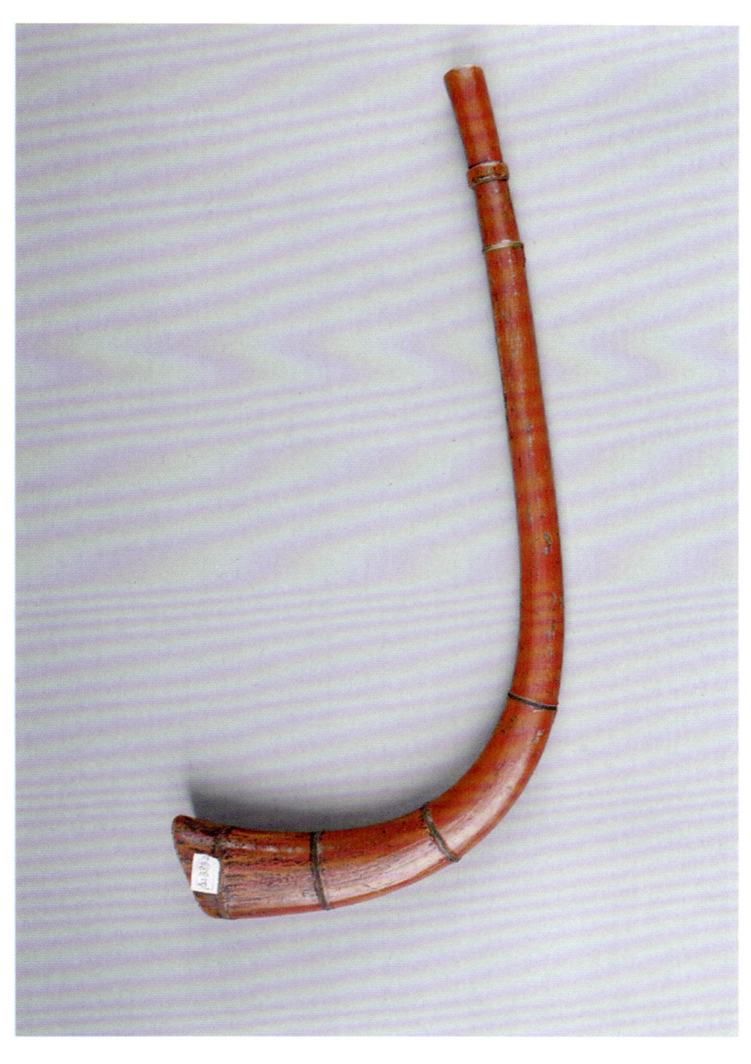

龙角是畲族法师驱鬼时最重要的法器之一，一般为木制或锡制的号角，能号令法师的兵马。该龙角为木质，形似龙角，弯弧形，椭圆形口，头粗尾细，尾部一小口，身有五圈铁线环绕，尾部一凸脊，红漆。该文物为福建博物院三级馆藏文物。

民国福安畲族法师铜香炉

年代：民国

质地：铜

尺寸：高 5.4 厘米，腹径 10 厘米，底径 7.7 厘米，口径 9 厘米

现藏于福建博物院。

征集于宁德市福安市穆阳村。

香炉是法师所奉的神明（即“本师公”）的象征。此香炉为铜质，口沿平而侈，束颈，腹微鼓，双耳附腹间，圈足稍向外展，底刻“大明宣德年制”阳文楷书六字，全器素面，黄铜色。此件虽为明宣德香炉，但质地欠佳，因为新中国成立前福安畲族法师宗教用物，得以收藏保存至今。该文物为福建博物院三级馆藏文物。

民国福安畲族法师铃刀

年代：民国

质地：铜

尺寸：通长 34.8 厘米

现藏于福建博物院。

征集于宁德市福安市穆阳村。

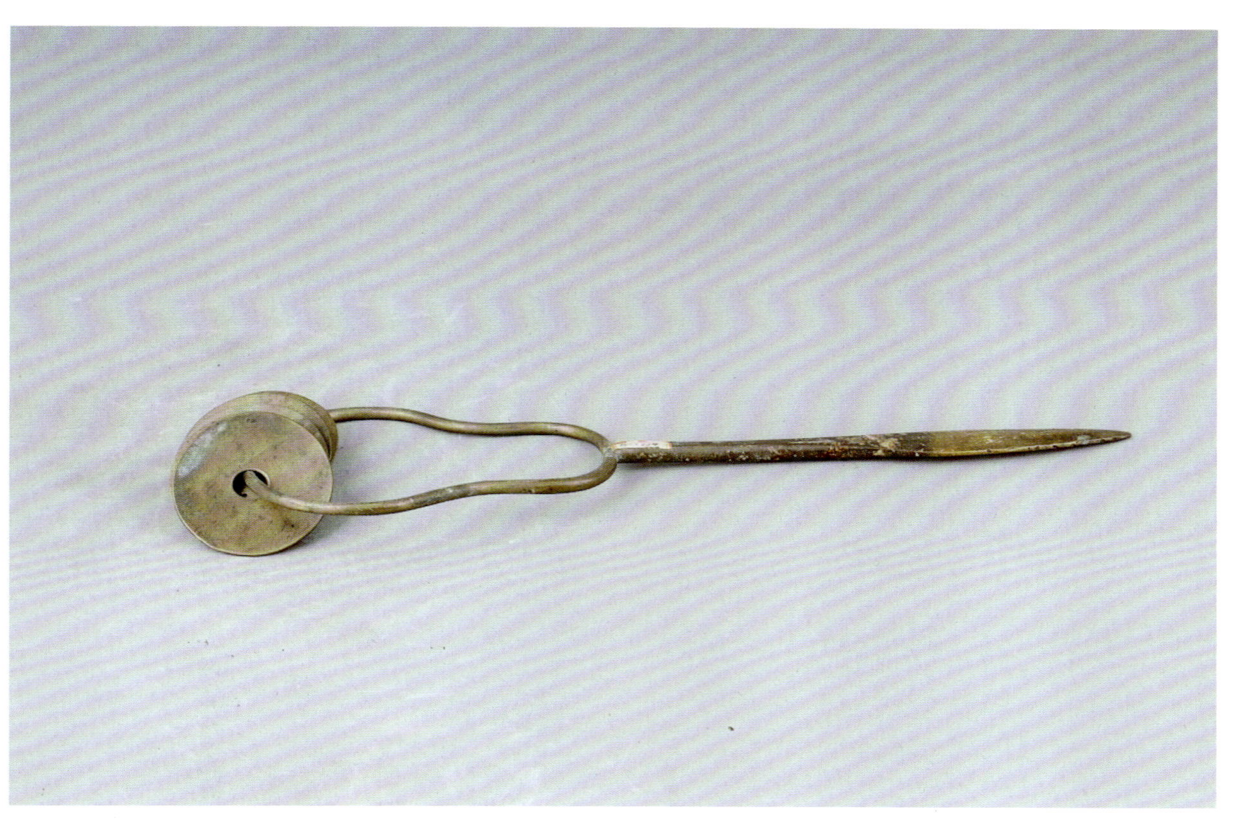

此刀为铜质，把手作矛头状尖形，上连葫芦铜环，内穿圆形铜片五个，间以铜环 4 个，是畲族法师使用的法具。作法时法师念咒手执铃刀起舞，铿然作响，制造恐慌之氛，是其意图镇邪驱鬼的首要武器。该文物为福建博物院三级馆藏文物。

民国福安畲族法师手铃

年代：民国

质地：铜

尺寸：通高 20.5 厘米，口径 9 厘米

现藏于福建博物院。

征集于宁德市福安市穆阳村。

此手铃为铜质，三叉柄作把手，中系纱带；体圆，敞口，内携铁块，摇动有声。新中国成立前畲族法师以此作为宗教用物。该文物为福建博物院三级馆藏文物。

民国霞浦畲族法师五雷牌

年代：民国

质地：木

尺寸：长 5 厘米，宽 3.2 厘米，高 17 厘米

现藏于福建博物院。

征集于宁德市福安市穆阳村。

此木质法器呈长方形，一边直头，一边弧形，一块木头可上下移动，成快板状。一面绘火和“卍”形，款“五雷号令”，边款“井鬼星张翌轸奎娄胃卯异嘴参”，另一边款“虎口房心尾箕，牛头口危室口”，漆成浅棕。该文物为福建博物院三级馆藏文物。

民国霞浦畲族法师打尺

年代：民国

质地：木

尺寸：长 13.5 厘米，宽 3 厘米，高 3 厘米

现藏于福建博物院。

征集于福安市甘棠镇钟寿建。

此尺为木质，长条形，顶弧形，凸脊，平底无漆，面红漆，福建博物院三级馆藏文物。

清福安畲族法师手香炉

年代：清

质地：木

尺寸：长 29.5 厘米，宽 5.2 厘米，高 8.5 厘米

现藏于福建博物院。

征集于福安市甘棠镇钟寿建。

此香炉形象为象鼻、狮身，狮身上有一敞口，圆腹，狮前爪抱一浅底花瓣形杯，下是八框形柱，两层圈足，平底，色上不均匀。该文物为福建博物院三级馆藏文物。

清宁德畲族布太极旗

年代：清

质地：布

尺寸：长 170 厘米，宽 185 厘米

现藏于福建博物院。

征集于宁德市南山畲族。

此旗为红色布三角旗，两边镶黑边，一边白色夹层可穿杆。旗内贴白色环形齿纹，中间红黑双色太极图。该文物为福建博物院三级馆藏文物。

清福安畲族竹马灯

年代：清

质地：竹

尺寸：长 13 厘米，通宽 17.5 厘米，高 35 厘米

现藏于福建博物院。

征集于宁德市福安市穆阳村钟瑞成。

此马灯为竹质，灯有一浅平碟带一钮，下有一斜开口，半节竹筒做漏油管，架子、四根竹成脚立一木头台上，后背高弧把手，色黑。该文物为福建博物院三级馆藏文物。

清罗源畲族法师神印

年代：清

质地：木

尺寸：长 5.8 厘米，宽 5.5 厘米，高 5.4 厘米

现藏于福建博物院。

征集于福州市罗源县霍口畲族乡雷良。

此印为木质，四角梯形，顶部一“佛”字，方形印面朱文“简宝口口”，福建博物院三级馆藏文物。

民国宁德畲族布龙伞

年代：民国

质地：布

现藏于福建博物院。

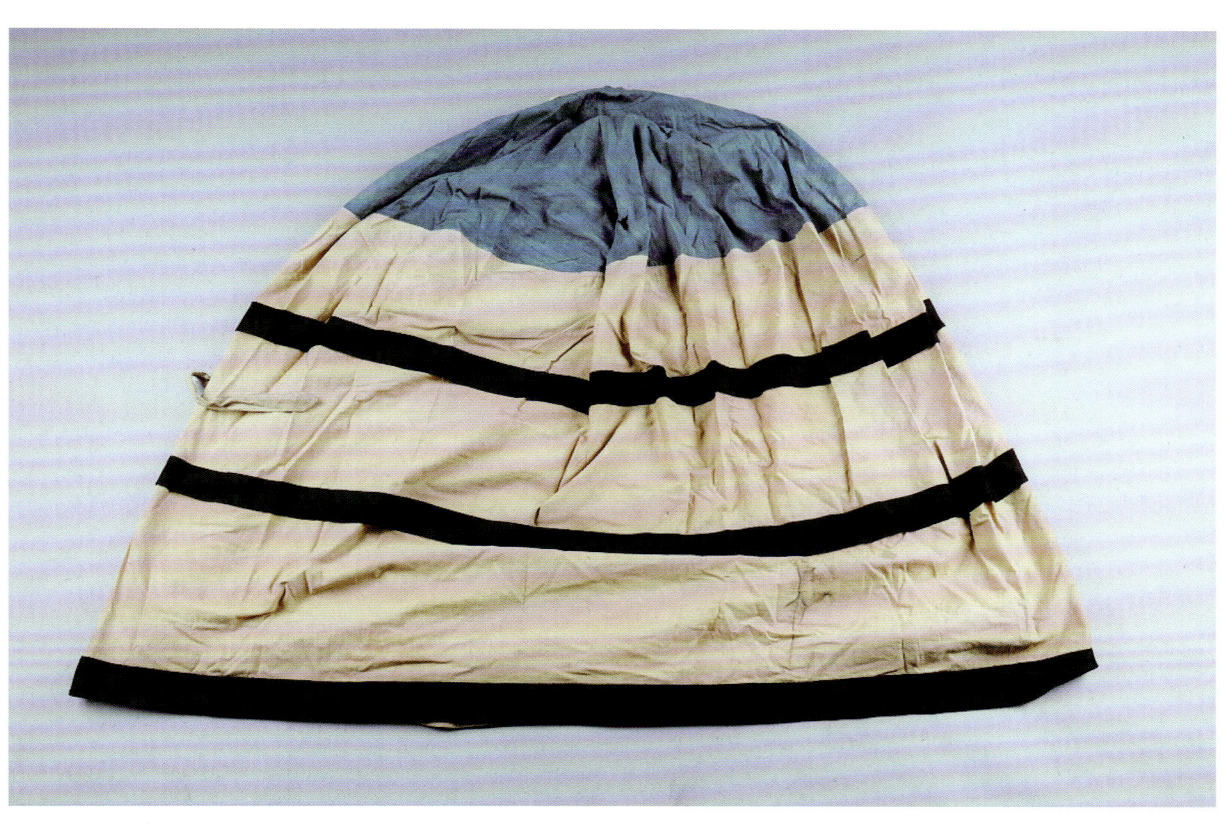

此龙伞为布质圆形伞罩，蓝色圆形平顶，豆沙色伞围镶贴三圈黑色条纹，福建博物院三级馆藏文物。

民国宁德畲族布龙旗

年代：民国

质地：布

尺寸：长 89 厘米，宽 83 厘米

现藏于福建博物院。

征集于宁德市南山畲族。

此旗为正方形白布，三边镶贴红布边，一边白色夹层可穿杆。白布墨色线条白描行龙、飞凤，龙手中持笔，间以钱纹、云纹等。背无纹饰。该文物为福建博物院三级馆藏文物。

民国宁德畲族布三角旗

年代：20 世纪初

质地：布

尺寸：长 115 厘米，宽 71 厘米，带长 86.5 厘米，宽 6 厘米

现藏于福建博物院。

征集于宁德市南山畲族。

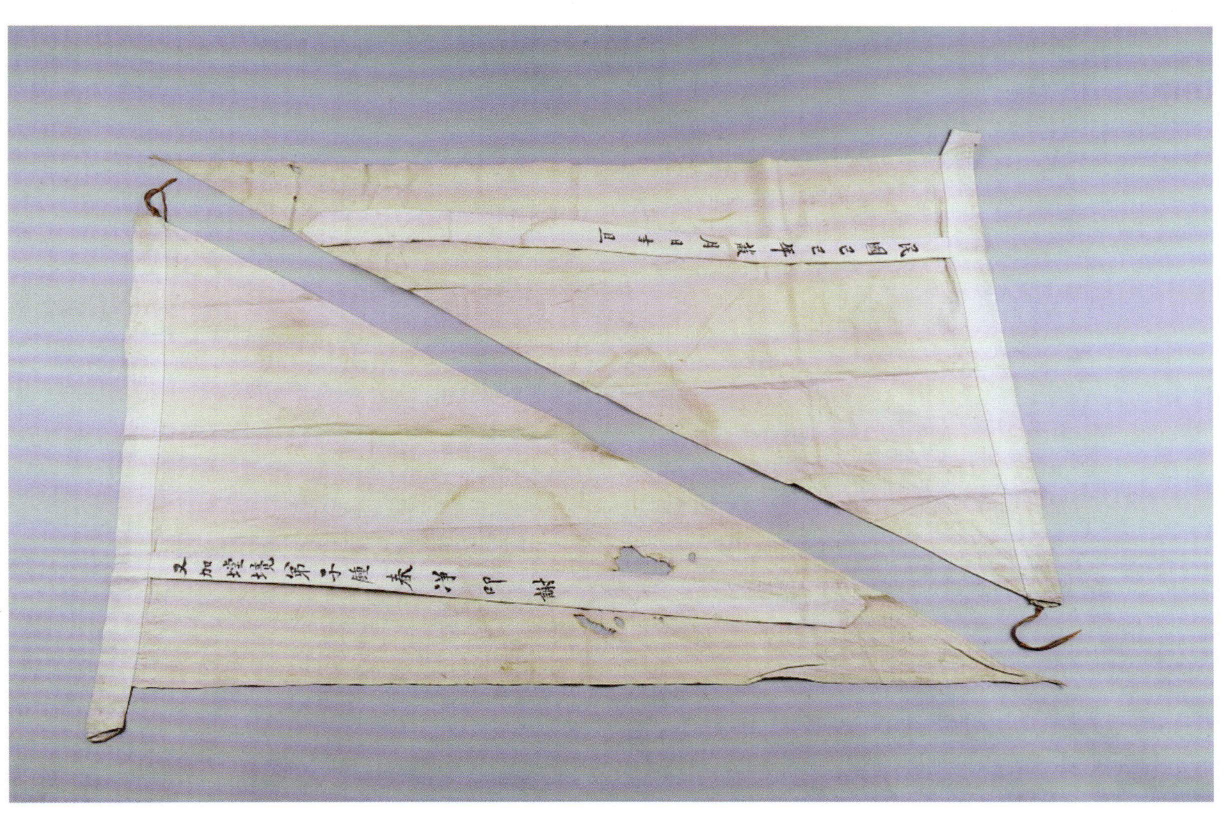

此旗为白色布三角旗，两边毛边，一边白色夹层可穿杆。两面旗上各加长布条墨书，一书“民国己巳年葭月吉旦”，另一书“又加堂境弟子锺春净叩谢”。该文物为福建博物院三级馆藏文物。

民国福安畲族法师筶杯

年代：民国

质地：铜

尺寸：直径 4.3 厘米

现藏于福建博物院。

征集于宁德市福安市穆阳村。

此杯为铜质，圆形，上錾孔以穿绳，正面弧形，背面各刻“大”和“吉”字，系新中国成立前畲族法师宗教用物，福建博物院三级馆藏文物。

民国福安畲族法师钹

年代：民国

质地：铜

尺寸：直径 26.3 厘米

现藏于福建博物院。

征集于宁德市福安市穆阳村。

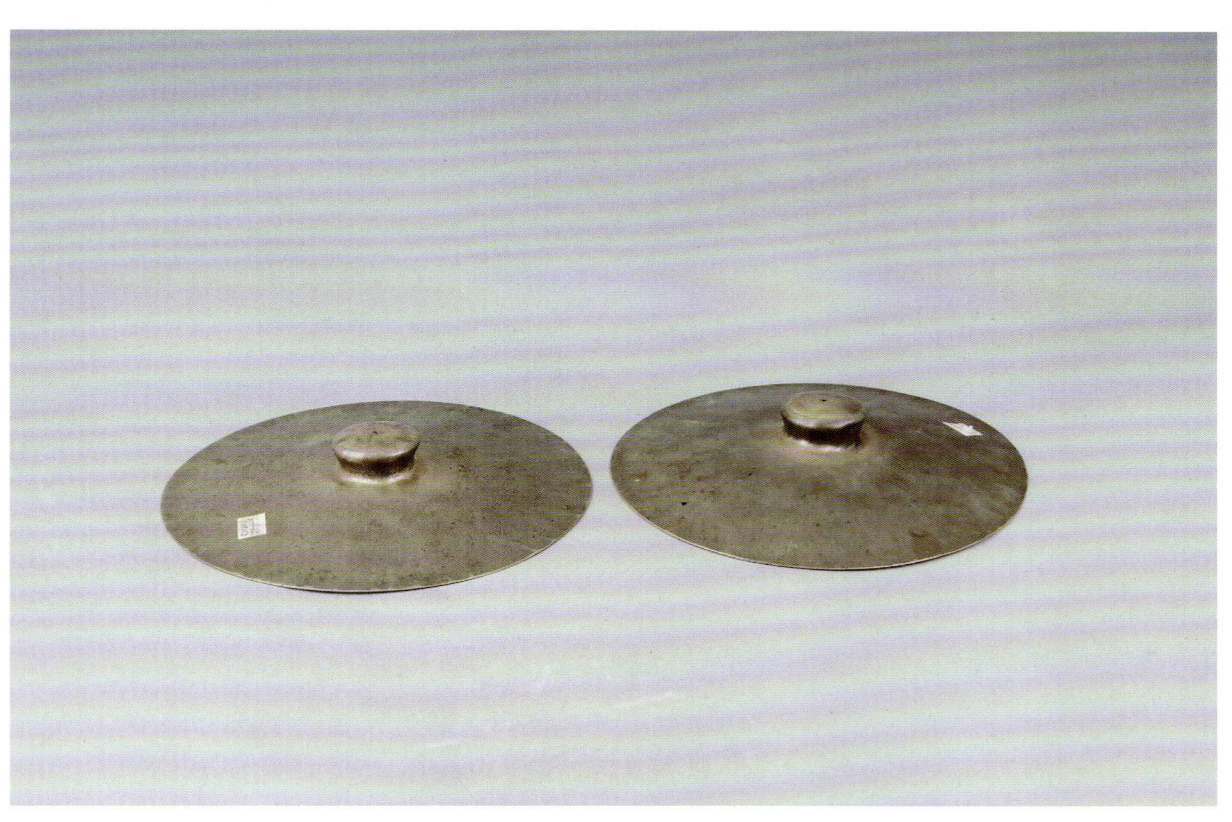

此钹为铜质，圆形，中心实起成提手，穿一小孔，用时两面合拍有声，系新中国成立前畲族法师宗教用物，福建博物院三级馆藏文物。

民国霞浦畲族法师奏板

年代：民国

质地：竹

尺寸：长 41.5 厘米，宽 5.8 厘米，厚度 0.5 厘米

现藏于福建博物院。

征集于宁德市福安市甘棠镇钟寿建。

该奏板为木质，扁长形，微弧片，头宽，尾略小，成菱形，弧腹提款。该文物为福建博物院三级馆藏文物。

清畲族龙头杖之一

年代：清

质地：木

尺寸：长 158 厘米

现藏于闽东畲族博物馆。

该龙头杖用硬木削制而成，分上、下两部分。上部雕成龙首状，下部削成圆柱形，龙首朱漆，杖身漆桐油。

清畲族龙头杖之二

年代：清

质地：木

尺寸：长 156 厘米

现藏于闽东畲族博物馆。

该龙头杖用树根削制而成。杖身呈龙形，上部为龙首，具龙角，龙口大张，形态较威武，通体漆桐油。

清神针

年代：清

质地：铁、铜

尺寸：通长 40—57 厘米

现藏于闽东畲族博物馆。

神针三枚一组，一为铁质，二为铜质。呈圆锥形，一端插上山鸡的翎羽。畲族法师做法事时护坛用品，时人认为可打鬼、驱邪、去煞。

清神鞭

年代：清

质地：竹

尺寸：长 55 厘米

现藏于闽东畲族博物馆。

取弧形竹枝一段，共三十六节，一端系棉线、彩带，为畲族举行宗教仪式时使用的道具，时人认为可打鬼、驱邪、去煞。

清龙角

年代：清

质地：木

尺寸：其一，长 53 厘米；

其二，长 60 厘米

现藏于闽东畲族博物馆。

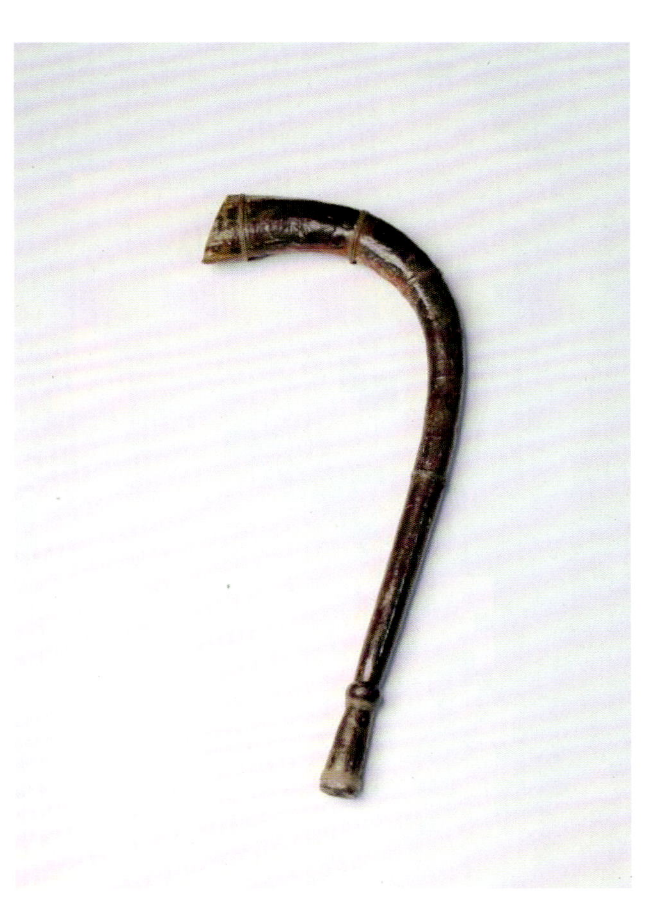

龙角是畲族原始宗教活动中的重要器具，它在畲族宗教活动中既是用作吹奏的乐器，又是用作召唤神兵、阴兵的法器。所以在其做阳事功德、阴事功德中均要使用。龙角有指挥作用，龙角一响，众人起舞。龙角之声浑厚、沉闷，还能起到渲染环境气氛的作用。龙角和灵刀的伴奏声，不仅使祭祀歌舞加强了节奏感，而且增添了神秘色彩。龙角是用片角等材料制作的。

民国奏板

年代：民国

质地：木

尺寸：其一，长 43.5 厘米，宽 4—5.5 厘米，厚 1 厘米；

其二，长 46 厘米，宽 4.5—10 厘米，厚 1 厘米

现藏于闽东畲族博物馆。

早期畲族法师做法事、功德时，以此奏板迎请鬼神至神台。

民国岳斧

年代：民国

质地：铁、木

尺寸：通长 27 厘米

现藏于闽东畲族博物馆。

斧头状。畲族法师做法事时护坛用品，时人认为可打鬼、驱邪、去煞。

清祭社印

年代：清

质地：铜

尺寸：长、宽各 5 厘米

现藏于闽东畲族博物馆。

印面正方形，朱文双框，正中阳刻“太上老君敕”等字，犬形钮。

民国麻蛇

年代：民国

质地：木、麻

现藏于闽东畲族博物馆。

取一短木，削成蛇首状，在其上彩绘蛇之口、鼻、眼、鳞片等，将编好的麻绳系在蛇首的一端，扎成一团。畲族法师做法事时护坛用品，时人认为可打鬼、驱邪、去煞。

清圆鼓

年代：清

质地：木、皮

尺寸：直径 21 厘米，高 33.5 厘米

现藏于闽东畲族博物馆。

由木、皮制成，圆形，近鼓面处各镶三排铜乳钉。用处广泛，法师做功德，道士请神时均需用到。鼓击乐器，是畲族祠堂的重要法器。畲族原始宗教中也使用有敲击乐器，如小鼓、小铜锣、小铜盘等，在做阴、阳法事时均得使用，认为其能起到娱神、鼓动法力的作用。

民国“五雷勑令”令牌

年代：民国

质地：木

尺寸：长 21 厘米，宽 5.5 厘米，厚 3.5 厘米

现藏于闽东畲族博物馆。

令牌呈长方形。令牌正面上方刻“五雷勅令”，下方刻一人身鸟头、背长翅膀的雷神形象。做功德、法事时放在案台上，表明已施镇令。

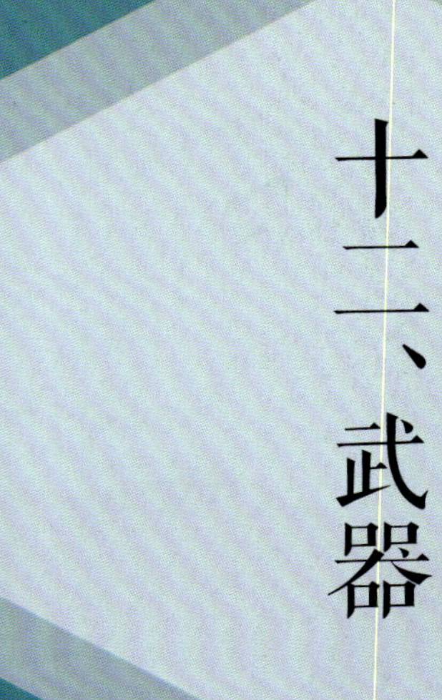

十二、武器

民国铁拳头

年代：民国

质地：铁

尺寸：长 30 厘米

现藏于闽东畲族博物馆。

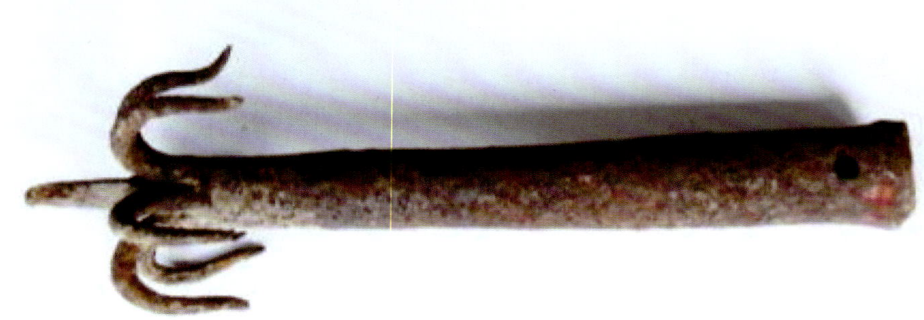

1934—1948 年福鼎县瑞云后樟村畲族群众配合游击队作战时所持的武器。

民国花叉

年代：民国

质地：铁、木

尺寸：长 157 厘米

现藏于闽东畲族博物馆。

花叉也称镋。叉首铁质，“山”字形，内套有圆铁片，以增加声威，柄由楮木所制。1934 年福安县下西区畲族赤卫队员雷桂贤所用的武器之一。

民国铁尺

年代：民国

质地：铁

尺寸：长 47 厘米

现藏于闽东畲族博物馆。

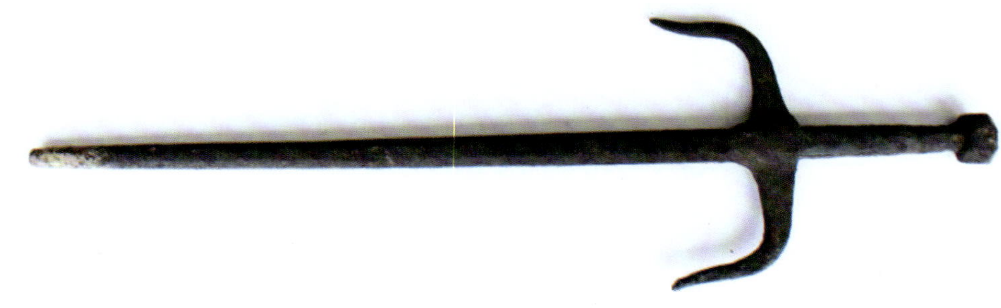

外观似剑形，护手呈羚角形，十分锋利。1934—1948 年，福鼎县瑞云后樟村畲族群众配合游击队作战时所持的武器。

民国土手枪

年代：民国

尺寸：枪口径 2 厘米，枪管长 25 厘米，枪柄 16 厘米

现藏于闽东畲族博物馆。

1934—1936 年，福安县下西区畲族游击队队员使用的武器之一。

后记

《福建省少数民族文物图谱》是体现福建各民族交往交流交融的文物史料，是对《中国少数民族文物图谱·福建省卷》的丰富补充。本书编纂工作在福建省民族与宗教事务厅领导下开展，福建省文物局大力支持，福建省民族与宗教事务厅民族一处具体指导，各地（市）县民族与宗教、文物部门通力协作。

本书收录的可移动文物，均来自省内各级博物馆馆藏文物；不可移动文物经专家组遴选，由编辑部全部完成了120余处文物的实地考察、摄制工作；书稿经专家组多次审读、福建省民族与宗教事务厅党组集体审阅后出版发行。麻健敏负责全书策划、统纂，钟亮具体负责闽东地区文物编纂，余达忠负责文物摄制（摄制组成员：朱明亮、肖振家），李书烜负责对接出版工作。

本书编纂工作历时三年，得到福建省民族与宗教事务厅主要领导的关心和项目支持，编辑部同仁付出艰辛努力，专家组成员提出重要学术意见建议，出版工作得到福建科学技术出版社的大力支持，一并致以谢忱！

麻健敏

2024年12月25日